20社のV字回復でわかる

「危機の乗り越え方」図鑑

杉浦泰

"How to overcome the crisis through V-shaped recovery?"

Yutaka Sugiura

はじめに
Prologue

はじめに

本書は、日本とアメリカの企業の「危機の突破事例」を20社分、集めた事例集です。

20社それぞれがどんな危機に陥ったのか、危機の本質がどのようなものなのか、どのように守りを固め、攻めることで成長してきたのかを、できるだけシンプルに、わかりやすく伝えることを目指しています。

なぜあえて、「企業の危機」に注目するのか。それには3つの理由があります。

1つめは、先人たちがどのような危機に直面し、それをどうやって突破したのかを知ることが、私たちが危機を突破するための大きなヒントになるからです。

「賢者は歴史に学び、愚者は経験に学ぶ」という有名な言葉があります。ここでいう「歴史」とは、「他者の経験」ということです。先人がこれまで、どのように危機を突破したかを知ることこそが、危機を賢く乗り越えるための近道となるでしょう。

また、本編を見ていただくと、「気づいたときには、手遅れだった！」というような危機に直面した企業も複数、見つけられると思います。しかしそれらの企業も、決して諦めず、粘り強く危機に向き合ったことで、新たな価値を生み出すに至っています。

先行きが不透明な時代であるからこそ、先人の危機の突破事例が役に立つはずです。

２つめの理由は、「危機があったからこそ、今がある」というのは、ほとんどすべての企業に当てはまる、普遍的な事実だからです。本編でもお話ししますが、ビジネスは下克上の歴史です。優れた技術や商品によって勢力図はどんどん塗り替えられており、ある一社が長期的に、半永久的にナンバーワンである、ということはありません。

しかし、それらの下克上の歴史をより詳細に見ていくと、多くの企業では、強みの源泉となる主力事業、優れた組織、そして制度が、危機の中で育まれていることがわかります。

反対に、大きな危機にさらされることなく、順風満帆に成長・業容拡大した企業ほど、実は根深い問題や慢心を抱えやすく、後に大きな危機につながりやすい、ということもまた、傾向として見えてきます。危機を耐え忍び克服を目指す日々が企業を強くし、順風満帆な日々が企業をジワジワと疲弊させる。企業の歴史は、逆説的な事実によってつくられているのです。

「どんな企業も、危機を乗り越えたからこそ、今がある」

この事実を知ることが、今の危機を乗り越える勇気に、そして将来起こる危機の防御壁になると信じています。

３つめの理由は、「普遍的に優れた企業はない」からです。

本書は、前述のとおり、20社のケースにフォーカスして「企業がいかにして危機を乗り越えたか？」を説明しています。しかし、本書で取り上げた企業の戦略が、時空間を超えて永遠に有効であるとか、企業そのものが普遍的に優れているなどと言いたいわけではありません。

はじめに

Prologue

世の中は常に変化します。危機を克服した「ある特定の期間」は優れた経営をしていたとしても、次に訪れる危機に対処できる確証はどこにもないのです。

インターネットニュースやビジネス書を見ていると、

「優れている企業はA社だ！」

「21世紀の覇者はB社だ！」

「これからはCのビジネスモデルが勝ち残る！」

というキャッチーな言説があふれています。しかし、このような言説には一歩引いたスタンスで耳を傾ける必要があると、私自身は考えています。なぜなら、世の中が絶えず変化していく以上、「ある時点で優れていること」と「将来にわたって優れている」ことは次元の異なる話だからです。たまたま現在が「好調」なだけで、その延長線上に未来があるわけではありません。物事は「時間軸」と「変化」を前提に考える必要があるのです。

誤解を恐れずにいえば、世の中に普遍的な優良企業は存在しません。いかなる企業であっても、常に危機にさらされている。そしてそれを乗り越えることで一時的にでも「優良企業」「一流企業」と認定されている。となれば、「危機」に注目することが、その企業の「優良さ」「一流さ」を学ぶための有効手段といえるでしょう。

以上の理由から、本書では「企業の危機」の突破事例を取り上げますが、これらの事例が決して「他人事」ではないこと、そして本書の意図が突破企業への単なる賞賛でも、突破のかなわなかった企業への揶揄でもないことを、おわかりいただけるかと思います。

私たちは、常に危機と隣り合わせにあります。その中で、勇気を持って、したたかに生き抜いていく。本書がその一助となることを祈っています。

「はじめに」の最後に、20社の選定基準と、私自身のことを簡単にお話しします。

まず、20社は、「今も存続している企業であること」「皆さんがよく知っている身近な企業であること」に加え、「直面した危機の種類が、今現在、ビジネスに関わっている企業や人ならば、誰でもが直面し得るものであること」を念頭に置きました。

また、企業の規模も、大企業だけでなく中堅企業も選んだほか、現在は大企業に成長した企業のベンチャー時代や中小企業時代にもスポットを当てています。

それらの企業に対して、「危機前はどうだったのか？（危機前夜）」「どんな危機に直面したのか？」「どうやって、危機から身を守ったのか？」「どのような攻めに転じたのか？」という切り口で解説しています。また、「まとめ」としてその企業の危機突破から学べることと、その危機に陥った際に問い直すべきポイントを加えました。このポイントは、同様の危機に陥らないためのチェックポイントとしても活用いただけるでしょう。

すべてのデータは、２０２０年の7月までに企業が公式に発表している資料や、メディア記事をもとにしています。その企業について詳しく知りたいという方は、それぞれの原典に当たってみてください。なお、なかには創業当時とは社名が変わっている企業もありますが、本書では「より多くの方に認知されていると思われる社名」で記載しています。

最後に、私のことを少しお話しします。私は２０１３年頃から社史の面白さに気づき、長

はじめに
Prologue

期視点の重要性、そして歴史に眠る教訓資産を「今のビジネスシーンで活用できないか？」と常に考えていました。社史といえば、地味で、つまらなくて、重たい、というネガティブなイメージを持つ方も多いと思います。しかし社史を丹念に繙くと、そこには意外な発見があり、現在のビジネスシーンでも応用できる知恵が無数に眠っています。社史こそ、先人たちの歩みの記録であり、ビジネスに関わる人にとっては歴史と知恵、そして優れた戦略の宝庫だと思うのです。

本書は、私の頭にインプットされている日本企業５００社の社史から、さらにアメリカまで範囲を広げ、危機の突破の事例として相応しい会社を抽出しました。「長期視点」を軸に企業の危機に注目することで、ただ出来事や数字（業績など）を追うのではないリアルな経験からの学びと、ストーリーをお見せできたかと思います。

ただし、本書で紹介している企業は、ほんの一握りに過ぎません。さらに多くの企業の危機を知りたい、事例を知りたいという場合は、私が個人運営している「Ｔｈｅ社史」というウェブサイトをご覧ください。今回ご紹介した企業以外にも、様々な企業事例を掲載しており、ビジネスのヒントが見つかるでしょう。

それでは、20社それぞれの危機と、その乗り越え方をさっそく見ていきましょう。

Contents

Part 2 「災害」「トラブル」「不可抗力」による危機の乗り越え方

Part 3 「市場崩壊」「顧客消失」「時代錯誤」による危機の乗り越え方

Contents

Part 1

1

戦略ミス
脆弱体制
機能不全
による危機の乗り越え方

Company

File 01 IBM | File 02 サイバーエージェント | File 03 良品計画
File 04 カルビー | File 05 オムロン

"How to overcome the crisis through
V-shaped recovery?"

File

01

「ものづくりの会社」から「サービスの会社」に生まれ変わって危機突破

IBM

International Business Machines Corporation

"How to overcome the crisis through V-shaped recovery?"

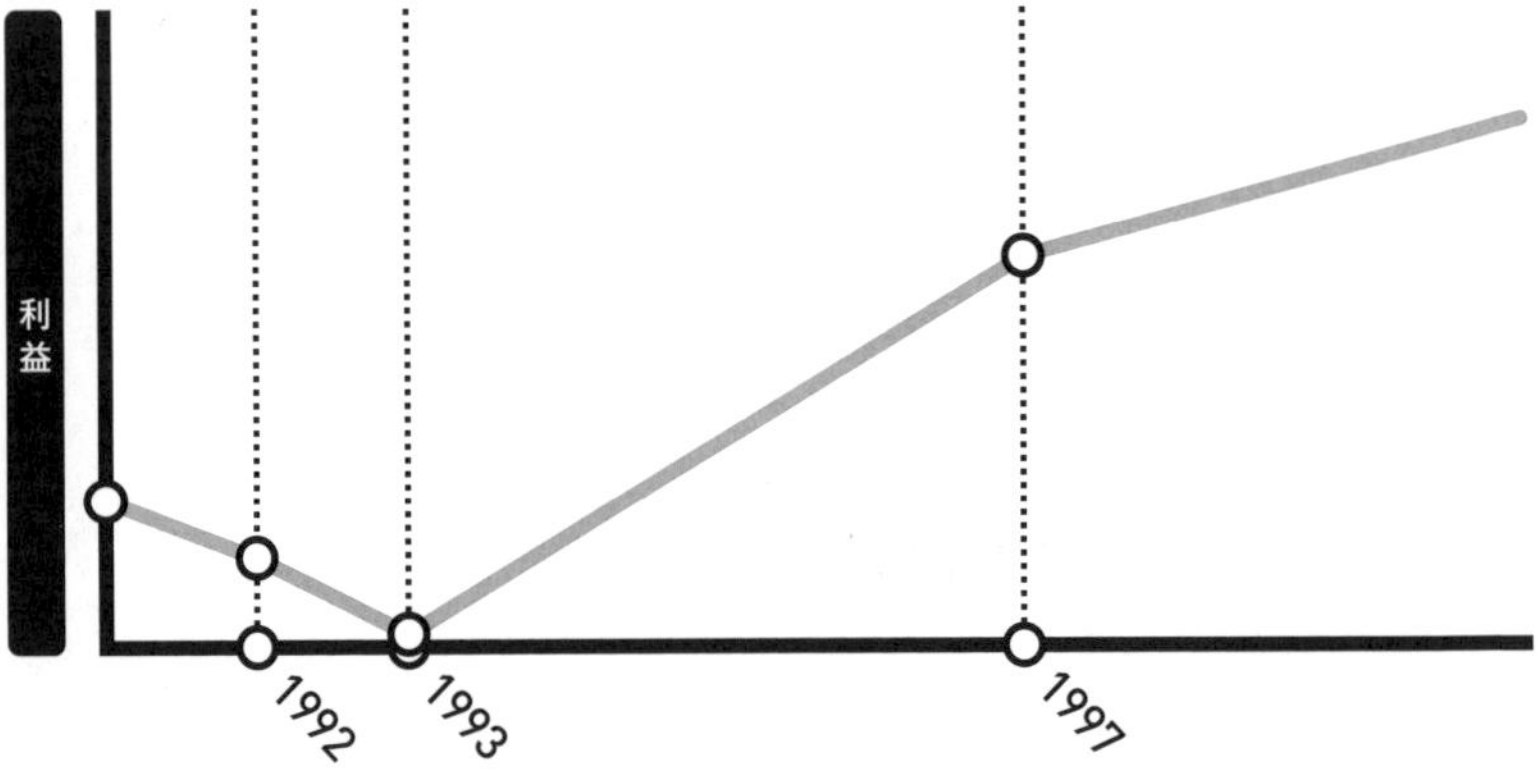

1911	IBMが設立される
1964	System/360を開発
1992	前代未聞の巨額最終赤字を計上
1993	ルイス・ガースナーがCEO就任
1997	V字回復を達成
2002	ルイス・ガースナーがCEO退任

御社のニーズに
合うのは
E社の製品です！
E
社
A
社
B
社
C
社
D
社
F
社

１９６０年代から１９８０年代にかけてコンピュータ業界に君臨した企業がＩＢＭです。今でこそＩＢＭは「コンピュータ産業の一企業」という位置付けですが、かつてのＩＢＭは「コンピュータ産業そのもの」ともいえるような巨大な独占企業でした。その強さから１９８０年代にＩＢＭは「エクセレント・カンパニー」[*1]として賞賛されます。

ところが１９９２年、ＩＢＭは49億ドルという巨額赤字を計上して経営危機に陥ります。コンピュータ市場は急拡大とともに競争が激化し、ＩＢＭの独占体制が崩されてしまったのです。ＩＢＭの周囲にはマイクロソフト、インテルといった次世代のコンピュータ企業が着実に成長を遂げていました。これらのコンピュータ業界での熾烈な競争が「エクセレント・カンパニー」を直撃し、ＩＢＭは一転、崖っぷちに立たされることになったのです。

そこでこのチャプターでは、ＩＢＭが急成長を遂げるコンピュータ市場において、どのように経営危機の突破口を切り開いたのかを検証します。今回の危機突破のキーワードは、「経営ビジョンは後回し」です。

［＊1］１９８０年代に世界的なベストセラーとなったビジネス書『エクセレント・カンパニー』(トム・ピーターズ、ロバート・ウォータマン著）では、ソニーやゼネラル・エレクトリック（GE）を「エクセレント・カンパニー」として定義した。

01 IBM
International Business Machines Corporation

「エクセレント・カンパニー」IBM

1980年代にアメリカで大ベストセラーになった書籍に、『エクセレント・カンパニー』というビジネス書があります。[＊1] この本は、当時、マッキンゼー・アンド・カンパニーに勤務していたコンサルタント2名が、「超優良企業の条件」という切り口で企業を調査し、まとめたものです。緻密な調査の結果、IBMは世界のエクセレント・カンパニーと賞賛されました。

では、IBMはどのような観点で、「エクセレント・カンパニー」と認定されたのでしょうか？ それは、1960年代から1970年代にかけて、大企業のコンピュータ活用という潮流に乗って発展したという点です。

IBMの創業は1911年まで遡ります。当時の事業内容は、社名の「International Business Machine」から連想されるように、ビジネス用の機械の製造を主力事業に据えていました。20世紀初頭にはまだ、コンピュータは存在せず、ビジネス用の機械といえば「会計機」や「タイムレコーダー」などでした。IBMはこれらの機械を製造し、企業の事務所に販売することで、顧客に「事務作業を効率化する」というサービスを提供する

［＊1］1989年9月25日号の「日経ビジネス」は「戦後の経済・経営書で、日本の経営者に最も感銘を与えたものは『エクセレント・カンパニー』」とリポートした。このように、当時のビジネスパーソンに大きな影響を与えた書籍であった。

会社だったのです。ただし、当時のＩＢＭは小さなベンチャー企業に過ぎませんでした。[*2]

ＩＢＭが「エクセレント・カンパニー」として賞賛されるきっかけとなったのが、１９６０年代に汎用コンピュータに巨額投資を実行し、１９６４年に「System/360」という汎用機を発表したことに始まります。

１９６０年代はコンピュータの黎明期で、半導体ではＩＣ（集積回路）が普及しつつあり、コンピュータの価格も徐々に下落していました。

ＩＢＭはＩＣの普及という追い風に乗り、汎用機を開発することによって一気に市場を掌握します。System/360は金融機関などに導入され、銀行業務の効率化をはじめ、給料計算など、様々な業務改善に大きく貢献しました。

この成功により、ＩＢＭは世界におけるコンピュータ産業の筆頭企業となります。アメリカの大手通信業者ＡＴ＆Ｔと並ぶ「２大巨人」[*3]と呼ばれるようになり、世界のコンピュータ企業から恐れられる存在となりました。

当時の「日経ビジネス」を繙くと「ＩＢＭの陰謀」「狙うは高度情報通信の完全支配」[*4]などという記事が掲載されており、ＩＢＭがコンピュータを支配した強大な企業として認識されていたことがわかります。

このように、１９８０年代のＩＢＭはコンサルタントやビジネスパーソ

［＊2］1950年代までのビジネス機械の主力メーカーといえばIBMではなくNCRだった。

［＊3］1982年、IBMは米国司法省と独占禁止法に関して和解した。これによってIBMがさらに強靭になると考えられていた。

［＊4］「日経ビジネス」1983年4月18日号

ンからは「エクセレント・カンパニー」として賞賛され、コンピュータ業界関係からは畏怖される存在でした。

「ダウンサイジング」の危機

業界の内外から賞賛と畏怖を集めたＩＢＭですが、１９８０年代から、２段階の危機に襲われます。

その１つめは、収益源であった汎用機（大型コンピュータ）における、日本企業との競争激化です。

１９６０年代、ＩＢＭの開発した「System/360」を受け、焦ったのが日本のコンピュータ企業でした。

日立製作所、富士通、ＮＥＣの各社は、ＩＢＭのコンピュータが日本に普及することによって、自らの存在意義が揺るがされることを予期します。[＊1]そこで国内のコンピュータ企業がとった戦略は、ＩＢＭとの互換機を開発することによって、日本の市場がＩＢＭ一色に染まらないようにする防衛策と、汎用機の研究開発力の強化でした。

その取り組みの甲斐あって、１９８０年代に日立製作所、富士通、ＮＥＣの各社は、汎用機でＩＢＭに対抗できる存在に変貌します。さらに１９

［＊1］当時、富士通の小林大祐社長は「規模の小さいところから負けていくんでしょうが、そうなってはたまらんから命運をかけてＩＢＭに挑戦しているわけです」と語っている。（「日経ビジネス」1976年8月30日号）

８０年代後半には汎用機のハードの性能においては、日本企業とＩＢＭの差はわずかとなり、「汎用機といえばＩＢＭ」という独占が揺るがされることになりました。

ハード面での性能に差がなくなれば、当然起こるのは値下げ競争、そして利益率の低下です。１９８０年代後半のＩＢＭの利益の大半は汎用機のハードの販売によって得られるものであったため、ＩＢＭの利益率を押し下げる結果となりました。[＊2]

［＊２］日本企業に対して、ＩＢＭは著作権などの特許での防衛を試みたが、それでも日本企業の台頭を食い止めることはできなかった。

２つめの危機は、コンピュータそのもののダウンサイジングによって、汎用機という市場が縮小したことです。

そもそも１９６０年代から１９７０年代にかけてＩＢＭが「汎用機」でコンピュータ業界を支配できた理由は、コンピュータが超高額商品だったからです。当時は半導体が高額で、またその性能は今とは比べものにならないくらい未熟なものでした。

そのため、コンピュータの導入企業は「誰もが知る大企業」に限られており、ＩＢＭに求められたこともまた、「大企業の事務効率の向上」という付加価値の提供でした。当時のＩＢＭの社員は「ダークスーツに白いワイシャツ」と形容されていましたが、それも、顧客の大半が大企業だったからです。

ところが、1970年代にマイクロプロセッサのような小型コンピュータが普及するとコンピュータのダウンサイジングが一気に進行しました。「ミニコン（ミニコンピュータ）」や「ワークステーション」などの小型機でも従来の汎用機と同様の性能を実現できるようになったばかりでなく、「パソコン（パーソナルコンピュータ）」という個人で扱うコンピュータが浸透していきました。コンピュータのダウンサイジングと価格低下によって、その裾野は「大企業」から「中小企業・個人」へと広がっていったのです。当然、市場はそれまで以上に爆発的に拡大することになりました。

こうして、「IBM＝コンピュータの巨人」という図式は崩れていったのです。[*3]

さらに、IBMが牙城を取り崩されている1980年代の間に、コンピュータ業界ではIBM包囲網が形成されます。汎用機では日本企業（日立製作所・富士通・NEC）、OSではマイクロソフト、マイクロプロセッサではインテル、ミニコンではDECといった具合に、従来はIBMで完結していた業界が、市場の拡大とともに細分化されていったのです。

2段階の危機によるIBMの変調は、巨額赤字という形で露呈することとなりました。1992年度決算でIBMは純損失49億ドル（約6200億円）を計上し、「絶滅寸前の恐竜」「アメリカ産業史上で最大規模の赤字」

［＊3］1981年にIBMもパソコンに参入してシェアを確保したが、肝心の利益はマイクロソフトやインテルなどのキープレーヤーに吸収されていた。

と揶揄され形容されるほどの危機的な状況に陥りました。

IBMは「エクセレント・カンパニー」と賞賛されてからわずか10年も経たないうちに経営危機を迎えることとなったのです。

では、IBMはその後、どのようにして危機的な状況から身を守り、経営危機を突破したのでしょうか？

ビジョンや戦略よりも喫緊の課題解決に尽力する

経営危機に陥ったIBMを再建するために、1993年にCEOに就任したのが、ルイス・ガースナー氏[*1]です。ガースナー氏はコンサルティング会社マッキンゼーを経た後、大手お菓子メーカーのナビスコのCEOとして同社の再建に関わるなど、再建に定評のある経営者でした。コンピュータ業界での経験はありませんでしたが、他社での再建の手腕を買われてIBMのCEOに抜擢されたのです。

それまで、IBMのCEOは生え抜き社員が伝統的に就任していたため、外部から招かれたプロ経営者ガースナー氏はかなり異色の存在でした。

[＊1] ルイス・ガースナー氏：1942年ニューヨーク州生まれ。1965年ハーバード・ビジネス・スクールで経営学修士号取得後、マッキンゼーに入社。1978年アメリカン・エキスプレス入社。1989年RJRナビスコの会長兼CEO、1993年IBMの会長兼CEOに就任。

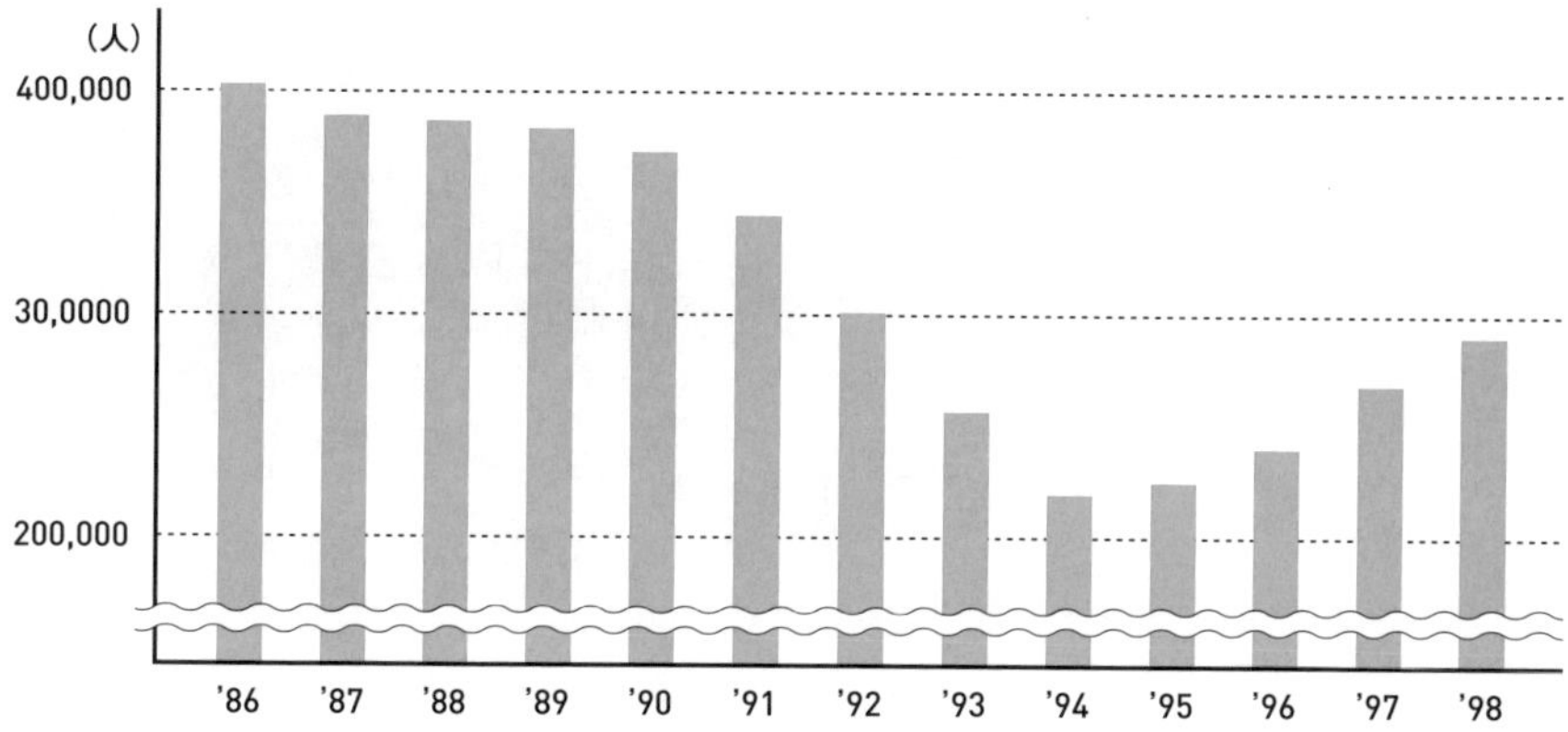

▶ フルタイム勤務の正社員数の変化[*3]

まず、ガースナー氏がＩＢＭの経営再建のために行なった止血策が、組織の見直しでした。当時のＩＢＭの喫緊の課題は、汎用機というそれまでのドル箱が失われる一方で、社内の人員や組織構成が「汎用機ありき」でつくられていたことでした。

また、ＩＢＭは従来の経営方針として「終身雇用」[*2]を掲げてきたため、間接部門などの人員が余剰気味で、結果として人件費が重くのしかかる費用構造になっていました。

そこでガースナー氏は、ＩＢＭの伝統的な雇用慣行である「終身雇用」の旗を下ろし、人員削減を決断します。１９９１年時点のＩＢＭの従業員数は34・４万人でしたが、４年後の１９９５年には

［＊2］1980年代までのIBMは、アメリカ企業としては珍しく終身雇用を掲げていた。

［＊3］「IBM 10K」および「IBM : The Rise and Fall and Reinvention of Global Icon」より作成。

21・9万人となり、多くの社員がＩＢＭを去って行きました。この結果、ＩＢＭは止血を終えて、１９９４年までに黒字転換を達成します。

ちなみに、ガースナー氏は、ＩＢＭのＣＥＯに就任して以降、何度もメディアなどから「経営ビジョンは何か？」と問われ、そのたびに「そんなものはない」と一蹴していたといいます。当時、経営者はＣＥＯ就任時に「経営ビジョン」を打ち出すのが慣例でしたが、ガースナー氏はビジョンよりも、「止血」を優先に掲げたのです。

加えて、新しい戦略も、すぐには公表しませんでした。これにはＩＢＭの社員が「新しい戦略が会社を救ってくれる[＊4]」と勘違いしないためという狙いがあったといいます。

こうして、ガースナー氏は社長就任から2年間もビジョンも戦略も語らず、とにかく止血に徹しました。こうしてＩＢＭを、黒字が出せる企業へと戻していったのです。

［＊4］「日経システム」1999年6月25日号

「ものづくり」ではなく「サービス」を軸に据え直す

止血が完了した後、ガースナー氏はＩＢＭのビジネスを、「ハードからサービス」に転換させることを決断します。

１９９０年時点では、ＩＢＭの売上高に占めるサービスの比率はわずか６％に過ぎず、売上高の大半はハードウェアでした。ですが、ハードウェアが「儲からない」ことがＩＢＭの経営危機の根本的な原因であったため、ハードウェアの比率を下げる方向に舵を切ったのです。

このＩＢＭの方針は、時代の潮流にも適合していました。１９９０年代にはインターネットなどのネットワークが普及し、ソフトも多様化したことにより「システム構築の専門家」というニーズが急増したからです。

従来、大企業では自社で使うシステムは、自社の情報システム部門が自前で構築していました。しかし、インターネットが普及し、ソフトそのものが売買される時代に突入したことで、企業の中には自社でのシステム開発をやめ、既存のソフトを取り入れる流れが出てきたのです。

すると企業としては「どのソフトを入れればいいのか？」というアドバイスを求めるようになるわけですが、そこにサービスを提供したのがＩＢＭでした。

こうしてＩＢＭは、専門家として知見を提供するサービスを開始することとなりましたが、サービス企業への転身は、従来のＩＢＭのやり方とは大きく異なるものでした。

なかでも特に大きな変化であったのは、顧客に対して自社製品だけを勧めるのではなく、「同業他社の製品」をも勧める態勢を求められたことでした。従来、社内に定着していた「自社製品がもっとも優れている」という価値観ではなく、「優れているものは他社製品であっても積極的に取り入れる」という方向に転換したのです。

このため、ＩＢＭの変革は、自らの企業文化の刷新をも求められるものとなりましたが、それでもガースナー氏は「あらゆる要素を統合できる会社はＩＢＭしかない」[*1]として、業態の転換を推し進めていきました。

自社の製品ではなく、顧客が本当に求める機能のある製品を提供する。このＩＢＭのサービスは、世の中に歓迎され、多くの顧客がＩＢＭのサービスに対価を払うようになりました。

ＩＢＭは顧客の声を聞くことに徹底し、ガースナー氏も業務時間の40％[*2]を顧客との商談に割いていたといいます。ＩＢＭの変革は、企業文化を塗り替えるという困難なものでしたが、トップが率先することで、社内全体に徐々に「顧客を優先する」という企業文化が定着していったのです。

［＊1］「日経ビジネス」1997年5月19日号

［＊2］「日経ビジネス」1997年5月19日号

こうしてＩＢＭは、１９９６年度には売上高７５９億ドル、税引き前利益85億ドルという決算を公表し復活を遂げました。サービス部門の売上も、１９９２年度は73億ドルだったのに対し、１９９６年度には１５８億ドルへと急伸。業績面でもＩＢＭはサービスの会社へと変貌したのです。

ちなみに、１９９７年４月29日に行なわれた株主総会では、ＩＢＭの再建という困難な仕事を数年で成し遂げたガースナー氏に対し、拍手が送られたといいます。[*3]

ＩＢＭは、ガースナー氏のトップダウンのもと、ハードウェアの会社からサービスの会社に転換することで、「絶滅寸前の恐竜」と揶揄された危機から脱することに成功したのです。

［＊3］「日経ビジネス」1997年5月19日号

〈その他の参考文献〉

・『エクセレント・カンパニー』（トム・ピーターズ、ロバート・ウォータマン著、大前研一訳、英治出版）
・「ルイス・ガースナー氏　百戦練磨の変化請負人 次代の『神話』創造に燃える」（「日経ビジネス」1993年9月6日号）
・「ルイス・ガースナー氏　〝天動説〟捨て顧客第一で復活　最後には我々が勝つ」（「日経ビジネス」1996年4月1日号）
・IBM Annual Report（1994～2000）

まとめ

ビジョンや夢では、飯は食えない

企業にとっての「経営ビジョン」や「戦略」、個人にとっての「キャリアの方針」は、方向性をぶれさせることなく成長していくためには、重要なものと考えられています。どんなビジョンやキャリアを描くのかはもちろん重要ですが、それ以上に、いつ、どのような形で発表するのかということは重要です。それでは、重要な方針は、どのようなタイミングで打ち出すべきなのでしょうか？

まず、平時や成長期において「ビジョン」や「戦略」を打ち出すことは、有効であるとみていいでしょう。事業・仕事が順調に回っている中で大きな方針を打ち出せば、さらに勢いをつけられたり、あるいはよりよいサイクルを回すことにつながります。企業であれば、ビジョンが組織をまとめ上げる力を持ち得ますし、個人でキャリアの方針を決めることはモチベーションの持続につながるでしょう。

では、財務面で危機的な状況に陥っている場合はどうでしょうか？

経営者の立場であれば、危機を迎えた組織の足並みを揃えるために、「ビジョン」や「戦略」

を語りたくなってしまうかもしれません。しかし現場の視点で考えれば、そのような局面において、実は「ビジョン」や「戦略」ほど、役に立たないものはありません。

特にＩＢＭのように巨額赤字を計上した企業にとっては、何よりも重要なのは「キャッシュ」です。現金がなければ、いずれ企業倒産の憂き目にあうのは時間の問題で、財務が危機的な状況では「ビジョン」や「戦略」など悠長なことを言っている暇などないのです。

危機を突破するために、何を最優先で行なうべきか。それを正しく見極めることが、経営者にもビジネスパーソンにも求められています。財務面・金銭面での危機に対しては、最優先にすべきは「ビジョン」や「戦略」ではありません。止血の応急処置を行なった後に、ビジョンや戦略が生きてくるのです。

チェックリスト

- □ 経営ビジョンを発表する適切なタイミングは「今」だろうか？
- □ 既存のビジネスにこだわり、勝ち目のない競争の中で、もがいていないだろうか？
- □「伝統の組織文化」に満足して緩んでいないだろうか？

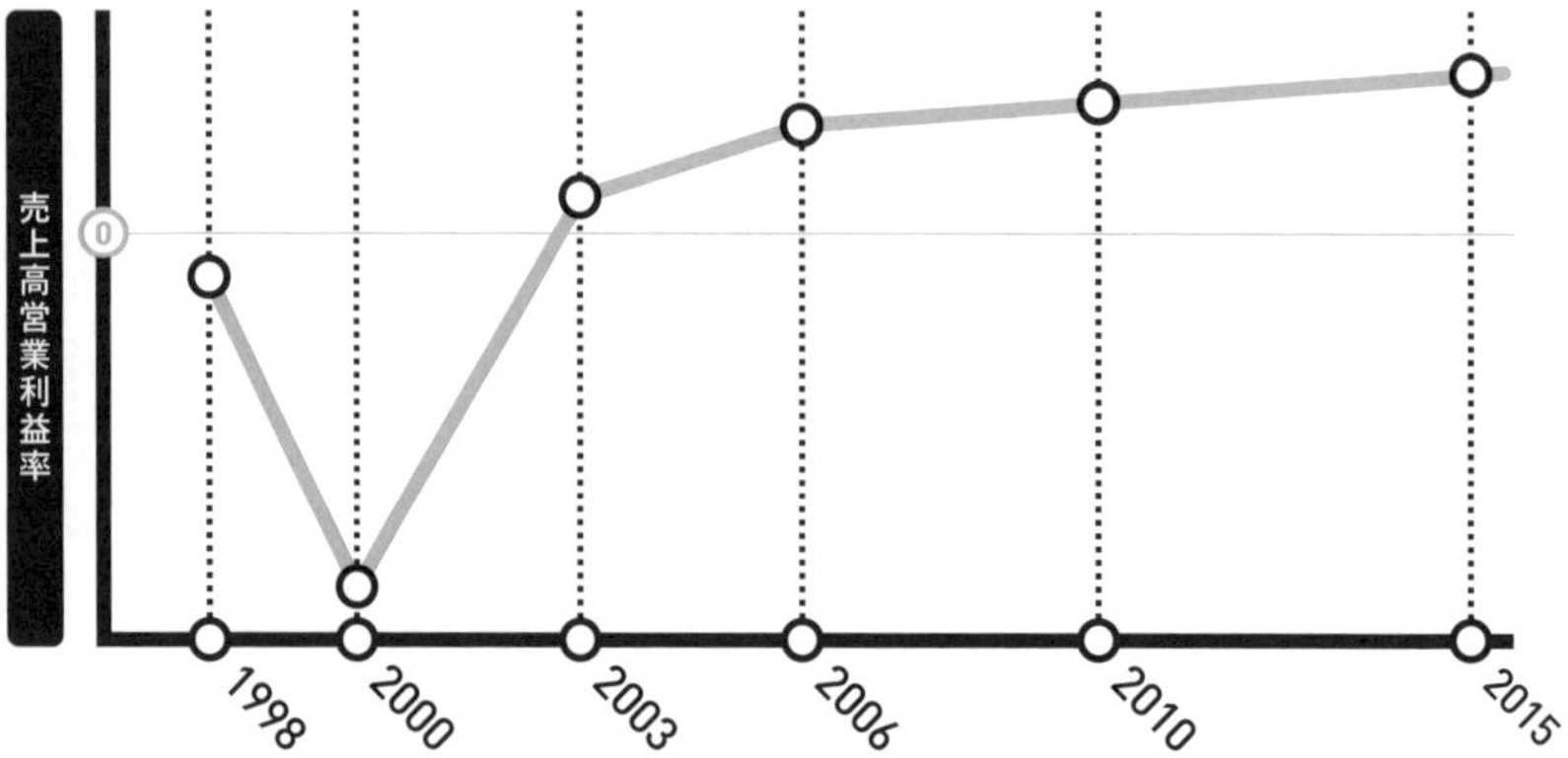

1998 サイバーエージェント創業

2000 東証マザーズ上場

2003 離職率約30%→終身雇用制度の導入

2006 エンジニアの中途採用を開始

2010 離職率約10%

2015 売上高営業利益率12.9%を達成

File

02

急成長によって生じた「矛盾」と「人材流出」を乗り越えて危機突破

サイバーエージェント

CyberAgent, Inc.

"How to overcome the crisis through V-shaped recovery?"

サイバーエージェントは渋谷に本社を置くインターネット企業です。2000年3月に株式上場を果たした際は「若手ネットベンチャーの旗手」[*1]として注目を集めた小さなベンチャー企業でしたが、上場から約20年を経た2019年9月末時点における従業員数は5139人[*2]を数え、着実に「日本を代表する企業」へと変貌を遂げつつあります。[*3]

一見すると順調に発展したように見える同社ですが、その歩みは波乱万丈に満ちています。インターネット・バブル（ITバブル）が崩壊した2000年から数年間にわたって、サイバーエージェントは「離職率30％」という問題に直面し、人材流出によって組織崩壊の危機に陥ったからです。

では、サイバーエージェントは人材流出の危機をどのように乗り越え、今日の発展に至ったのでしょうか？　今回は「温故知新」をキーワードに、サイバーエージェントの危機の突破方法を検証します。

危機前夜

一夜にして225億円を手にした26歳の若者

サイバーエージェントの歴史は1998年に始まります。広告会社の営業マンだった藤田晋氏（当時24歳）は起業を決意し、1998年に東京港

［＊1］「ネットバブル組の出直し」（「日経ビジネス」2001年1月15日号）

［＊2］サイバーエージェント「有価証券報告書」（2019年12月20日）

［＊3］2020年6月時点のサイバーエージェントの時価総額は6498億円で、同じく渋谷に拠点を置くディー・エヌ・エーの時価総額1951億円を大きく上回っていた。

02 サイバーエージェント
CyberAgent, Inc.

区にて「サイバーエージェント」を設立します。インターネットが徐々に普及していた世の中で、サイバーエージェントはインターネットのバナー広告を販売する広告代理業を主力事業に据えました。[*1]

サイバーエージェントは設立当初から「ITバブル」という追い風を受けて注目を集めました。1999年から2000年にかけて「インターネットが世界を変える」という空気が世の中に形成され、インターネットに少しでも関連する企業の株価が、通常ではあり得ない水準に高騰したからです。当時、ソフトバンクは時価総額19兆円、[*2]光通信は同じく7・4兆円[*3]を記録したほか、楽天は設立わずか4年目で株式上場を果たすなど、一夜にして巨額の含み資産を獲得する起業家が続出したのです。

サイバーエージェントも、このITバブルの恩恵を受け、2000年3月に東証マザーズに株式上場を果たしました。このとき、藤田氏の年齢は26歳で、当時としては「史上最年少の上場」という記録を打ち立てます。上場直後の2000年9月期のサイバーエージェントの決算は売上高32億円に対して営業損失16億円を計上し、黒字化には程遠い状況でした。ですが、投資家はサイバーエージェントが「若手ネットベンチャーの旗手」であることを高く評価し、上場時の初値は「1株あたり1520万円」という破格の水準を記録したのです。[*4]

上場の成功によって多額の自己資金を獲得したサイバーエージェントは、

[＊1] 創業当時のサイバーエージェントは広告営業の会社だった。広告配信に必要な技術は外部企業に委託しており、テクノロジーとは縁の薄い会社だったことがポイント。

[＊2]「日本経済新聞」2020年7月10日

[＊3]「光通信バブルを煽ったのは誰か」(「フォーサイト」2000年6月号)

[＊4] 上場前のサイバーエージェントが保有する現金同等物及び短期性有価証券は1・8億円だったが、上場直後には同184億円に膨れ上がった。設立2年目の会社が数百億円の資金を確保できたという点が、ネットバブルの凄まじさを物語る。

渋谷の街に竣工したばかりの新築ビル「渋谷マークシティ」にオフィスを移転します。こうして、サイバーエージェントはＩＴバブルによって驚異のサクセス・ストーリーを歩んだのです。

当時の「日経ビジネス[*5]」では、藤田氏が「１００億円の資産を持つ若き億万長者」という成功者として取り上げられており、記者は「若者が設立間もない企業を上場させて一獲千金という成功物語が日本でも生まれ始めた」というレポートを書いています。

株式上場によって多額の資金を手にし、最新鋭のオフィスに移転したサイバーエージェントは、若手ネットベンチャーの旗手として、もてはやされたのです。

［＊5］「金持ちはニッポンを救えるか」（「日経ビジネス」２０００年７月10日号）

バブルの終焉、そして離職率は30％に

ところがＩＴバブルは２０００年４月17日[*1]、突如として終わりを迎えます。この日を境にインターネット企業の株価は軒並み下落しました。ソフトバンクは株価が約１／１００に下落[*2]、光通信は20日連続のストップ安を記録します。それまでの世間からの賞賛が一転し、チヤホヤされた起業家

［＊1］「15年前、ＩＴバブル崩壊のきっかけは日経平均30銘柄の入れ替え」（「株探」２０１５年４月22日）

［＊2］「ＩＴバブル崩壊で株価が１００分の１に。ネット事業撤退か」（「プレジデントオンライン」２０１４年８月13日）

たちは窮地に立たされたのです。

　上場したばかりのサイバーエージェントもまた、例外ではありませんでした。２０００年12月末時点での株価は46万円となり、初値の１５２０万円に対して約１／30の水準に低迷しました。「ビットバレー」[＊3]いう言葉は急速に鳴りを潜め、起業家や投資家の多くが、バブルという夢の終わりを認めざるを得ませんでした。

　そして、サイバーエージェントは、ＩＴバブルの崩壊直後から、もう１つの難題に直面します。それは人材流出でした。ＩＴバブルの全盛期には、多くの若者が「バブル」に浮かされてサイバーエージェントに中途入社し、活躍することを夢見ていました。[＊4]しかしＩＴバブルの崩壊によって業界に勢いがなくなったことで、夢から覚めた社員たちが続々とサイバーエージェントから去っていったのです。[＊5]ＩＴバブル崩壊直後の２０００年から２００３年にかけて、サイバーエージェントの離職率は、実に「約30％」にも上りました。社員の入れ替わりは目まぐるしく、職場の空気も悪かったといいます。

「離職率30％」は、単にサイバーエージェントの勢いを削ぐばかりでなく、競合を増やすという懸念にもつながっていました。当時のサイバーエージェントの事業の中心は「インターネット広告の営業」で、属人的な要素が強かったからです。そのため人材の流出は、企画などのノウハウの流出、

[＊3] ＩＴバブルでは渋谷に起業家が集まったため、シリコンバレーにならって「ビットバレー」ともてはやされていた。

[＊4] 大手商社や大手広告代理店の出身者がサイバーエージェントに中途入社していた。

[＊5] ２０００年9月時点の社員数は１４３名、平均年齢26・6歳、平均給与629万円に対し、平均勤続年数7カ月という水準だった。

ひいては社内の見えざる資産の流出を意味します。つまり、サイバーエージェントにおける高い離職率は、自身の中長期的な成長を阻むだけでなく、「敵に塩を送る」という事態を招いていたのです。

そこで藤田氏は、離職率を下げようと、従業員にインセンティブとしてストックオプションを付与します。お金によって社員を引き留めようとしたわけです。ところが、株を売却して離職する例が多発し、逆に離職率を押し上げる要因になってしまいました。

この離職率の高さに、当時の藤田氏の抱いた危機感は相当のものでした。後のインタビュー記事で、「これではやっていけない」[*6]と語るなど、何としても離職率を下げる必要に迫られていたのです。

[＊6]「あの藤田晋が『離職率の低下』にこだわる理由」(「日経ベンチャー」2006年11月号)

こうして、2000年のITバブルの崩壊を境に、「若手ネットベンチャーの旗手」から一転して「離職率30%」という危機に直面します。では、どのように高離職率の危機を乗り越えたのでしょうか?

古風な制度を導入して守りを固める

「離職率30%」という危機の突破口は、インターネット産業とは一見、縁のない古風な制度にありました。

まず、2003年にサイバーエージェントは、「終身雇用制度の導入」を宣言します。「終身雇用制度」といえば、言うまでもなく、戦後日本の一般的な雇用形態です。「21世紀は欧米流の実力主義が主流になる。終身雇用は時代遅れ」という風潮の中、時代の最先端を行くインターネット企業が「終身雇用制度」を宣言したのです。この事実は、社員たちをも驚かせるものでした。

「終身雇用制度」を導入した藤田氏の狙いは、もちろん、高水準の離職率の改善でした。本気で社員を雇用するというメッセージを「終身雇用制度の導入」という形で発信することで、社員との信頼関係を構築することを試みたのです。

さらにサイバーエージェントは、その後も矢継ぎ早に「古風な制度」を導入します。藤田氏は「渋谷ではたらく社長のアメブロ」というブログを通じて、社内外への情報発信に努めました。加えて、1000人規模の社員総会を盛大に開催するなど、社員の会社への帰属感を高める仕組みをつくり上げたのです。[*1]

これらの取り組みは、昭和時代に日本企業が「社内報の発刊」や「社員旅行」などのイベントによって、社員との信頼関係を深めたことと本質的に同じです。

[*1] 2010年頃の社員総会では1回あたり1000万~1500万円の資金が投じられた。(「日経ビジネス」2010年5月31日号)

また、サイバーエージェントは社員に対する「福利厚生」を充実させます。その1つに「2駅ルール」という仕組みがあります。本社の最寄り駅である渋谷駅から2駅以内の範囲に住んだ場合、社員に対して月額3万円が補助されました。この手法も、かつての日本企業が「社宅制度」によって手厚い福利厚生を与えたのと、本質的に同じです。

さらに、サイバーエージェントは新卒採用者に対して初任給34万円（2007年時点・年俸制）[＊2]を提示しました。

事務系・技術系ともに20万円台であった当時の初任給の平均[＊3]を明らかに上回る金額を提示することで、就職活動中の大学生からも注目を浴びる存在になります。

もちろん、新卒採用者にも「2駅ルール」などの福利厚生が適用されるため、大学生からすれば「至れり尽くせりの会社」と映り、新卒採用市場でもサイバーエージェントは優位に立ちます。

これらの数々の施策によって、サイバーエージェントの離職率はどのように変化したでしょうか？　前述のとおり2003年に約30%だった離職率は、2006年に約15%、2010年には約10%へと着実に低下していきました。こうして、人材流出にブレーキをかけることができたわけです。

それと同時に、社内の雰囲気も改善していきます。離職を防ぐために、社

[＊2]「トップインタビュー・藤田晋」（『日経情報ストラテジー』2007年2月号）

[＊3]「2007年3月卒『新規学卒者決定初任給調査結果』の概要」（2007年9月3日、社団法人日本経済団体連合会）によると、大学卒の初任給平均額は、事務系で20万5074円、技術系で20万6579円。

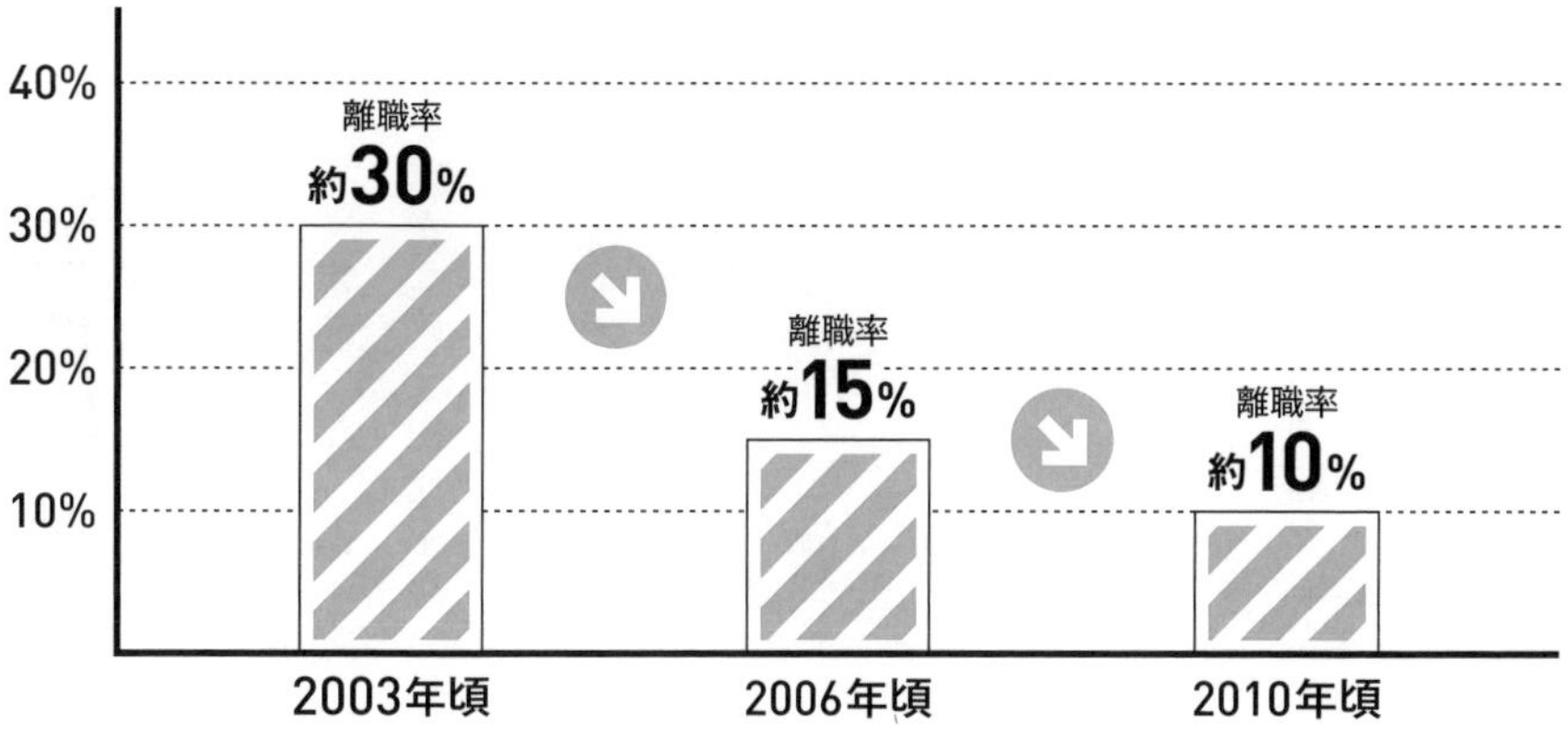

▶ 離職率の推移

員同士で協力するような組織風土が根付いていったのです。

これで、危機の一側面である「人材の流出」には歯止めをかけることができました。しかしこれはあくまで、「ITバブルの崩壊」によって生じた危機に対する「守りの戦略」です。サイバーエージェントが本質的に危機を突破し、成長するためには、「攻め」の戦略が欠かせません。

では、サイバーエージェントは、どのような「攻め」に転じたのでしょうか？

「技術のサイバーエージェント」戦略

　サイバーエージェントの過去のアニュアルレポートを丹念に読んでいくと、面白い事実に気づきます。それは、社員数に占めるエンジニア職（デザイン職を含む）の比率が、２０１１年を境に激増していることです。

　２００９年時点におけるサイバーエージェントのエンジニアの社員比率は10％に過ぎませんでした。しかし、わずか5年後の２０１４年時点におけるエンジニアの社員比率は47％という高水準に達しています。

　このデータから、サイバーエージェントが短期間の間に「広告営業だけの会社」から「広告営業とネット技術の会社」へと急速に変化したことがわかります。

　実は、この「エンジニアの大量採用」こそが、サイバーエージェントが「攻め」に転じるための切り札でした。

　事の発端は「アメーバブログ」というブログサービスで多発したシステム障害です。２００４年にサービスが開始され、順調にアクセス数を伸ばしていましたが、ある問題を抱えていました。人気芸能人のブログを多数抱え、２００６年には推定で月間5億ＰＶを記録しますが、膨大なアクセスを捌くことができず、たびたびアクセス障害（サーバーダウン）が起きてしまっていたのです。[*1] アクセスがダウンしてしまうと、その間の広告収入が失われることになり、社内的な大問題に発展したのです。

そもそも、このようなシステムトラブルが生じた根本的な要因は、アメーバブログのシステムの開発主体がサイバーエージェントではなかったことにあります。システムは外部のベンダーによって構築されており、社内には開発のプロフェッショナルはいませんでした。このため、アメーバブログは技術面での初歩的な問題[*2]でさえ、見過ごされていたのです。

そこで藤田氏は自前でエンジニアを雇用し、より多くのアクセスを捌けるシステムにつくり直すことを決断しました。

このシステム改良の結果、アメーバブログは２００９年７月に月間１００億ＰＶを達成[*3]します。２０１５年には年間１０８億円の広告収入を確保し、同社の「ドル箱事業」に育ったのです。

アメーバブログの成功に勢いづいた藤田氏は「技術のサイバーエージェントになる」と正式に宣言し、テクノロジーを生かした事業展開を推し進めます。２００９年にはゲーム事業、２０１１年にはアドテク事業に参入し、テクノロジー企業としての基盤を固めました。

そして、２０１１年には「スマホシフト」を最重要経営課題に掲げ、エンジニアの大量採用に乗り出します[*4]。当時はスマホが普及しつつあるタイミングで、次々と新しいサービスが世の中に誕生する節目でした。

［＊1］特にデータベースの設計に問題があった。システム障害の内実は「サイバーエージェント　ベンダー任せで基盤が崩壊　改良を重ね2年がかりで刷新」（「日経コンピュータ」2008年10月1日号）に詳しく描かれている。

［＊2］アメーバブログのシステムには、負荷分散させるアーキテクチャが存在せず、大量のアクセスがあった場合にも短時間で捌けない設計であった。いわば、データベースのアンチパターンの塊で、最適な姿とは程遠い状態のまま何年も本番環境で稼働させていた。

［＊3］100億PV達成に際して、藤田氏は「ここまでくるのに5年を要したことは、正直、遅すぎたと感じる。無数の失敗や反省点もあった」と述懐した。（「日経コンピュータ」2009年11月25日号）

［＊4］当時のサイバーエージェントの売上の大半はガラケー向けだった。このため、藤田氏はスマホシフト

このタイミングでサイバーエージェントはテクノロジーの内製化してきました。スマホゲームやスマホアプリを次々と開発し、高速に改善改良することでヒットの確率を高めたのです。

について「正直怖かった」と吐露している。（「日経コンピュータ」２０１４年3月20日号）

このスマホシフトにあたって本領を発揮したのが、サイバーエージェントが培ってきた「古風な制度」でした。

２００８年にサイバーエージェントには新卒採用エンジニアの１期生が入社しますが、古風な制度が社員の定着を後押ししたからです。そして、２０１１年の「スマホシフト」という大勝負のタイミングには、社内に、一人前のウェブ系エンジニアが育っていたのです。

他社がスマホという急成長市場で「引く手あまたのエンジニア」を０から確保するのに苦慮する中、サイバーエージェントはその「古風な制度」という武器によって、スマホアプリにおける「エンジニアの確保」という競争で優位に立ち、機会損失を最小限に抑えることができたのです。

こうして船出早々、ＩＴバブルの崩壊という洗礼を受けたサイバーエージェントは、２０１０年代を通じて「技術のサイバーエージェント」として急成長を遂げました。

２０１４年９月時点で連結従業員数も３０５９人[＊5]のうち47％をエンジニア職の社員が占める「テクノロジー企業」へと変貌し、同年９月期には売上高２０５２億円、営業利益２２２億円を達成し、高収益企業という成果

［＊5］２０１４年の時点で、サイバーエージェントには業務委託（有期雇用）を含めて約３０００人の開発職の人々が働いていた。（「日経コンピュータ」２０１４年3月20日号）

決算期	従業員数［連結｜単体］		平均年齢［単体］	平均給与［単体］	勤続年数［単体］	技術職［単体］	新卒出身［単体］
1999年9月期	—	26人	—	—	—	—	—
2000年9月期	143人	113人	26.6歳	629万円	0.7年	—	—
2005年9月期	1184人	568人	28.1歳	549万円	1.6年	—	—
2009年9月期	2036人	760人	28.9歳	578万円	3.4年	10%	—
2014年9月期	3059人	1653人	30.7歳	720万円	4.1年	47%	48%
2019年9月期	5139人	1589人	32.6歳	681万円	5.4年	34%	41%

＊技術職にはデザイン職も含む。—は不明

▶ 従業員数の推移＊6

を残したのです。

サイバーエージェントは「古風な制度」によって守りを固め、「技術のサイバーエージェント」という攻めの戦略によって、日本を代表するインターネット企業に変貌したといえるでしょう。

〈その他の参考文献〉

- 「藤田晋氏 成長は『仕組み』で作る　システム内製は絶対条件」（「日経コンピュータ」2014年3月20日号）
- CyberAgent 2011年9月期通期決算説明会
- Overview of Consolidated Financial Results of Fourth Quarter July 2009-September 2009
- CyberAgent Business Report (2012～2016)
- 有価証券報告書（サイバーエージェント）

［＊6］各年の有価証券報告書およびIR資料をもとに筆者作成。

まとめ

ベンチャー事業・新しい挑戦のときこそ「温故知新」

絶えず世の中が変化するビジネス環境においては、「何が適切なのか？」という判断基準は目まぐるしく入れ替わります。渦中の人からすれば、「過去を学ぶことは時間の無駄」と感じるかもしれません。特にベンチャー企業ほど、この傾向は顕著でしょう。

しかし、ビジネス環境が変わり、技術が進歩しても、そこにいる人間の本性はいつの時代も変わりません。だからこそ、人間の集合体である組織運営を考えるうえで「温故知新」はきわめて有効なのです。

インターネット業界という成長産業に身を置くサイバーエージェントが「終身雇用」を宣言したのは、「温故知新」の典型例です。今も昔も、市場が爆発的に成長する中では、エンジニアなどのキーパーソンの離職率を下げることが企業成長に直結します。エンジニアが「他の企業からも引く手あまた」という売り手市場だからこそ、企業経営者が「終身雇用」のような一見古風な条件を提示することが、組織の内部崩壊を防ぐ突破口になり得るのです。

ちなみに、過去のデータを見ると、高度経済成長期の日本企業も、エンジニアの離職問題に悩まされていたことがうかがえます。1982年11月29日号の「日経ビジネス」によると、エンジニア（最終学歴大卒以上・n＝1421名）に行なわれたアンケートでは、「状況次第では転職を厭わない」と答えた割合が、29歳以下では57・6％、30〜34歳では54・5％という結果でした。市場の成長期においてエンジニアが「条件のよい会社に転職する」という行動を取るのは今も昔も変わらないため、成長企業が「終身雇用」を提示することは有効な手段になり得るでしょう。

ですから、「終身雇用は終わった」というような言説は、成長業種においては「大ウソ」です。このウソを見抜いたのが、サイバーエージェントが発展した大きな理由なのです。

皆さんも、このような「古い○○は終わった！」という世の中の言説に接する際は、注意深く洞察しなければなりません。そこには誰も気づかないヒントが眠っているかもしれないからです。

チェックリスト

- □ 古い制度を闇雲に批判していないだろうか？
- □ 「時代遅れの○○」にヒントがあるかどうかを、考えているだろうか？
- □ 人間の行動は今も昔もそう変わらないことを、洞察できているだろうか？

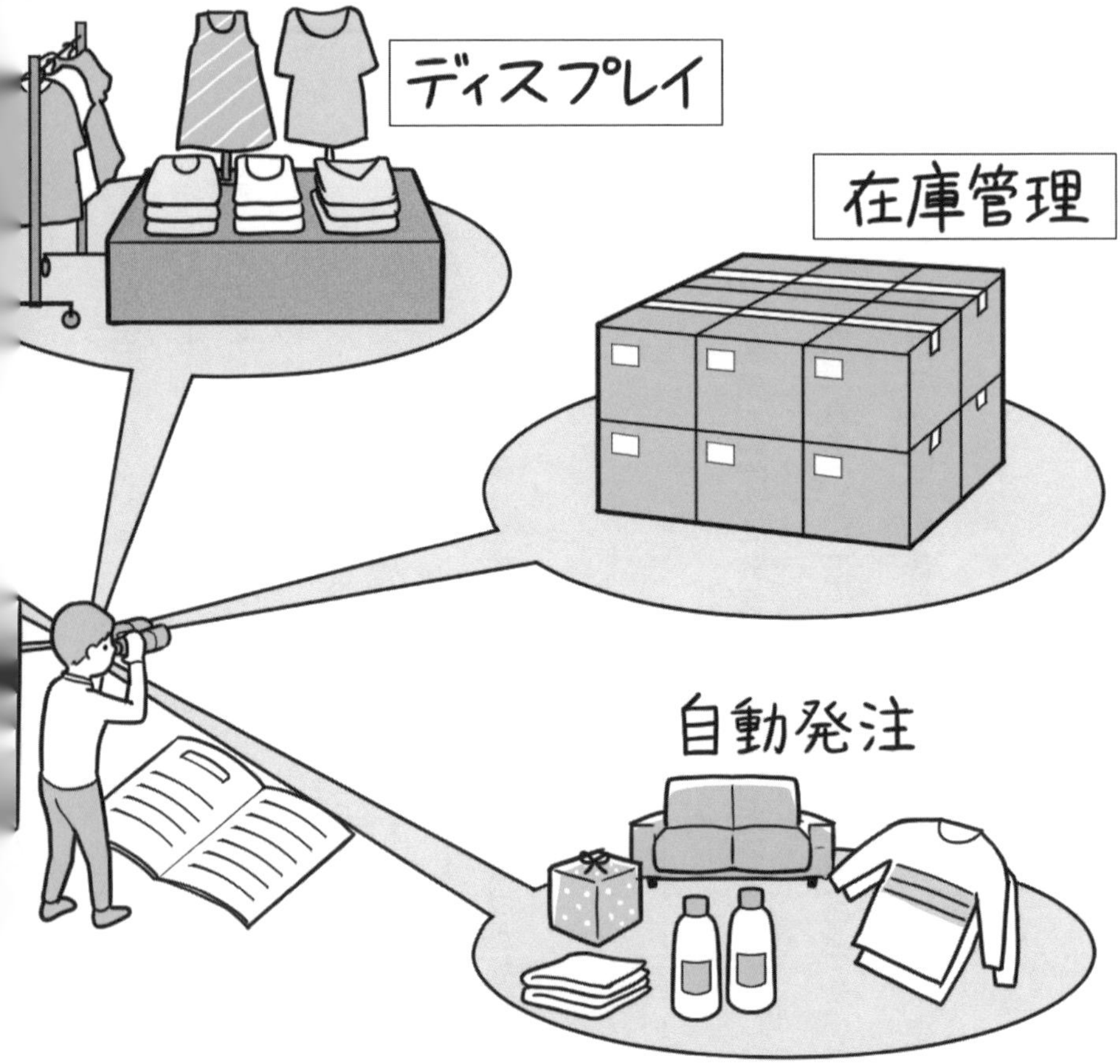

File

03

成功体験に縛られた
組織文化を一新して危機突破

良品計画

Ryohin Keikaku Co.,Ltd.

"How to overcome the crisis through
V-shaped recovery?"

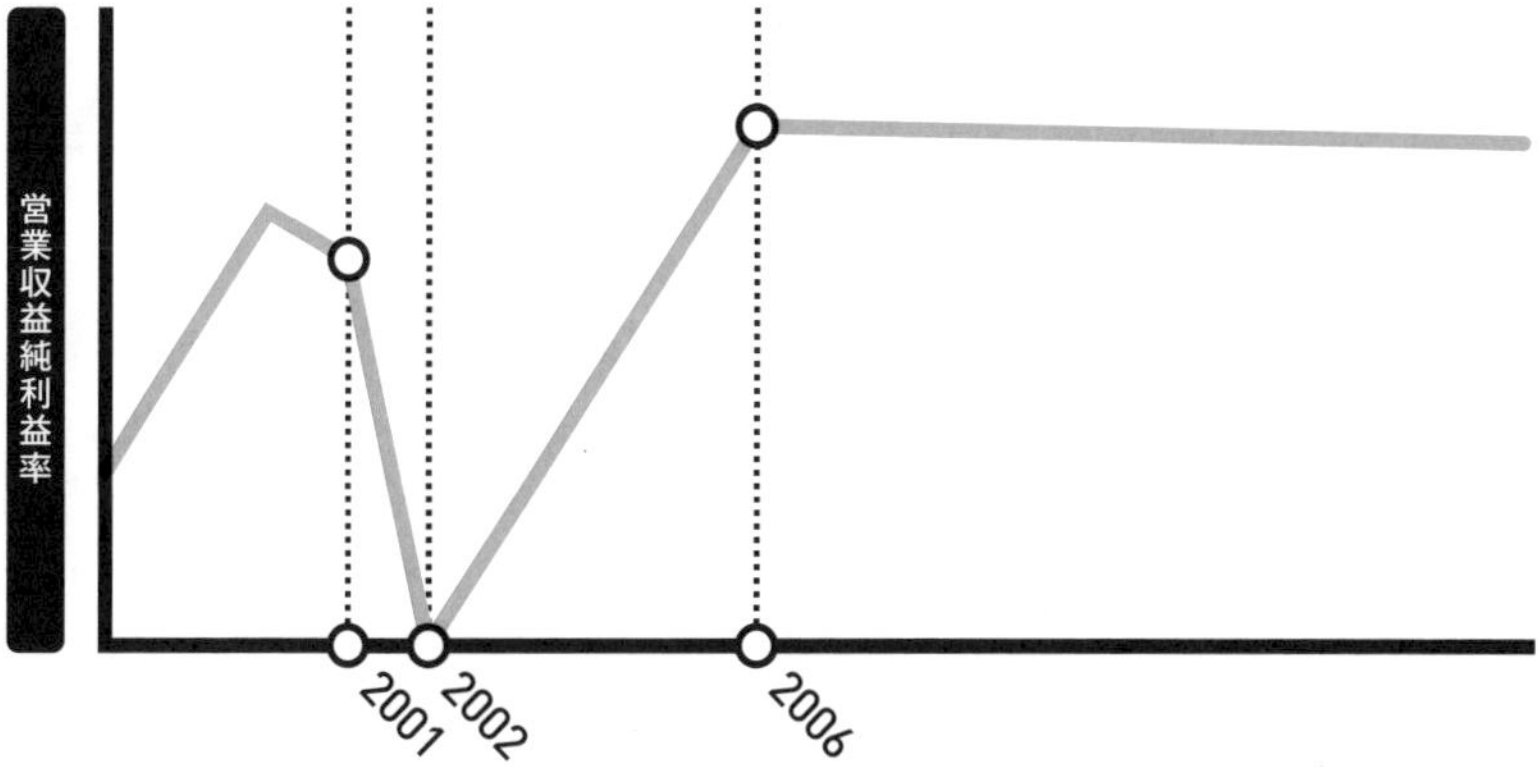

1980 西友のPB商品「無印良品」誕生

1989 良品計画を設立

2001 業績悪化により社長交代、「MUJIGRAM」の作成を開始

2002 在庫の改革を開始

2006 利益率のV字回復に成功

良品計画は「無印良品」「ＭＵＪＩ」というブランドを展開する上場企業です。「無印良品」は大型商業施設などの店舗として入居していることが多く、店内にはナチュラルテイストで統一された商品が並べられています。読者の方も「無印良品」と聞けば「あのシンプルな商品ね！」と思い浮かぶのではないでしょうか。

今でこそ、その地位を確立している無印良品ですが、実は２０００年頃はボロボロの状態でした。積み上がった在庫を焼却処分する必要に迫られ、経済メディアからは「良品計画『無印神話』に溺れ過剰出店、商品力低下」[*1]と厳しく指摘されていたのです。

良品計画が行き詰まった原因は、一言でいえば組織に驕りが生じたことです。１９９０年代を通じて良品計画は増収増益を達成し、「無印神話」とチヤホヤされていました。そうして組織の規律が緩んでいたところへ、２０００年代にユニクロ、ニトリ、ダイソーなどの専門店に殴り込みをかけられ、無印良品は「売れない雑貨屋」に様変わりしてしまったのです。

では、良品計画は組織の規律が緩んだ危機をどのように突破したのでしょうか？　このチャプターでは「成功体験からの脱却」という観点から検証します。

[＊1]「良品計画『無印神話』に溺れ過剰出店、商品力低下」（『日経ビジネス』2001年2月26日号）

親会社を凌駕した大企業発ベンチャー「良品計画」

無印良品の歴史は１９８０年に始まります。大手スーパーマーケット・チェーンの西友が、バブル経済へと向かっていく日本の消費社会に対するアンチテーゼとして「無印良品」というプライベートブランドを発売したことが発端でした。

当時の消費者は、百貨店で販売されるような「高く品質がよいモノ」か、スーパーで売られるような「安くて品質の悪いモノ」という2つの選択肢の中で、消費行動を決定していました。ニトリやダイソー、ユニクロと[＊1]いった小売店はまだ名が知られておらず、「安くて品質のよいモノ」と[＊2]いう発想は根付いていませんでした。

そのような時代に無印良品が掲げたキャッチコピーは「わけあって、安い」。低価格ながら安さを感じさせない「ナチュラルテイスト」のパッケージングによって、無印良品は独特な雰囲気を醸し出すプライベートブランドの地位を確保したのです。「無印良品」の衣料品・加工食品・雑貨は、消費者の支持を獲得しました。

この結果、１９８０年代前半に「無印良品」は売り上げを大きく伸ばす

［＊1］1980年代当時、ユニクロやニトリは東京に進出すらしておらず、ユニクロは山口県、ニトリは北海道を中心に展開するローカル小売業であった。

［＊2］1990年代以降に「安くて品質のよいモノ」がメジャーになった背景には、東南アジアにおける生産技術の向上がある。当時はまだ東南アジアでの生産技術が確立していなかった。

ことになります。西友の無印良品事業は、発売開始からわずか5年後の1985年には、年商約150億円に育っていきました。

ところが、1980年代後半、無印良品事業は、突如として伸び悩みに転じます。事業の拡大にあたって必要な在庫管理や発注で弱さが露呈し、規模拡大のボトルネックとなってしまったのです。

それを受けて1989年、西友は無印良品事業を「株式会社良品計画」として分離し、無印良品に別会社としてテコ入れすることとなりました。いわば、大企業発ベンチャーという形で「良品計画」の歴史が始まったのです。西友社員が良品計画に出向するという形での船出となりました。

ただし、この「良品計画への出向」は、当時の西友の社員にとって「左遷」を意味するものでした。[*3] 例えば、2001年に良品計画の社長に就任することになる松井忠三氏は1991年に西友から出向しますが、異動を命じられたときはショックを受けたと記しています。[*4] 西友の社員にとっても「良品計画」は当時、得体の知れないベンチャーであり、そこへの異動は、茨の道を歩むことを意味したからです。

ところが、出向を「左遷」と恐れていた社員たちにとって、事態は意外な方向に進みます。

良品計画はその後、順調に業績を伸ばして1995年に株式上場を果た

［＊3］親会社の西友は売上高1兆円（1990年2月期）という巨大スーパーだったが、良品計画の年商は約263億円（1992年2月期）に過ぎなかった。（「日経ビジネス」1994年6月13日号）

［＊4］松井氏は自著『無印良品は、仕組みが9割』の中で「私が西友から無印良品に出向になったのは、左遷でした」と、胸の内を明かしている。

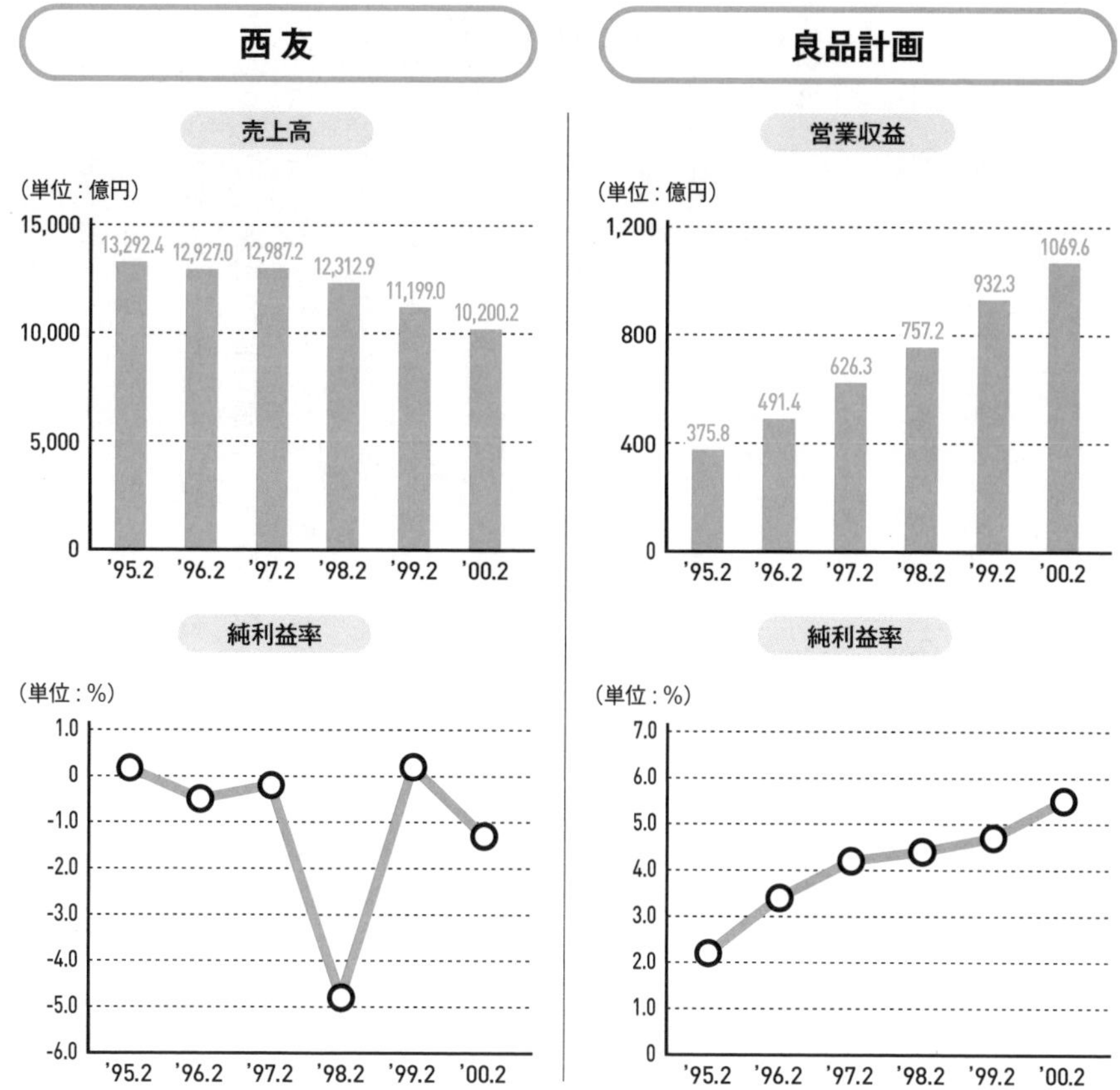

▶ 西友VS良品計画(1995年～2000年)

す一方で、西友は1996年2月期に最終赤字に転落し、その後も慢性的な赤字に悩むようになったからです。

バブル崩壊後、消費者の「安くて品質のよいモノ」を求める機運の高まりとともに、無印良品は順調に支持を集めていきました。対照的に、スーパーマーケットはチェーンごとの差を打ち出しきれず、「代わり映えのない安い商品を並べるだけ」と見られてしまったのです。

こうして、親会社が没落する一方、元左遷社員の集まる子会社が急成長を遂げていくこととなりました。[*5]

順調に業績を拡大する良品計画は、「無印神話」として賞賛されました。バブル崩壊後に百貨店やスーパーが軒並み苦戦する中、一人気を吐いていたのが良品計画だったからです。上場直前の1995年2月期時点で369億円だった良品計画の営業利益は、2000年2月期には1054億円に到達し、1000億円企業の仲間入りを果たしました。

順風満帆に増収増益を重ねていった良品計画ですが、陰で忍び寄ってくる暗雲がありました。冒頭でも紹介した「組織の規律の緩み」が進行しつつあったのです。

［*5］西友は企業として単独存続が難しい状況となり、2002年にウォルマートと業務提携を締結。2008年にはウォルマートの完全子会社となった。

「セゾンの社風」が、良品計画の組織を蝕む

良品計画は設立された当初から、見えざる負債を背負っていました。組織に根付いた「セゾンの社風」です。

良品計画の親会社である西友は、セゾングループの中核を担う1社でした。セゾングループとは、西武百貨店を中核として、ワンマン経営者・堤清二氏がトップダウンで経営にあたった個性的な企業集団です。良品計画以外にも「パルコ」や「ロフト」などもセゾングループの一員ですが、これらの子会社にはみな「セゾンの社風」が受け継がれていたのです。

「セゾンの社風」の最大の特徴は「個人の感性」を生かすという点で、この経営方針はバブル期には「感性の経営」[*1]としてもてはやされました。

セゾンの「感性の経営」が効果を発揮するのは、まったく新しいブランドのコンセプトなどを生み出す局面です。「0→1」の段階ではこれ以上ないほどの威力を発揮する経営手法であったため、「セゾングループ」から前述のような新しいコンセプトを持った企業が次々と誕生する原動力として作用しました。[*2]

しかし、新しいコンセプトの創造や起業というフェーズでは模範解答と

［＊1］「特集セゾングループ」（「日経ビジネス」1991年1月28日号）

［＊2］パルコの場合、増田通二氏という卓越したセンスの持ち主によって創造された（詳細は、「パルコ」のケースを参照）。

もいえる「感性の経営」は、確立されたブランドを成長させるフェーズでは大きな弊害を生みました。本来的に「1→10」の段階では、商品の在庫管理や店舗マネジメントのマニュアル化など、地道な業務改善は避けられません。ところが「感性経営」の血を引いたセゾングループの子会社は「1→10」のフェーズでも感性重視を貫いてしまったからです。

良品計画だけを見ても、「セゾンの社風」の弊害を物語るエピソードは数多くあります。

例えば、無印良品ではかつて、事業部長でさえ「どの程度商品が売れたのか」を把握することが難しかったといいます。「感性」を重視するあまり、POS（販売時点情報管理）などのツールの導入を怠り、売上高・在庫・商品開発コストといった基本的な数字を、経営層ですら把握できなかったというのです。[*3]

また、店舗のレイアウトなどのノウハウに関しても「セゾンの社風」が悪い意味で継承されていました。例えば新規出店する際に、ある責任者が決めた売り場のレイアウトを、別の責任者がほとんど一存で朝令暮改することなどもあったといいます。店舗運営のノウハウは各責任者に委ねられたままブラックボックス化し、良品計画という会社に知識や経験が蓄積することはありませんでした。

加えて、1990年代後半の良品計画には、「親会社である西友を抜い

［＊3］1990年代の良品計画の経営陣は「〝コンセプト〟とか〝感性〟だとか、あいまいな言葉を使うな。きちんとした数字で説明しろ」と社員に指導していたという。（「マーケティング・良品計画」（「日経ビジネス」1994年6月13日号））

た」ことによる驕りも蔓延していました。当時、ニトリやファーストリテイリングなどの競合企業の台頭に、取引先が、

「ニトリさんでこういう商品が売れているから、無印さんでもつくったらどうですか？」

と提案しても、良品計画の社員は、

「無印は今のままでも売れているのだから、このままでいいんです[*4]」

として退けるなど、市場の変化から目を背けていたのです。


良品計画がこのような足踏みをしている間、ユニクロやニトリなどの専門店が台頭していくこととなります[*5]。

特にユニクロは、当時のファッション業界では考えられない「出店スピード、商品の品質、商品の安さ」によって、瞬く間に消費者の支持を集めたのです。ユニクロは「感性経営」とは真逆の「コンピュータ経営」に徹し、ＰＯＳなどのデータに基づいて生産計画や価格決定を策定することで「１→10」というフェーズで急速に駆け上がった代表例といえるでしょう。

こうして、「感性の経営」による成功体験を乗り越えられず、良品計画は２０００年２月期決算で減益を発表します。急成長企業の減益が市場に与えたインパクトは凄まじく、１９９９年末には２万円台だった良品計画の株価は、２０００年３月には３０００円台まで急落し、当時の社長が経

［＊４］『無印良品は、仕組みが９割』（松井忠三著）

［＊５］ユニクロは１９９８年に原宿店を新設して東京に進出。ニトリも２０００年に関東物流センターを新設して首都圏への出店を本格化させた。ユニクロの躍進は本書の「ファーストリテイリング」のケースを参照。

営責任を取って辞任する事態にまで陥りました。
当時の「日経ビジネス」は「『無印神話』が崩れた[*6]」と断じるなど、良品計画に対する評価は底辺に落ちたのです。

では、絶体絶命の危機の中で、良品計画はどこに突破口を見出したのでしょうか。

［＊6］「日経ビジネス」2001年2月26日号

表層の問題点に隠された「真の原因」を炙り出す

業績悪化で辞任した前社長に代わって、このとき良品計画の社長に就任したのが、前述の松井忠三氏でした。ただし、就任当初は松井氏もまた、何が問題なのかを理解できていなかったといいます。そこで問題の所在を把握するために、各店舗を巡回して現場の状況を確認することから始めたそうです。

すると、徐々に明らかになったのは、「店舗が汚い」ということでした。[*1]

ここでいう「店舗が汚い」とは「掃除がされていない」ということではありません。各店舗では、売れ残った在庫を消化するための値引き販売が

［＊1］店舗における清潔さの重要性は、本書の「日本マクドナルド」のケースを参照。

積極的になされていました。その値引き商品が乱雑に並べられていた、という意味です。[*2] この傾向は特に、衣料品売り場で顕著に表れ、現場が「売れ残りを消化しよう」とすればするほど、売り場の見栄えが悪く、「汚く」なってしまっていたのです。

そこで松井氏は、「在庫」に問題があると判断し、売れ残り品の処分を決断します。実際、このときに行なわれた在庫処分は売価にして約１００億円に相当しました。財務上で38億円の在庫を特別損失として計上することになりましたが、商品の循環を改善させ、業績悪化の「止血」をしようとしたのです。

このとき、衣料品などの一部の商品は、あえてその責任者の目の前で焼却処分しました。丹念に企画した商品が焼却される様子を責任者の目に焼き付けることで、社員の意識づけを変えようとしたのです。

それでは、この「新品在庫の焼却処分」によって、現場の意識を狙い通り変えることはできたのでしょうか。その答えはＮＯでした。在庫の焼却処分によって「店舗の乱雑さ」をひとまず解消したものの、翌年には再び「在庫」が積み上がってしまったのです。[*3]

つまり問題は「在庫がある」という表層にあるのではなく、「在庫を生み出し続ける仕組み」にありました。在庫処分という応急処置的な「守り」によって、同時に「在庫を生み出し続ける仕組み」という新たな課題が浮

［＊２］２０００年時点で良品計画のアイテム数は５３２６点におよび、商品数が多すぎて管理できないという問題も生じていた。

［＊３］松井氏は在庫が生まれ続けることにショックを受けたという。

き彫りになったというわけです。

もう1つ、在庫の処分とともに良品計画が取り組んだ止血策が、国内および海外の不振店舗の閉鎖でした。

特に問題があったのが海外の店舗です。1990年代を通じて良品計画はイギリスやフランスなどヨーロッパに進出し、「無印良品」ブランドは現地の顧客からも一定の支持を受けていました。しかし、ここでも「セゾンの社風」がマイナスの方向に作用します。[*4]

「セゾンの社風」の伝統の1つに、ずさんな出店戦略がありました。例えば、良品計画の親会社であった西友では「集客の見込める一等地」に出店するために、出店担当の現場社員が売上予測を水増しし、役員会のりん議にかけることが横行していたといいます。水増しした売上に基づいて賃貸契約を結べば、当然、賃料負担が重くなります。この売上に見合わない賃料が、西友を経営危機に陥らせる1つの原因となったのです。[*5]

同様に、1990年代の良品計画でも、特に海外において、投資対効果を無視した出店が強行されました。その結果、「無印良品」というブランドが海外で多少支持されただけでは「高額な賃料」をまかないきれず、業績を圧迫します。

それに対してできることは、グローバル展開の白紙撤回と不振店舗の閉鎖でした。2001年2月期から2002年2月期にかけて、良品計画は

［＊4］2020年時点でも良品計画は欧米展開で苦戦しており、2020年7月にはアメリカの子会社で破産法を申請した。

［＊5］セゾングループのパルコは、悪い立地条件をなんとか生かすために開発された業態であり、セゾンの出店戦略の火消し役でもあった。

店舗賃借解約損を合計8・1億円計上して、止血はようやく完了したのです。[*6]

さて、在庫の処分と、グローバル展開の白紙撤回によって、良品計画は業績悪化の直接的な問題を解決します。ですが「在庫が生み出される仕組み」という根本的な問題は残ったままでした。この問題を解決しない限り、良品計画の業績の回復はあり得ません。

では、良品計画は「止血」の後に、どのように「攻め」に転じたのでしょうか？

マニュアルで「セゾンの社風」を一掃する

止血を完了した後、松井氏が取り組んだ課題は、「セゾンの社風」との決別でした。

在庫が次々積み上がってしまう仕組みや海外出店における脇の甘さはいずれも、「データ」ではなく「感性」や「コンセプト」を重視する社風に原因がありました。だからこそ、良品計画は、組織に蔓延した「セゾンという空気」を一掃することで、「攻め」に転じようとします。

［＊6］良品計画「有価証券報告書」（2002年5月23日）

なかでも、セゾンの社風が悪い影響をもたらしていたのが「発注業務」でした。良品計画が在庫を生み出してしまう理由は、現場に委ねられた発注にあったからです。

コンビニエンスストアなどの、売り場面積がある程度限られていて商品の回転が速く、地域性・季節性の影響を受けやすい場合には、現場社員が発注業務を担当したほうがスムーズに進みます。各店舗の責任者が「仮説↓発注↓検証」というサイクルを回すことで、ローカルな顧客のニーズに応えることができるからです。[＊1] これは極端な例ですが、同じ地域・同じ規模でも、その店舗が国道の上り線に面するのか、下り線に面するのかというわずかな条件の違いでも、有効な「発注」は変化します。こういったケースでは、とてもではありませんが本社で一括対応はできません。

これに対し、良品計画はまったく条件が異なります。衣料品・雑貨・食品・家具・家電をはじめとする幅広い商品を扱うため、その点数は膨大で、[＊2] 売り場面積もコンビニとは比べものにならないほど広大です。また、家具などの商品の回転率は低く、常に在庫リスクとの戦いでもあります。地域性という点でも、駅前や郊外のショッピングセンターに出店されることが多いという点で、無印良品はコンビニと比べてはるかに画一的です。

つまり、無印良品においては、発注の権限が現場にある合理的な意味はありませんでした。２００１年に大量の在庫を処分しても、翌年に在庫が

［＊1］コンビニを展開するセブン-イレブンは「仮説→発注→検証」を徹底することで業容を拡大した好例。

［＊2］当時の無印良品では、各店舗で、社員が、16カテゴリー、8000アイテムの中から手作業で発注作業を行なっていたという。そのため発注ミスも多かった。（「日経情報ストラテジー」2010年5月号）

生まれてしまったのは、現場の発注精度の甘さがあったわけです。

ただ、この場合の商品在庫の根本的な原因は、現場にあるわけではありません。そもそも良品計画のように多種多様な商品を扱う小売店において、現場社員が発注を行なうことに無理があったのです。

そこで良品計画は、在庫を生み出す根幹である「発注」の権限を現場から本社に移し、自動発注システムの導入を決定しますが、あろうことか、現場社員が反発します。発注作業に愛着のある社員も多く、本社の方針を快く思わなかったからです。

加えて、当時の自動発注は複雑な計算ロジックに基づいていたため[*3]、現場社員は「なぜこの商品を発注しないといけないのか」を理解できませんでした。そのため、自動発注も信用されなかったのです。

そうした社員の抵抗に対し、良品計画の出した答えは「MUJIGRAM」というマニュアルを作成し、あらゆる業務を明文化することでした。「MUJIGRAM」はレジ対応から在庫管理まで、良品計画で必要となる業務について、現時点でベストプラクティス（最適）と考えられる要素を盛り込み、頻繁に更新されるように設計しました。それを社員に徹底させ、社風を変えることで、経験主義的な風潮を一掃し、「発注」という最重要業務を取り戻すことを試みたのです。

従来の経験主義的かつ属人的な「セゾンの社風」とは対極のマニュアル

［＊3］のちに発注システムの計算ロジックは、現場社員でも直感的にわかる計算式に変更されることとなった。（「日経情報ストラテジー」２００８年３月号）

――この「MUJIGRAM」こそ、良品計画にとっての、「セゾンの社風」との決別の象徴といえるでしょう。

ただし、「発注」業務の本社への移譲などについては、「MUJIGRAM」の作成だけでは達成はされませんでした。

そこで良品計画は、本社から現場に巡回する社員を送り込み、現場で直接指導することで密にコミュニケーションをとる手法をとります。[*4] 本社の社員が「売れ筋は何か」という問いを現場で繰り返すことで、現場には徐々に「売れ筋」に関する意識が定着し、本社が提示した「売れ筋商品」を仕入れることへの抵抗感を払拭していきました。

加えて「売れ筋を並べる」という意識が定着することにより「死に筋」を排除できるようになったのです。

こうして、足掛け数年をかけて良品計画は発注の権限を本社に移譲させました。在庫を発生させるリスクの根本を排除することによって、良品計画は「売れる商品を店頭に並べる」「死に筋を排除する」という当たり前のことができる会社に変化したのです。そして、現場の社員は「発注」に割いていた時間を接客や品出しに回せるようになり、顧客サービスの向上にも寄与することとなりました。

この取り組みは、さらに「売れ筋商品をつくる」という方向にも展開し

[＊4] 現場を視察する本社チームは「見回り隊」と呼ばれた。

ていきます。2002年にはヨージヤマモトと提携し、衣料品のデザイン力を向上させつつ、従来1500～2000円だった平均売価を、2500～3000円に引き上げました。[*5] デザインが洗練されたこれらの衣料品は、好調な売れ行きを記録します。

良品計画が2006年2月期決算で、営業収益1408億円、同純利益率6・6%というV字回復を成し遂げた背景には、「売れ筋商品を企画する」と「売れ筋を発注する」という小売業としての基本動作の確立があったのです。

［＊5］「良品計画（生活雑貨専門店）〝お荷物〟衣料が復活の見本」（「日経ビジネス」2003年7月21日号）

〈その他の参考文献〉
・『無印良品は、仕組みが9割』（松井忠三著、角川書店）
・「松井忠三　良品計画会長――オムニチャネルで3期連続2ケタ増益」（「日経情報ストラテジー」2014年8月号）
・「2回の失敗経て変化　発注ミスが徐々に減少」（「日経情報ストラテジー」2010年5月号）
・良品計画公式ページの沿革（各年のアイテム数の記載を参考にした）
・有価証券報告書（良品計画）

まとめ

「過去のベストプラクティス」に「未来の答え」はない

企業経営やビジネスにおいて「絶対的な正解」は存在しません。顧客のニーズが絶えず変化する以上、一時的に成功した手法であっても、数年後、数十年後には通用しなくなるというのが、世の中の常です。

セゾングループが提唱した「感性の経営」は、バブル絶頂期における「ベストプラクティス（最適）」でしたが、バブル崩壊後にはセゾングループを苦境に落とし入れる原因になりました。良品計画が「感性の経営」の間違いに気づいてセゾンという時代錯誤の社風を是正し、危機を突破したように、「どのような組織文化を引き継ぐか」を時代によって変化させなければ、生き残ることはできないのです。

ところが、世の中に目を向けると、「絶対的な正解」を求めるニーズは後を絶ちません。例えば社内に問題が起これば、多くの経営者はコンサルタントに「正解」を求めようとし、書店には「ベストプラクティス」に染まった書籍が並んでいます。世の中が変化する以上「正解は変化する」ことが本質であるのにもかかわらず、「決まった正解」を追い求めてしまうのは人間の本性なのです。

ビジネスパーソンが常に考えなくてはいけないことは、世の中で流行している「正解」や「ベストプラクティス」を盲信することではなく、どのような時代背景においては、どのような手段が「より適切なのか」を考え抜くことです。そして念頭に置くべきは「今の正解」ではなく「世の中がどのように変化するのか」ということなのではないでしょうか。

チェックリスト

- □ ビジネスに「正解がある」と思い込んでいないだろうか?
- □ もっともらしい「ベストプラクティス」に惑わされていないだろうか?
- □ 場所や時代によって「何をすべきか」を変えることができるか?

徹底した
数値経営で危機突破

カルビー

Calbee, Inc.

"How to overcome the crisis through V-shaped recovery?"

File

04

1949 松尾孝がカルビーを創業

1975 ポテトチップスを発売

2009 営業利益率が慢性的に低迷、松本晃が会長に就任

2015 売上高営業利益率10.9%を達成

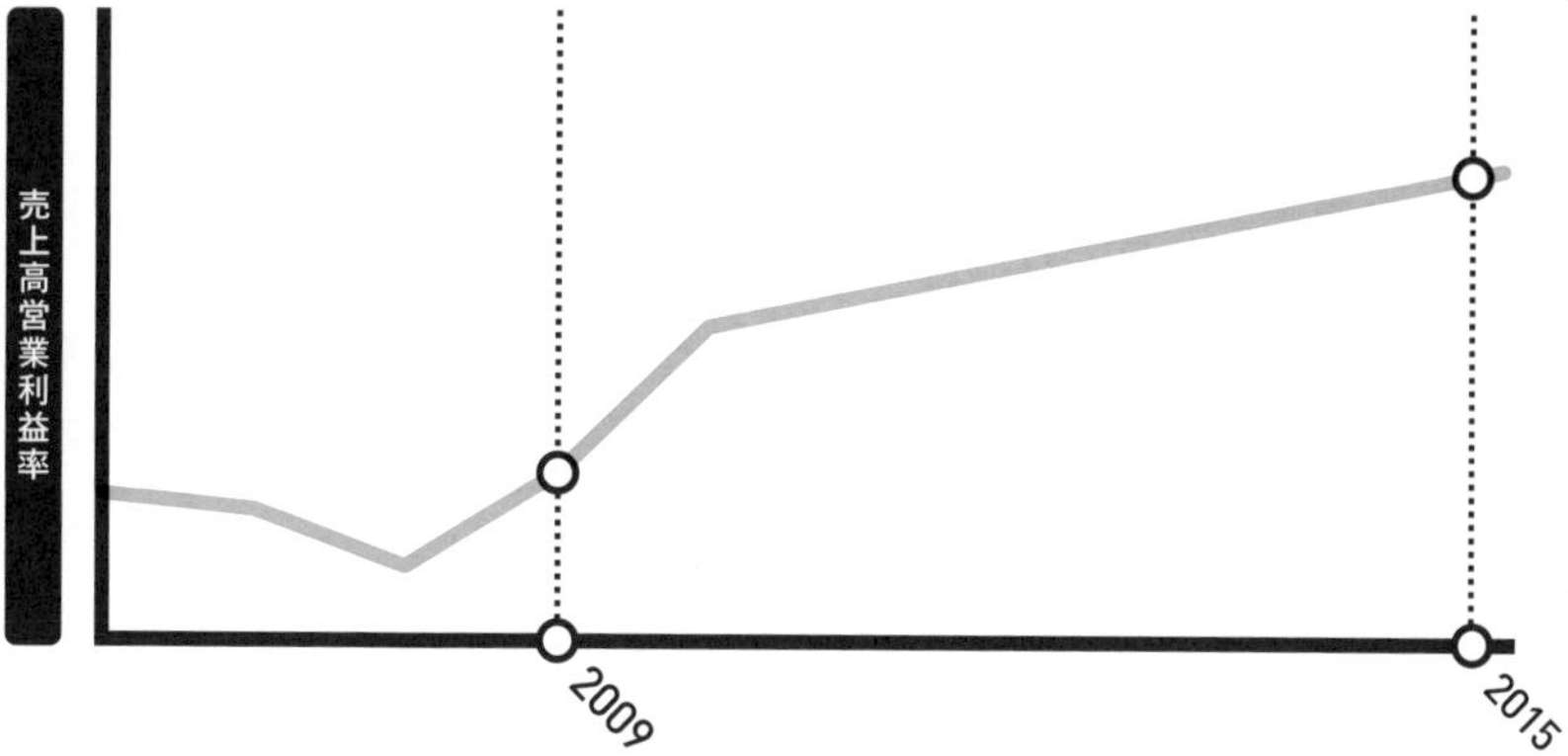

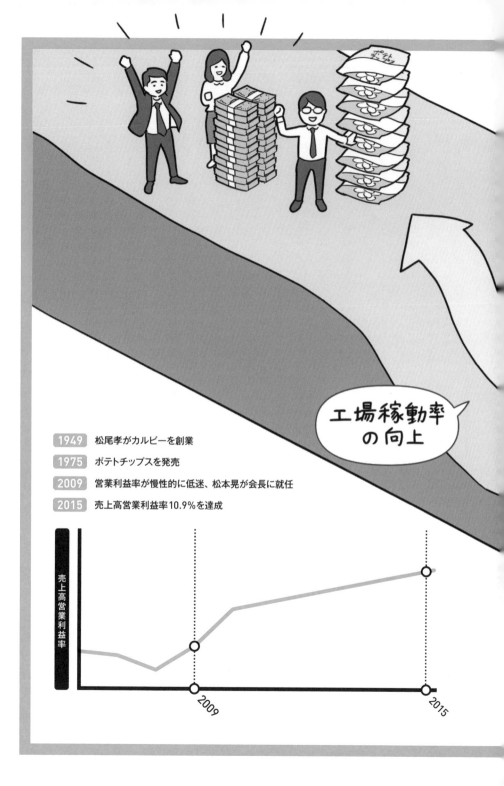

「かっぱえびせん」「ポテトチップス」などのスナック菓子で知られる食品企業、カルビー。主力商品である「ポテトチップス」の国内のシェアは70％（２０１９年時点）、売上高営業利益率も10％を超えるなど、日本の食品メーカーとしては非常に高い水準にあります。カルビーは２０１０年代後半以降、日本の食品業界で模範とされました。

しかし、少し遡った２００９年時点のカルビーは、大きな問題を抱えていました。主力商品のポテトチップスの国内シェアは60％で過半数を確保していましたが、売上高営業利益率は３・２％という低水準。この頃のカルビーは「競争力はあるが、儲からない」という不思議な会社だったのです。

それでは、カルビーはどのようにして「競争力はあるが、儲からない会社」から、「競争力があって、儲かる会社」に転身したのでしょうか？

今回は企業の財務分析の基本である「コスト構造」に焦点を当てて、危機の突破方法を検証します。

04 カルビー
Calbee, Inc.

危機前夜

コスト競争力によってポテトチップス市場を掌握

カルビーの歴史は、終戦直後の１９４９年に松尾孝氏[*1]が「水あめ」や「キャラメル」などのお菓子を広島で販売したことに始まります。当初は地方の小さな菓子メーカーに過ぎず、これといった特色のある商品もなかったため、何度も倒産の危機に直面したといいます。

そんなカルビーの経営を軌道に乗せたのは、１９６４年に発売した「かっぱえびせん」です。創業者の松尾氏は地元の瀬戸内海で獲れる「えび」からヒントを得て、冷凍したえびの粉末と、小麦粉をねりあわせたスナック菓子を発売したところ、大ヒット商品になったのです。えびを加工するためには急速冷凍の設備が必要でしたが、当時はその設備を持つ企業はほとんどなかったため、「えび系スナック」はカルビーが市場を独占することとなりました。[*2]

その後、１９７０年代にカルビーが社運をかけて参入したのが「ポテトチップス」です。まずカルビーは、ポテトチップスの原料となるじゃがいもの貯蔵庫を北海道に相次いで新設し、農家からのじゃがいもの調達体制を構築しました。このような準備のもと、１９７５年に「ポテトチップス」

［＊1］松尾孝氏：１９１２〜２００３年。一代でカルビーを日本を代表するスナック菓子メーカーに育て上げた人物。

［＊2］「かっぱえびせん」発売当時のカルビーの年商は6億円に過ぎなかったが、１９７１年には売上高１００億円を突破し、劇的な成長を遂げた。（「未利用資源を商品化して急成長」（「日経ビジネス」１９７６年10月25日号））

を発売しますが、当初はまったく売れませんでした。先発企業の湖池屋が1962年にポテトチップスを発売しており、カルビーは後発参入だったためです。[＊3]

加えて、発売当初のカルビーのポテトチップスは、品質が安定しないという問題がありました。品質のボトルネックになったのは、当時の未熟な食品包装技術でした。ポテトチップスを加工してからすぐに販売しないと、酸化によってポテトチップスが劣化する問題があったのです。[＊4]

そこで、カルビーは鮮度のよいポテトチップスの安定供給に焦点を当て、製造および物流体制の強化に着手します。全国各地にポテトチップスの製造拠点を新設し[＊5]、じゃがいもを加工してからすぐにスーパーなどの店頭に並べる物流体制を構築していきました。

そして、先発企業の湖池屋に、値下げによる対抗を試みます。湖池屋がポテトチップスを150円で販売したのに対し、カルビーは100円という破格の値付けを行ないました。そして1977年に、

「100円でカルビーのポテトチップスは買えますが、カルビーのポテトチップスで100円は買えません」[＊6]

というインパクトの強いテレビコマーシャルを展開し、瞬く間にポテトチップスのシェアを確保することに成功したのです。

その結果、カルビーは「ポテトチップス」において、69%(1991年

[＊3]当時、同業他社はカルビーのポテトチップスについて「あの手この手で販売しているが、もう一つ伸びていない」と認識していた。(「日経ビジネス」1976年10月25日号)

[＊4]この問題に対し、かつてのカルビーにはポテトチップスの鮮度を調査する部隊が存在していた。

[＊5]1976年の時点でカルビーは北海道、栃木、名古屋、広島、鹿児島にそれぞれ工場を配置。全国縦断工場網として注目を集めた。(「日経ビジネス」1976年10月25日号)

[＊6]このテレビコマーシャルには、当時14歳の藤谷美和子氏が起用された。

時点）という国内シェア1位を確保します。[＊7] カルビーがこれまでに整えていた製造・物流体制の盤石さが他社にとっての参入障壁となり、カルビーは日本を代表するお菓子メーカーに上り詰めたのです。

[＊7]「異色企業・湖池屋」（「日経ビジネス」1991年3月11日号）

高シェアの背後の、「高コスト・薄利」地獄

こうしてカルビーはポテトチップス戦争で完全な勝利を収めましたが、その後1990年代から2000年代にかけて、業績は徐々に低迷していくことになります。[＊1] 売上高は横ばいで推移し、ポテトチップスのシェアに関しても全盛期には75％を確保していましたが、2010年前後には60％を割り込みました。[＊2] 冒頭で紹介した売上高営業利益率3・2％という低い水準も、2009年3月期の数字です。

このようなカルビーの現状に危機感を抱いたのが、創業家である松尾家です。2003年に創業者の松尾孝氏は逝去しますが、生前から、

「この会社は上場したほうがいい。松尾家の会社だと、早晩ダメになる。上場して広く外の人からいろんな意見を言ってもらわないといけない」

という考えを口にしていました。[＊3] このため、松尾家は同族会社であることに固執せず、外部から経営者を招いてよみがえらせる道を模索しました。

[＊1] カルビーが公表している長期の売上高推移を見ると、1990年代に売上が頭打ちになっていることがわかる。このように、日本の国内市場を取り尽くしたカルビーは、国内の人口減少によって伸び悩みという課題に直面した。

[＊2] 各年のシェアは、「カルビー松本晃の経営教室」（「日経ビジネス」2013年9月9日号）を参照。

[＊3]「カルビーのカリスマ会長が電撃退任の理由を明かした」（「週刊現代」電子版2018年4月13日）

他方、競合の湖池屋（当時の社名はフレンテ）は２００４年に株式を上場し、パブリックカンパニーとして生まれ変わりました。上場後の湖池屋は積極的な商品展開により業績を拡大していました。

２００９年、カルビーは大きな転機を迎えます。医療機器メーカー・ジョンソン・エンド・ジョンソンの日本法人の社長であった松本晃氏が、カルビーの代表取締役会長兼ＣＥＯとなったのです。創業家の松尾家は一線から退く代わりに、以後は大株主としてカルビーの経営を見届ける立場に変わります。老舗食品メーカーが、まったく新しい次元の経営に突入した瞬間でした。

では、創業家から経営を任された松本氏は、どのようにカルビーの経営再建を進めたのでしょうか？

「競合他社より儲けが少ない理由」を定量分析する

カルビーの会長兼ＣＥＯに就任した松本氏は、いくつかの大きな問題点を見出します。

大きな課題は、ポテトチップスという、国内シェア１位の圧倒的な商品があるのにもかかわらず、儲けの効率を示す売上高利益率の水準が低いことでした。

２００９年3月期のカルビーの売上高に対する営業利益率は３・２％であったのに対し、ライバル企業である湖池屋[＊1]の営業利益率は５・１％と、ポテトチップスの国内シェアが2位の湖池屋のほうが効率よく儲けているという逆転現象が起きていました。つまり、カルビーは「競争力のある商品を抱えるものの、儲からない」会社だったのです。

さらに俯瞰してみれば、湖池屋の５・１％という水準も、決して高い数字ではありません。国内の食品業界だけを見れば、亀田製菓、ブルボン、江崎グリコといったカテゴリーのトップ企業であっても、売上高営業利益率が「10％未満」であることは普通でしたが、ネスレなどの世界の大手優良食品メーカーからすると、売上高利益率の水準が10％に達するのは当たり前でした。「売れてもあまり儲からない」という国内の食品業界の常識は、世界的には異常なことだったのです。

国内トップクラスの食品メーカーであるカルビーが「数％」という利益率しか生み出せていない現状に対し、外資系のジョンソン・エンド・ジョンソンから転職してきた松本氏が抱いた危機感は、かなりのものでした。[＊2]

では、なぜカルビーは、儲からない企業になってしまったのでしょうか。
その答えは、カルビーのコスト構造を繙くと見えてきます。

［＊1］当時の湖池屋の社名は「フレンテ」。利益率は2009年6月期のもの。

［＊2］カルビーの問題点について、松本氏は「食品分野の世界的な企業はカルビーよりも利益率がずっと高いのです。営業利益率20％を目指していきます」と語り、国内の食品メーカーとしては異例の高い目標を設定した。（「松本晃」（「日経トップリーダー」2013年1月号））

コスト構造の分析では、売上高に占める原価と販売管理費(販管費)の比率を明らかにすることで、営業利益を捻出する上でのボトルネックを検出することができます。ポテトチップス2社の2009年時点でのコスト構造を実際に比較すると、カルビーは粗利率が35・1%であるのに対し、湖池屋の粗利率は42・4%。湖池屋の粗利率が格段に高い水準であることがわかります。

ちなみに粗利率という点では、国内のお菓子業界では40%を超えることは珍しくありません。例えば、江崎グリコの2009年3月期の粗利率は41・1%でしたし、ブルボンも2009年3月期に粗利率42・2%を記録しています。お菓子業界において粗利率が40%を超えるというのは「優れている」というわけではなく、むしろ「当たり前」です。つまり、カルビーの粗利率35・1%は「劣った水準」だったのです。

次に、販管費率をポテトチップス2社で比較すると、カルビーよりも湖池屋における比率が高いことがわかります。販管費には、人件費や広告宣伝費などが該当しますが、この面ではカルビーのほうが負担が軽いことを示唆しています。

湖池屋の販管費率が高い理由は、「広告宣伝費」にありました。シェア2位企業としてエッジの効いた商品開発や広告宣伝に対する投資を行なっており、湖池屋の販管費率を押し上げていました。シェア下位企業の販売

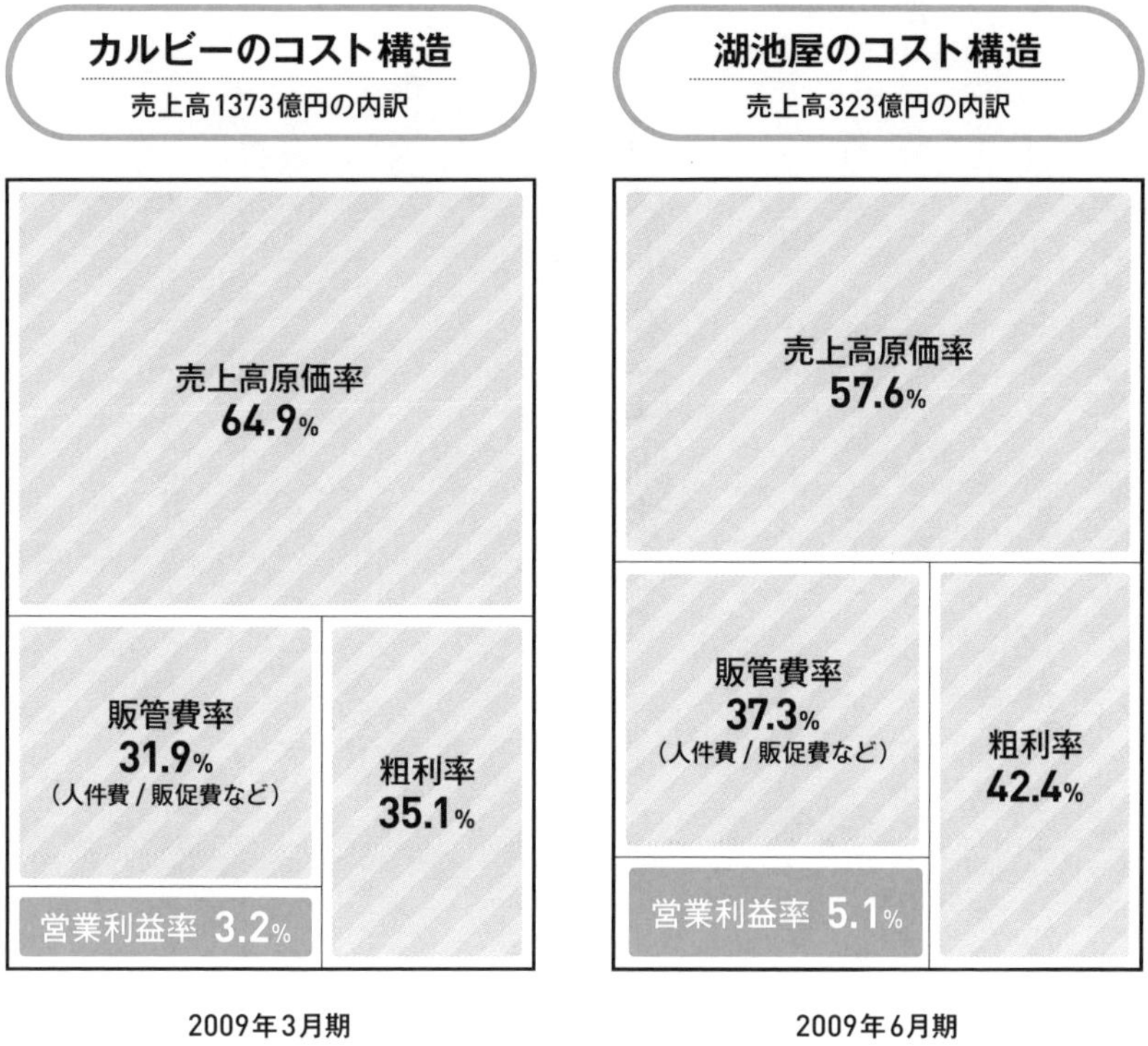

▶ ポテトチップス2社のコスト構造比較（2009年）

促進費および広告宣伝費の比率が高くなることは一般的で、湖池屋もその典型といえます。

このように、ポテトチップス２社のコスト構造を比較することで、カルビーの最大の問題は粗利率が低いこと、すなわち「売上原価の比率が高すぎる」ことが浮き彫りになりました。そこで、松本氏は「売上高原価率」を改善することを最優先事項として掲げ、カルビーの経営改革をスタートさせたのです。

人件費には手をつけず、コストを圧縮する

カルビーの売上原価が高い理由はいったい、何でしょうか。

カルビーの場合、売上原価は「（１）ポテトチップスの原料を仕入れるため費用」と、「（２）ポテトチップスを製造するための費用」の２つが大きな割合を占めます。このうち、カルビーの最大の弱点が「（２）ポテトチップスの製造コスト」が大きすぎたことにありました。

カルビーと湖池屋の有価証券報告書を読み比べると「製造設備の一覧」に大きな違いがあることがわかります。[*1] ２０１１年の時点で湖池屋の製造

［＊1］2009年時点でカルビーは株式を上場していないため、2011年時点で比較している。

拠点は自社工場の3つのみ。関東に2カ所、関西に1カ所で合計3工場で全国への出荷をカバーしています。これに対して、カルビーの製造拠点は自社工場17を数え、北は北海道の千歳工場、南は九州の鹿児島工場まで、全国各地に工場を分散配置させていることがわかります。

製造効率で考えれば、湖池屋のように少数精鋭の製造拠点で全国をカバーするほうがよく、カルビーの国内17工場体制は明らかに過剰です。

工場の稼働率で見ても、カルビーの工場体制の過剰さが見えてきます。2009年の時点でカルビーの全国17工場の稼働率は60%強。[*2] 国内でのポテトチップス市場は伸び悩んでいたものの、工場を閉鎖するわけにもいかず、カルビーの売上高原価率を押し上げていました。

冒頭でも紹介したように、カルビーの全国各地に工場を分散配置させる戦略は、食品包装技術が未熟な時代においては「ポテトチップスの鮮度」をキープすることにつながり、必要不可欠な投資といえました。しかし、1980年代以降、食品包装技術が進化し、容易に鮮度が落ちないようになると、工場を分散配置する意義が薄れるどころか、かえって粗利率を押し下げる要因になってしまったのです。[*3] 過去の最適解が、技術革新によって逆に重荷になったというわけです。

それでは、どのように工場の稼働率を向上させたのでしょうか。その方法を見ていきましょう。

[*2]「松本晃のシンプル経営教室　第3回」（「日経トップリーダー」2013年6月号）

[*3] この背景として、1987年に「アルミ蒸着フィルム」を包材に積層する技術が開発されたことが挙げられる。この技術によって、ポテトチップスの鮮度を維持できる期間が長くなった。

まず工場の稼働率向上には、「生産量を増やす」ことが求められます。そこでカルビーは、北海道の農家からのじゃがいもの買い付けを積極化します。

実は、農家からすると、数ある作物の中でもじゃがいもは、天候によって出来不出来の差が激しく、積極的に栽培したい作物ではありませんでした。そんな農家に対して、まとまった量の買い付けを約束することで、作付けを促進し、じゃがいもの大量調達を確約します。[＊4]

そして、大量調達したじゃがいもを使用し、カルビーはポテトチップスの大増産を行ないました。すると工場の稼働率が上がり、ポテトチップスは「より低い原価」で製造できるようになります。

こうして、ある程度の粗利率の改善を実現しますが、ここで、松本氏はその「利益」を、営業利益に回すのではなくポテトチップスの値下げの原資として活用しました。値下げの理由は、競合である湖池屋のポテトチップスからシェアを奪還するためです。

カルビーはスーパーやコンビニの棚に低価格のポテトチップスを大量に並べることによって、湖池屋の棚のスペースを相対的に奪っていきました。こうして、低迷する国内市場というパイの奪い合いの中で、カルビーは売上高の増大に成功したのです。

また、カルビーは工場の稼働率向上の次の一手として、ポテトチップス

［＊4］カルビーと北海道の農家の緊密な関係性は、ポテトチップス事業の1つの強みといえる。

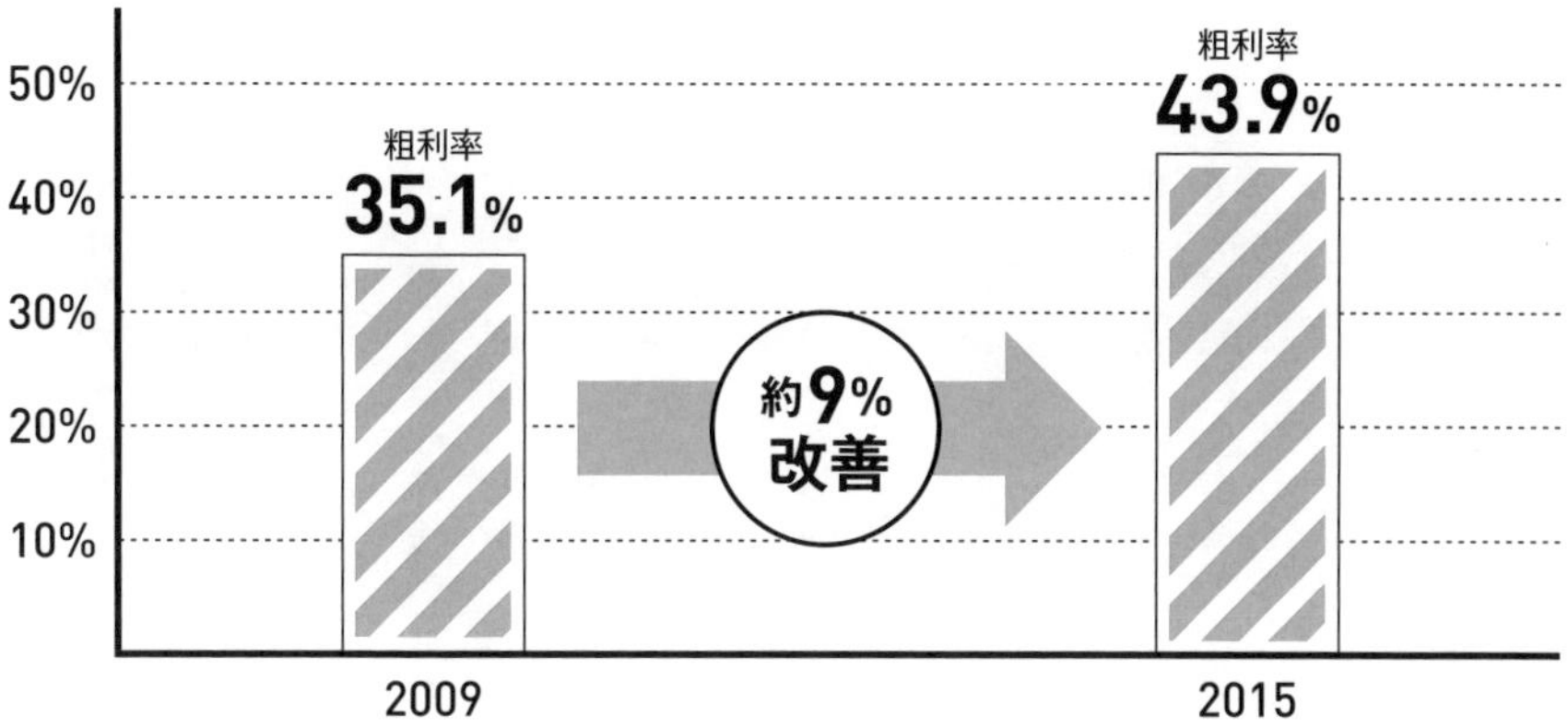

▶ 粗利率の変化

以外の商品の開発を積極化します。[＊5]工場の数は従来通りを維持しつつ、新製品の生産を増やすことで、さらに工場稼働率を向上させ、全社としての売上高の増加を目論みました。

こうしたコスト構造の改革によって、カルビーは増収増益を達成し、2015年3月期には売上高2221億円、売上高営業利益率10・9％を記録。大手食品メーカーとしてグローバル優良企業の水準である10％超えを達成したのです。利益率の改善の原動力になったのは粗利率の改善で、2009年3月期の35・1％から、6年後の2015年3月期には43・9％を達成し、約9％ものコスト改善に成功しました。

［＊5］それまでのカルビーではマイナー商品であったシリアル食品「フルグラ」を増産するなど、工場稼働率の向上を目論んだ。

カルビーのV字回復は、2010年代を通じて食品業界に限らず幅広い業界、経済メディアから注目が集まりましたが、それは「人件費の削減」や「工場の閉鎖」といった、大きな痛みを伴う改革をすることなく、利益率の改善に成功した、ということがあるからでしょう。

カルビーの平均年収は改革直後の2011年3月時点に715万円であったのに対し、改革後の2019年3月時点には723万円にむしろ上昇しており、社員にとっても実りのあるコスト改革となったのです。[*6]

一方、カルビーの猛攻で大きなダメージを受けたのが、湖池屋です。2012年6月期に湖池屋は、上場以来初となる最終赤字に転落し、低迷期に突入しました。2015年6月期の湖池屋のコスト構造を見ると、かつてのカルビーのような慢性的な低収益に陥っていることがわかります。湖池屋はカルビーの牙城を崩すために、品質をうたった高級路線のポテトチップスを販売して差別化を図りますが、十分な利益を確保できませんでした。

こうして、2010年代のポテトチップス戦争は、数値経営を貫徹したカルビーに軍配が上がったのです。[*7]

［＊6］カルビー「有価証券報告書」より。

［＊7］業績回復を見届ける形で、2018年に松本氏はカルビーの会長兼CEOを退任した。

〈その他の参考文献〉

・「カルビー・松本経営の研究――儲からないのは絶対に儲けるという気持ちがないからだ」（「日経トップリーダー」2017年8月号）
・「〝やりすぎ〟カルビーの変身　ペプシコの軒借りて世界へ」（「日経ビジネス」2010年7月26日号）
・有価証券報告書（カルビー）
・有価証券報告書（湖池屋）

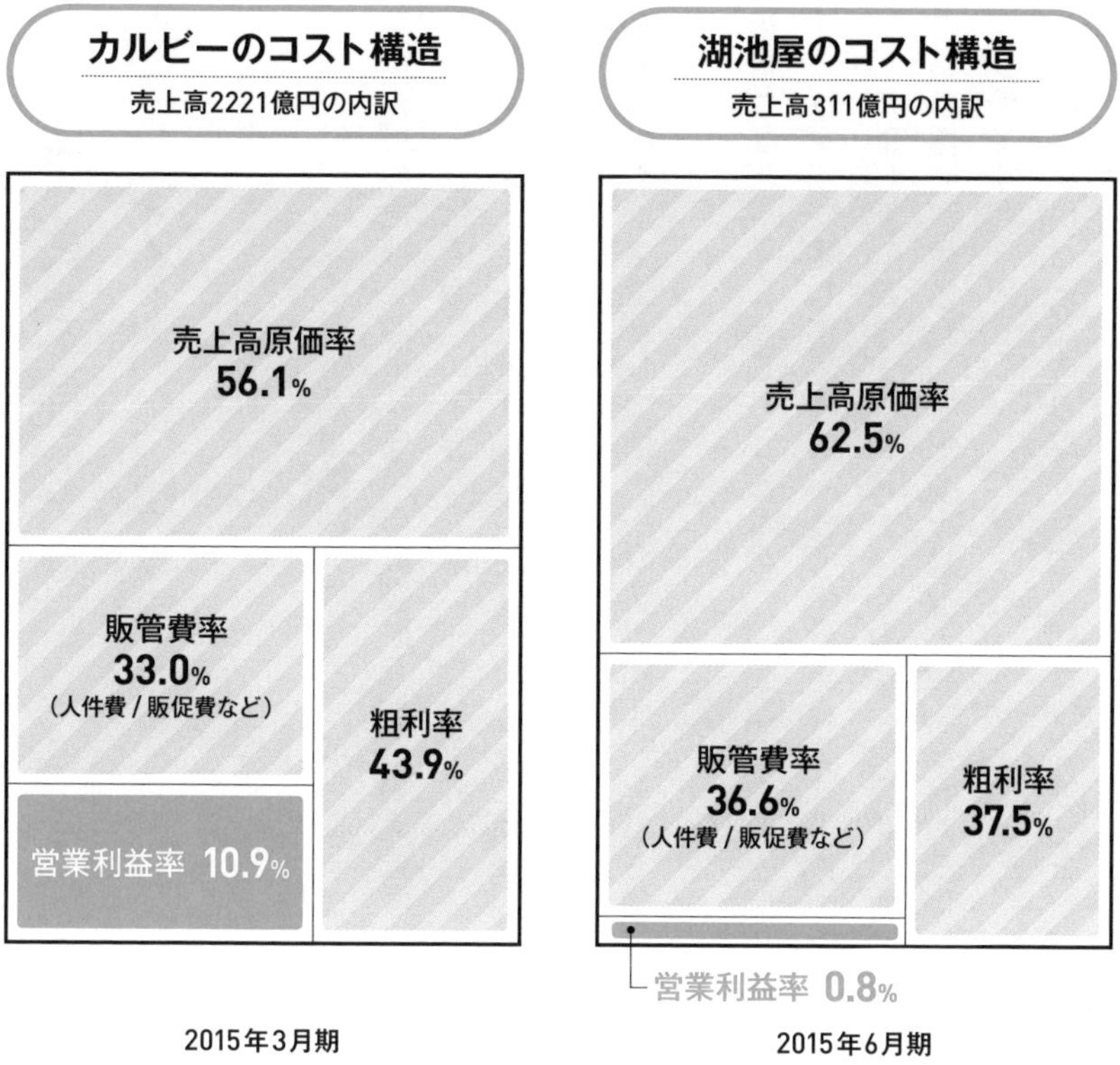

▶ ポテトチップス2社のコスト構造比較（2015年）

まとめ

高シェアに安住しない組織をつくるには？

カルビーのケースは、市場が横ばいになる「成熟期」において、すでに高シェア商品を持つ企業が組織の危機を突破する際の典型的な例といえます。

ITなどの変化の激しい業界とは違い、食品業界などでは、顧客の嗜好が急激に変わることは滅多にありません。そのため、最初に「ロングセラー」を生み出した大手食品メーカーが、その後も優位性を構築することが多いのです。結果として、一度獲得したシェアが崩れることは滅多になく、企業としては「高シェア商品」という盤石な基盤によって、経営は安定します。

このような状況下で起こりがちなのが、企業の慢心と固定費の増加です。

まず、経営が安定していると、多くの企業はコスト削減という自助努力を怠りがちになります。長期的に高いシェアを持続していれば、社内にはいつしか「この状態がいつまでも続く」という慢心が生まれ、工場や本社などに「投資対効果」に見合わないお金が注ぎ込まれてしまうのです。

また、市場をいったん取り尽くして業績が安定すると、将来の業績は「日本国内の人口増減」に大きく左右されることになります。人口が増加していれば、一定のシェアを確保してからの売上高の伸び代がありますが、人口が減少に転じれば、一定のシェアを確保していても売上は下落するからです。日本では1990年代に人口が減少へと転じたことが、カルビーをはじめとする高い固定費を抱える日本企業を直撃しました。固定費が高い分だけ、売上高の減少によって利益水準が低下し、結果として「高シェアなのに低収益」という状況に陥ってしまうのです。

では、「高コスト体質」に陥らないためにはどうしたらよいでしょうか。

それはひとえに、長期的に高いシェアを確保する商品を持っていたとしても、そこに安住しないことに尽きます。固定費の中には、事業の利益に直結しないものが多くあります。それを削ぎ落とすという基本動作を、愚直に繰り返すことが欠かせないのです。

チェックリスト

- □ ロングセラーやシェア1位に満足していないだろうか？
- □ 絶え間ないコスト削減ができているだろうか？
- □ 固定費の水準は適切だろうか？

File

05

業績好調の陰で忍び寄る 下克上の波を耐え抜いて危機突破

オムロン

OMRON Corporation

"How to overcome the crisis through V-shaped recovery?"

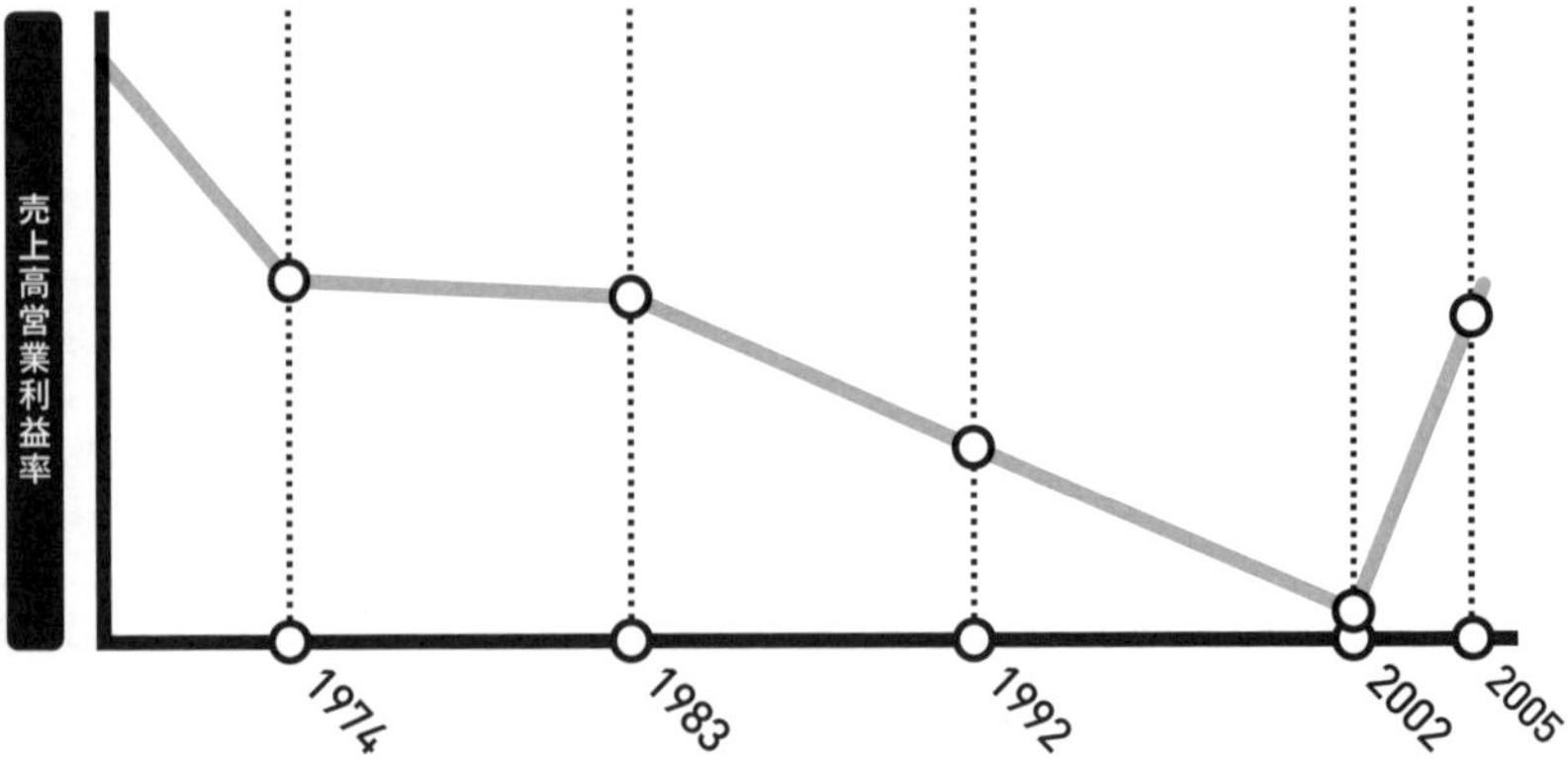

1933	立石一真が立石電機（現・オムロン）を創業
1974	競合のキーエンスが創業
1983	「大企業病」を宣言し、組織改革を実施
1992	収益構造委員会の発足
2002	希望退職者の募集による固定費削減
2005	2期連続の過去最高収益を達成

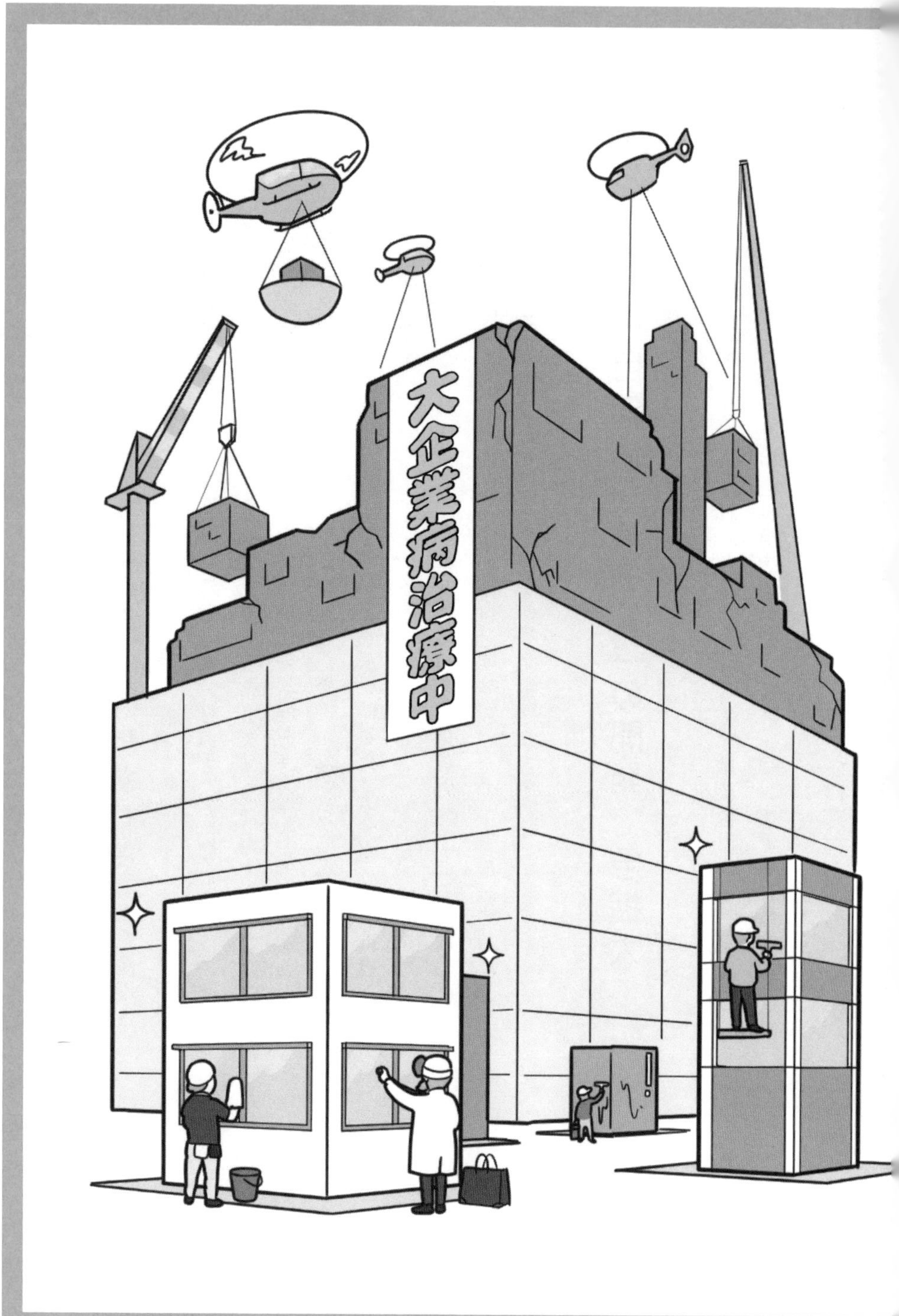
大企業病治療中

「大企業病」は広くビジネスパーソンに知られた言葉です。この言葉は、組織の大規模化によって、いたるところにボトルネックが生じた場合に使われます。近年は、日本企業の現状を示すキーワードとしてもよく使用されます。

では日本で初めて「大企業病」になった会社はどこなのでしょうか？その答えは、制御機器メーカーの「オムロン」[*1]です。１９８０年代、オムロンの創業者である立石一真氏が、自社の状況を「大企業病」であると宣言したのが、この言葉が世の中に定着したきっかけだったといわれています。つまり、オムロンは日本でもっとも早い時期に「大企業病」に向き合った会社なのです。

そこで、このチャプターではオムロンが「大企業病」による業績悪化という危機に対して、どのように突破口を切り開いたのかを検証することで、大企業病とどう向き合うべきなのかの答えを探ります。

［＊1］当時の社名は「立石電機」。

「自動化システム」の開発で急拡大

オムロンは１９３３年に設立された会社です。創業者は立石一真氏で、創業時から１９８７年に会長職を退くまで、オムロンの経営に関与しました。

オムロンが大企業に飛躍したきっかけは、1953年に決定した「オートメーション市場」への注力でした。[*1] それまでオムロンは、電力会社向けの継電器[*2]を大企業に納入するという下請け仕事を中心とする、従業員100人前後の中小企業に過ぎませんでした。立石氏はこの大企業の「落ち穂拾い」のビジネスには限界がくると判断し、当時、世の中で注目を浴びつつあった「オートメーション」を主戦場に据えたのです。[*3]

1960年、オムロンは「トランジスタ」という新しい技術を用いた「無接点近接スイッチ」を開発します。この製品は、従来のスイッチに組み込まれていた真空管という部品をトランジスタに置き換えた革新的なもので、これによってスイッチは半永久的な寿命を得ました。この「無接点近接スイッチ」は、一度取り付ければ交換の手間がなく、画期的なオートメーション機器として瞬く間に市場を席巻したのです。様々な電機製品に組み込まれ、オムロンの業績を牽引する主力製品となりました。

そして同1960年、オムロンは京都に中央研究所を新設し、画期的な製品を次々と世に送り出す組織を構築。1964年には世界初となる「電子自動交通信号機[*4]」を科学警察研究所の依頼を受けて開発し、交通管制事業に参入します。1967年には同じく世界初の「無人駅システム」を開発し、従来は駅員が行なっていた「切符販売」「改札業務」の自動化に成功します。高度経済成長期に問題となっていた「労働者の人手不足」とい

［*1］当時、工場の自動化が「オートメーション」としてもてはやされていた。

［*2］電気量や物理量といった条件に応じて電気信号を出力することで電気回路を制御する装置。

［*3］「編集長インタビュー・立石一真」（「日経ビジネス」1985年8月19日号）

［*4］いわゆる「信号機」。車輌検知機および信号制御システムを搭載し、交通渋滞の緩和に役立った。

う市場環境において、オムロンが開発するオートメーションのシステムは顧客に歓迎されたのです。

　こうして、オムロンは一貫して「オートメーション」を軸に様々な製品を開発することによって、業容を拡大していきました。単に新しい技術を開発するだけでなく、顧客である警察や鉄道会社が「単純労働における人員を減らす」ことができるような統合的なシステムを開発する、言い換えれば、顧客価値を提供することに強みがあったのです。

　1962年にオムロンは株式上場を果たし、オートメーション業界の国内トップ企業として認知されるようになります。当時、国内では「東のソニー、西のオムロン」と賞賛されるほど、オムロンは日本を代表する急成長企業として注目を集めました。

　オムロンに対する高評価は、1960年代後半のエンジニアの中途募集にも表れています。[＊5] この募集には、業界中から数多くのエンジニアが応募しました。彼らは「巨大企業はルーティンワークで歯車にすぎない[＊6]」と、オムロンのようなベンチャー気質の会社に惹かれて応募していたようです。それだけオムロンは業界内外から高い評価を受けていたのです。

　創業者・立石氏はオムロンの企業経営とともにコーポレートベンチャーキャピタル（ＫＥＤ）を立ち上げ、おもに京都で設立されたベンチャー企業に投資する余裕を見せるなど1970年代のオムロンは様々な話題を振

［＊5］オムロンの中央研究所の人員は約300人だったが、1969年から1970年の2年間で約460人の技術者を中途採用で新たに確保。大量採用によって業容を拡大した。（「立石電機」（「日経ビジネス」1974年9月2日号））

［＊6］「立石一真氏（立石電機社長）が語る人と組織の生かし方」（「日経ビジネス」1975年2月3日号）

りまきました。[*7]

新旧のベンチャー企業対決で後れをとる

経営が順風満帆と見えるオムロンでしたが、業界では小さな事件が起きます。オムロンが本来得意としていたオートメーションの分野で、この時期、ベンチャー企業がひっそりと生まれたからです。

1974年、滝崎武光氏という弱冠29歳の若者が兵庫県の尼崎で創業した「リード電機」という会社です。[*1] この会社はのちの「キーエンス」で、2020年6月時点で時価総額11兆円、社員の平均給与2210万円、売上高営業利益率35・9%という日本屈指の優良企業に育ちますが、1970年代の時点ではセンサー業界のベンチャー企業に過ぎませんでした。

オムロンの牙城であるオートメーション分野に新規参入したキーエンスでしたが、その戦略は、以下の3点でオムロンの弱点を見事に突くものでした。

まず1点め。販売面でオムロンは代理店を経由させたのに対し、キーエンスは「直販方式」を採用します。これによってキーエンスは顧客と密着することができ、より最適なセンサーを提案営業することができました。

［*7］KEDが投資した企業には、創業間もない日本電産があった。

［*1］立石氏のベンチャー投資は京都の企業が中心で、兵庫県尼崎で創業したキーエンスの台頭を見落とす形となった。

2点めは、オムロンはセンサーの製造工場を自前で持つ一方、キーエンスはファブレス（自社工場を持たないこと）によって、徹底的に固定費を切り捨てます。最後に、キーエンスはセンサーの即納体制を確立し、顧客の生産ラインを絶対に止めないという付加価値を提供しました。[*2] こうして、顧客に高い付加価値を提供するビジネスモデルを構築したのです。

これらの戦略によってキーエンスは、1970年代から1980年代にかけて急成長を遂げ、1987年には株式上場を果たします。

上場時点でキーエンスの売上高は77億円（1987年3月期）であり、売上高2785億円のオムロン（1987年3月期）には及びませんが、キーエンスの売上高営業利益率は34・7％という驚異的な水準にありました。

また、一部の製品ではありますが、それまでオムロンが独占していたシェアがキーエンスに奪われることとなりました。1950年代のベンチャー企業・オムロンは、1970年代のベンチャー企業・キーエンスとの競争で後れをとるという、まさに「世代交代」の予兆が見え始めていたのです。

ところが、キーエンスのようなベンチャー企業の台頭に対して、オムロンの社内の反応は鈍いものでした。1980年3月期の時点でオムロンは

［＊2］キーエンスの即納体制のカギは宅配便の活用であった。1970年代から1980年代にかけてヤマト運輸などの運送企業が物流拠点を拡充。キーエンスは問屋に頼らないビジネスモデルを構築することができた。

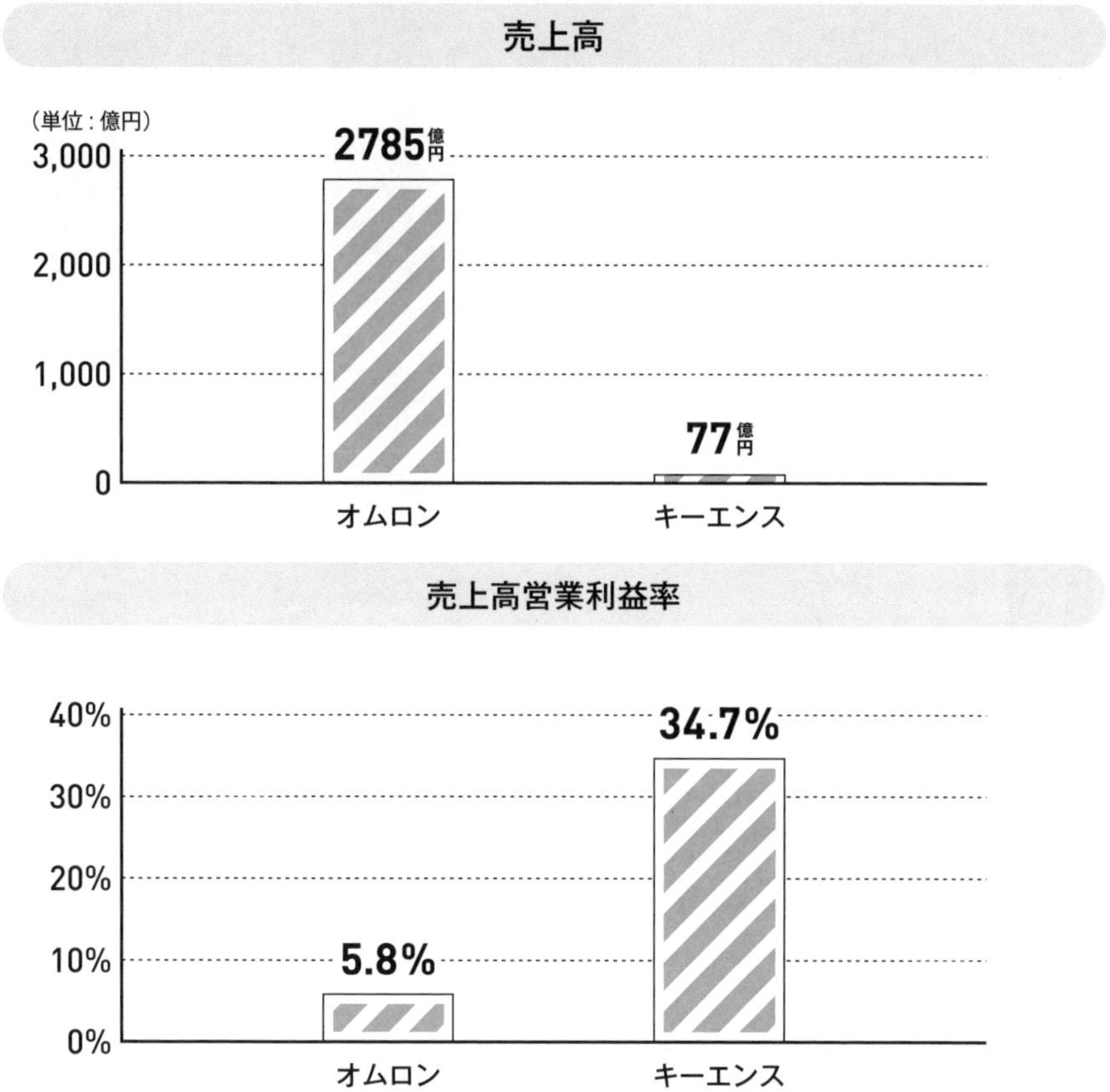

▶ オムロンとキーエンスの売上高と売上高営業利益率（1987年3月期）

従業員数５０００人以上を雇用する大企業となっており、経営陣の意思決定のスピードも遅々たるものでした。営業の最前線を担う現場社員が、相次ぐ失注への危機感を経営上層部に訴えても、その反応は鈍いものだったといいます。

その状況を見るに見かねて立ち上がったのが、オムロンの創業者である立石氏でした。１９７９年に社長を退任して会長に退き、経営実務を後任の社長に託していましたが、徐々にシェアを奪われていくオムロンを看過できませんでした。１９８３年にオムロンの経営に復帰し、社内に溜まったウミを取り出す作業に着手したのです。このとき、立石氏は84歳でした。

では、危機突破のためにオムロンは、何を行なったのでしょうか？　それは「大企業」に成長した組織を、いったん「中小企業に戻す」ことでした。

大企業の中小企業化という原点回帰

大企業の仲間入りをした立石電機は、大企業病にかかっている。大死一番、意識革命に徹し、創業の精神に還り、徹底的分権により中小

05 オムロン
OMRON Corporation

企業的な組織と簡潔な制度で活性化を図ることこそ、五十周年にふさわしい大仕事である。全員でこれに挑戦してほしい。[*1]

これは、1983年にオムロンの経営の表舞台に復帰した立石氏が、社内に向けて発したメッセージです。オムロンが「大企業病」を患っていることを共有し大ナタを振るうことの必要性を共有しました。「意識革命」という言葉を選んだことからも、立石氏の相当な危機感がうかがえます。

こうしてオムロンの組織は、「細分化」という方針での改革が始まります。この背景には、そもそもオムロンが大企業病を患ったのは、組織の肥大化によって経営トップ層が現場の痛みを感じにくくなったことにあるという分析があります。立石氏は、「病気も痛みを感ずれば治療する」[*2]という考えに沿って、組織の改革を断行しました。

組織改革の1つが、経営の中枢組織へのテコ入れでした。それまで社内の意思決定は、おもに「常務会」という組織で行なわれていましたが、それを廃止。会長・社長・副社長の代表者だけで構成される「代表会議」を設置して、事業部では判断しきれない決断事項を検討し、即断即決する仕組みをつくりました。この改革により、経営幹部で構成される上層部のぬるま湯体質の払拭を試みたわけです。

[*1]「大企業病」という言葉を日本で初めて使った経営者は立石氏とされる。(「日経ビジネス」1995年8月21日号)

[*2]「日経ビジネス」1983年3月21日号

そのうえで全社を「小事業部」に細分化し、事業部ごとにＰＬ（損益計算書）のみならず、ＢＳ（貸借対照表）、ＣＦ（キャッシュフロー計算書）の管理を徹底します。それまで各事業部は、「売上を立てて利益を出せばいい」というＰＬ中心の考え方でしたが、投資額に対するリターンを重視する経営意識と責任意識を持たせようと仕向けたのです。[*3]

加えて、事業ごとの「生産・販売・開発・管理」を統合し、小事業部を擬似的な「中小企業」となるように、組織を刷新しました。

このときの組織改革の総仕上げとして実行したのが、「社名変更」と「本社移転」でした。創業家の会社という意識との決別を図るべく、創業以来社名としてきた「立石電機」から、現在の「オムロン」に変更します。組織改革の完了を見届ける形で、立石氏も会長職を退任しました。

この一連の「大企業病」克服策によって、オムロンの売上高営業利益率は、１９８７年３月期の５・８％という低い水準から、２年後の１９８９年３月期の12・１％へとＶ字回復を成し遂げます。

[＊3] 現在のオムロンはＲＯＩＣ（投下資本利益率）を重要な経営指標として取り入れている。投資に対する利益という意識が社内に根付いたきっかけは、この大企業病の発症にあった。

[＊4] 「立石電機〝大企業ベンチャー〟への挑戦」（「週刊ダイヤモンド」１９８４年2月25日号）

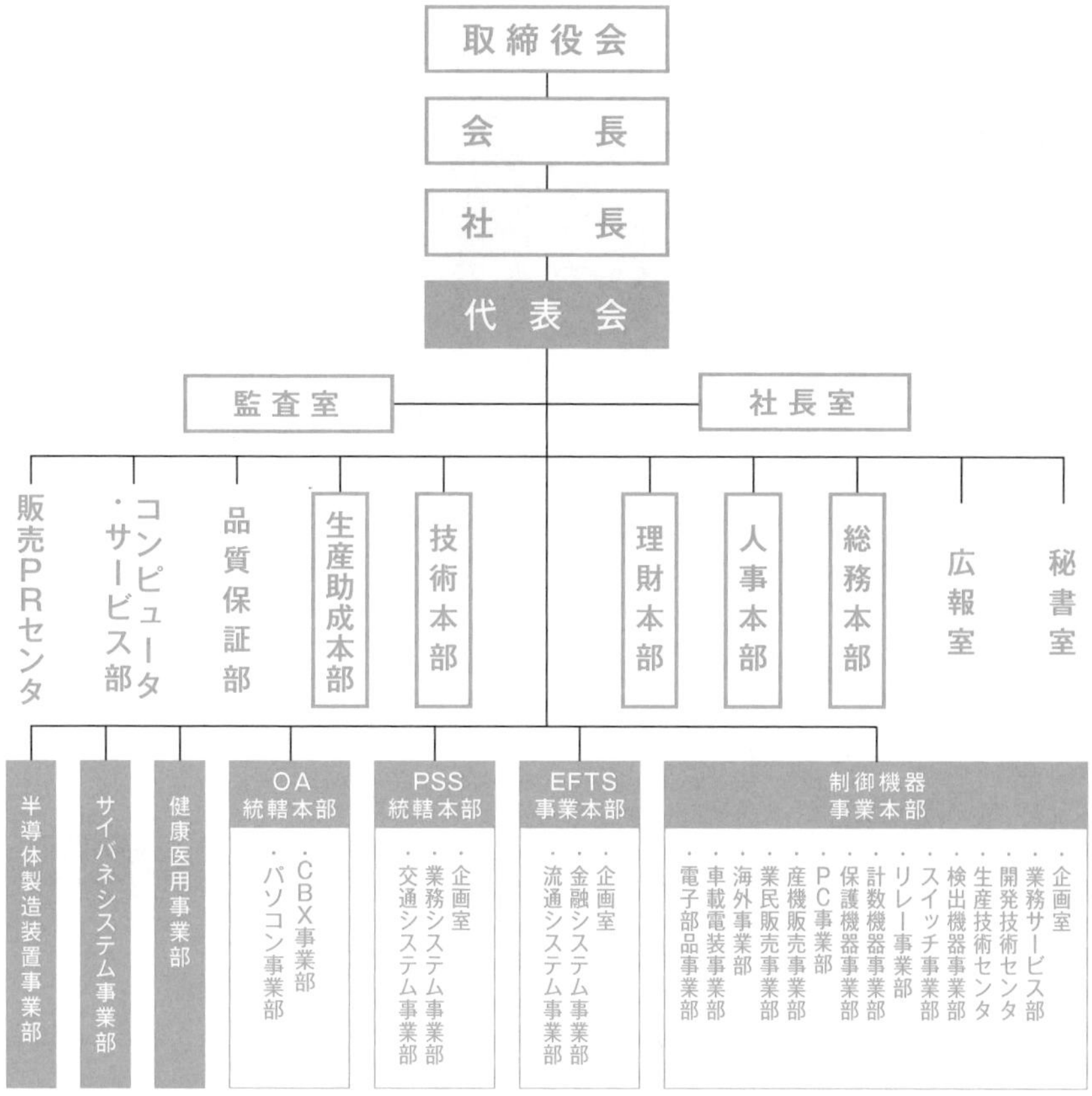
取締役会
会長
社長
代表会
監査室
社長室
販売PRセンタ
コンピュータ・サービス部
品質保証部
生産助成本部
技術本部
理財本部
人事本部
総務本部
広報室
秘書室
半導体製造装置事業部
サイバネシステム事業部
健康医用事業部
OA統轄本部
・CBX事業部
・パソコン事業部
PSS統轄本部
・企画室
・業務システム事業部
・交通システム事業部
EFTS事業本部
・企画室
・金融システム事業部
・流通システム事業部
制御機器事業本部
・企画室
・業務サービス部
・開発技術センタ
・生産技術センタ
・検出機器事業部
・スイッチ事業部
・リレー事業部
・計数機器事業部
・保護機器事業部
・PC事業部
・産機販売事業部
・業民販売事業部
・海外事業部
・車載電装事業部
・電子部品事業部

▶ オムロンの新組織図*4

どのような攻めに転じたのか？

20年にわたる改革で「大企業病」の根源を治療する

オムロンは、創業者の立石氏のトップダウンによる組織改革で「大企業病」を克服したかに見えました。

ところが、1990年代から2000年代にかけてのオムロンの長期業績の推移を読み解くと、綺麗なV字回復を描いていないことがわかります。一度は回復した売上高営業利益率も、1990年代を通じて5％前後という低い水準を推移し、2002年3月期には最終赤字に転落することとなりました。

オムロンに、いったい何が起きていたのでしょうか？

端的に言えば、オムロンの大企業病は「1度」限りの改革で根治するようなものではなかったということです。前述の立石氏による「大企業病」の改善は、短期的な業績改善には寄与したものの、オムロンが抱える問題の本質にメスを入れることはできませんでした。なぜなら改革後もオムロンは「高止まりした固定費」[＊1]という大きな問題を抱え、それが業績への大きな負担となっていたからです。

ここからは、1987年にオムロンの社長に就任した立石義雄氏が、1990年代から2000年代にかけて「大企業病」を払拭するために連続

［＊1］特に問題となったのが、「国内の製造拠点」と「余剰人員」であった。

的に打ち出した施策を見ていきます。

1 収益構造委員会による変動費の削減

立石義雄氏は変動費の削減から開始します。１９９２年６月に発足された「収益構造委員会」を中心に研究開発費や経費が見直され、毎年30億～50億円のコスト削減を実施。社長自ら全社員にコストの削減に取り組むように説くことで社員の意識改革を試みました。加えて、設備投資の圧縮や、新規採用の抑制によって、固定費の抑え込みを図った結果、売上高営業利益率は１９９３年３月期の４・５％から、１９９６年３月期には７・５％と回復します。

このように「経費節約」は業績に一定の貢献はしたものの、これ以上の利益水準の確保には至りませんでした。問題の「固定費」は手付かずのまま高い水準で推移していたからです。

2 構造改革による固定費の削減

そこで１９９８年に着手したのが、懸案事項であった「固定費」削減のための構造改革です。まず、オムロンは競争力の低い４事業を売却し、利益率の改善に着手します。

ところが、事業の整理だけでオムロンの業績が上向くことはありませんでした。固定費が重くなる最大の原因であった「人件費」は手付かずのまま残っていたからです。当時の製造業における売上高に対する人件費の水準は「2割強」[*2]が平均といわれる中で、オムロンの人件費率は28%という水準でした。仮に人件費率が28%から20%に削減できれば、オムロンの利益率は8%上昇する計算になります。

こうした実情から、当時の取締役会では何度も「人員削減」が議題に上りましたが、立石義雄氏は「オムロンは人を大切にする会社」という信念を持っていたため、人件費は聖域として手付かずのまま残されていました。過去に工場閉鎖を決めた際、現地の従業員から猛烈な抗議を受けた経験があり、このことからも、人件費に手をつけることには消極的でした。[*3]

3 希望退職者の募集による固定費の削減

長らくオムロンは人件費へのテコ入れを見送ってきましたが、社内でも「人件費というボトルネックの解消無くしてオムロンの将来はありません」[*4]などの意見が日に日に強まり、ついに2002年、大きな決断を下します。オムロンは「早期退職優遇制度」を発表し、勤続年数が10年以上の社員を対象に、年収の3倍程度の退職金を提示して退職を促したのです。

この希望退職には約1800人が応募し、この年、オムロンはリストラに伴う費用計上によって26年ぶりの最終赤字(158億円)に転落しますが、その代償として、ようやく抜本的な固定費の改善を成し遂げました。

この希望退職というドラスティックな改革の代償は大きく、「痛みを伴

[*2]「日経ビジネス」2002年12月2日号

[*3] 1972年にオムロンは三重県の松阪工場の閉鎖を試みるが、現場従業員の反対により頓挫した。

[*4] このように進言したのは立石社長の弟であったといわれている。

う改革」となりました。立石義男氏は「退路なき構造改革を行なう」[＊5]とし て2003年にオムロンの社長を退任し、後任の社長には立石家とは関係のない作田久男氏が就任したからです。構造改革の代償として、オムロンの創業家である「立石家」が、経営の一線から退くことになったのです。

こうした痛みを伴うことにはなりましたが、オムロンは2000年代を通じて、ようやく抜本的な収益力の改善に成功します。2004年3月期と2005年3月期の2期連続で過去最高収益を記録。こうしてV字回復を成し遂げたのです。

一時は新しいベンチャーからの世代交代の波に飲まれそうになったオムロンでしたが、1983年に「大企業病」を宣言し、絶え間ない改革によって、困難を乗り越えたのです。

〈その他の参考文献〉
・『「できません」と云うな――オムロン創業者立石一真』（湯谷昇羊著、新潮社）
・「立石一真氏（立石電機会長）。――帰って来た〝大企業病〟手術の老名医」（「日経ビジネス」1984年2月20日号）
・「滝崎武光氏［キーエンス社長］――株価日本一の秘訣」（「日経ビジネス」1991年6月24日号）
・アニュアルレポート2002（オムロン）
・有価証券報告書（オムロン）

［＊5］2002年のオムロンのアニュアルレポートで、立石氏は「1000名程度の人材の余剰が発生することが想定されます。雇用確保に最大限の努力をしていきますが、社員にさまざまなご苦労をおかけすること、および人材の余剰を軽減し人員の適正化をはかることの両方を考慮し、期間を限定した『早期退職優遇制度』を実施することにしました」と語った。

まとめ

周囲から賞賛されているときこそ、不断の努力を続けられるか？

周囲から高い評価が得られて、イヤな気持ちになる人はあまりいません。結果を出しているビジネスパーソンならば、なおさらのことで、褒められれば誰でも少しはうれしいと思うのが人情でしょう。

しかし、長期的な視野で見たときには、その「高い評価を得られた」ことが必ずしもいいとは言い切れません。私たちは、何かを褒められたとき、それまでやっていたことが「すべて正しかった」と思い込んでしまうからです。

言うまでもなく、世の中は常に変化しており、どんなに成果を出しているビジネスパーソンであっても、常に厳しい競争にさらされています。ライバルは常に下克上の機会をうかがっており、隙あらば攻め込んできます。

オムロンの場合には、株式上場を果たして「ベンチャー企業の雄」としてメディアから賞賛された時点が、1つのターニングポイントでした。それまでの強みと不断の努力に代わって大企業病が蔓延したほか、ベンチャーキャピタルという本業以外の分野に手を出しながら同じ業界の気鋭のベンチャー企業・キーエンスを見落とし、本業が脅かされるという皮肉な事態に陥ってしまったのです。

その後のオムロンは、大企業病を治癒するために絶え間ない組織改革をすることで、徐々にベンチャー企業としての気風を取り戻していきました。今でもオムロンは絶え間ない組織改革を継続しています。現状に満足しない組織こそ、常に強さを発揮するのです。

このように、ビジネスパーソンであれば仕事が好調なタイミング、企業であれば業績が好調なタイミングこそ、周囲の評価に踊らされずに絶え間ない努力を続けなくてはならないのです。

チェックリスト

- □ 周囲から褒め称えられて満足していないだろうか？
- □ 副業に手を出して、本業がおろそかになっていないだろうか？
- □ 常にライバルの動向を気にかけて、不断の努力を続けられているだろうか？

Part 2

2

災害

トラブル

不可抗力

による危機の乗り越え方

Company

File 06 ユニバーサル・スタジオ・ジャパン | File 07 日本マクドナルド
File 08 ウェザーニューズ | File 09 伊勢丹 | File 10 森ビル

"How to overcome the crisis through
V-shaped recovery?"

File

06

「ニーズ軽視の経営」と大災害を、財務と執念で危機突破

ユニバーサル・スタジオ・ジャパン

USJ LLC

"How to overcome the crisis through V-shaped recovery?"

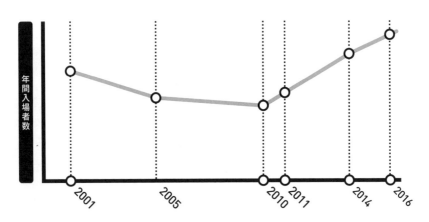

2001	USJ開業。初年度に入場者数1000万人を突破	2011	東日本大震災に直面しつつも入場者数増を達成
2005	大阪市が経営から撤退	2014	ハリー・ポッター施設に450億円投資
2010	森岡毅がマーケティング責任者に就任	2016	年間入場者数1460万人を達成

Halloween Party

ユニバーサル・スタジオ・ジャパン（商号はユー・エス・ジェイ。以下、USJと表記）は、日本を代表するテーマパークの1つです。年間入場者数は2017年の時点で約1400万人を誇り[*1]、東京ディズニーリゾートの年間約3000万人の入場者数に次ぐ地位を確保しています。

テーマパーク業界では、年間1000万人を超える入場者数を誇るUSJと東京ディズニーリゾートが、日本のテーマパークの双璧をなす存在といってよいでしょう。

読者の方でも、USJに訪れたことのある方は、多いのではないでしょうか。

ところが、USJの長期業績を繙くと、一筋縄で「成長」し続けたわけではないことがわかります。公表されている年間入場者数の推移のデータを見ると、開業した2001年は年間約1000万人の入場者数を確保しており、出だしは順調であることがわかりますが、2001年から2010年にかけての入場者数は右肩下がりに減り続け、2010年度は約750万人という厳しい状況であったことがわかります。

2000年代前半のUSJは、いったい何が原因で、年間入場者数の低迷に直面したのでしょうか？　その本質的な原因を、USJの成り立ちの歴史とともに掘り下げます。

［＊1］2017年度以降、USJは年間入場者数の開示を中止しているため、2016年度の入場者数を表記。

地方の活性化のためのテーマパークビジネス

日本におけるテーマパーク産業の歴史は、振り返ると「供給の論理」に偏っていたことがわかります。

本格的なテーマパークの始まりは、1983年にオリエンタルランドが開業した「東京ディズニーランド」でした。それまでの娯楽施設は「動物園」「遊園地」[*1]といった形で、特定のテーマを定めないことが一般的だったため、東京ディズニーランドは「ディズニー」というキャラクターを中心に据えたテーマパークとして注目を浴びる存在になります。東京ディズニーランドは開業時から大成功を収め、日本各地の「テーマパーク計画」のブームの火付け役となりました。

では、雨後の筍のごとく出現した「テーマパーク計画」は、誰に向けてつくられたものだったのでしょうか？　その答えは人口減少や基幹産業の凋落といった深刻な問題を抱えた地方自治体の人々です。

1980年代は、地方の人口が減少をし始めるという過渡期にありました。そこで地方の人々は、自分の街を盛り立てる新しい産業をつくることを志し、その1つとしてテーマパークに注目したのです。

［＊1］屋外の娯楽施設は私鉄会社によって運営されることが多かった。代表的なものは、西武鉄道の「としまえん」（2020年閉鎖）、東急電鉄の「二子玉川園」（1985年閉鎖）など。

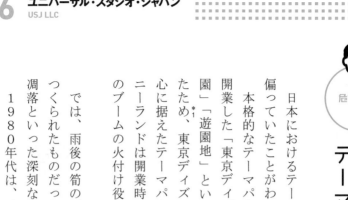

１９８０年代後半には政府によって「リゾート法」が制定されるなど、地方活性化を後押しする開発ブームが起こりました。[*2]

顧客視点を無視したテーマパークの末路

こうして１９９０年以降に日本の各地に出現したのが、巨大なテーマパークです。１９９２年には長崎県佐世保市にオランダをテーマとした「ハウステンボス」が、１９９４年には三重県の志摩半島にスペインをテーマとした「志摩スペイン村」が開業しました。[*1] そして、２００１年、大阪桜島にハリウッド映画をテーマにした「ＵＳＪ」が開業したのです。

前述のような状況から、東京ディズニーランド以降に出現したこれらのテーマパークはすべて、「地元」が音頭を取っての開業でした。ハウステンボスのある佐世保は造船業の街でしたが、造船業はかつての活況を失っていました。志摩スペイン村のある志摩半島は真珠養殖が盛んな土地でしたが、真珠の需要減少によって苦境に立たされていました。同様に、ＵＳＪが開業した大阪の桜島も造船・鉄工の街でしたが、工場の閉鎖という問題に直面していました。[*2]

このように、地元の基幹産業の凋落の穴埋めともいうべく新しい産業を

［＊2］1985年に先進国の間でプラザ合意が締結されると、円高ドル安が進行。日本の製造業が価格競争力を失い、地方工場の閉鎖が相次いだ。このため地元経済を維持するために、新しい産業を誘致することがブームとなる。

［＊1］志摩スペイン村は、近鉄と地元によって共同経営された。

［＊2］USJの敷地には、もともと日立造船という造船会社の工場があった。この工場は造船業の衰退により1980年代に閉鎖された。

つくるためのテーマパーク誘致が相次いでいたのです。

このため、「東京ディズニーランド」の成功に触発された全国各地のテーマパークの開業は、「供給の論理」に基づいていました。「顧客をいかに楽しませるのか」ではなく、「テーマパークをつくることによって経済効果がいくらあるのか」に力点が置かれてしまったのです。

当然のことながら、「需要の論理」を無視したテーマパークは長続きしませんでした。ハウステンボスは2003年に会社更生法の適用を申請します。志摩スペイン村は開業初年度に427万人の入場者数を達成しますが、以降は長期的な右肩下がりを続けており、2019年には約120万人という水準に低迷しています。USJも開業初年度には1102万人の入場者数を記録しますが、その後は徐々に入場者数を低下させていきました。

このように「供給の論理」に根ざしたテーマパークはことごとく失敗に終わり、東京ディズニーランドの一人勝ちが鮮明になったのが、2000年代のテーマパーク業界の趨勢でした。

開業時の巨額の借金を整理し、「普通の会社」へ

経営危機に陥ったＵＳＪの再建を担ったのが、ゴールドマン・サックスでした。２００５年にゴールドマン・サックスはＵＳＪの経営再建に着手し、その復活を目論みます。

まず、ゴールドマン・サックスが急いだのは、財務体質の改善による止血でした。ＵＳＪは開業初年度の時点で約１２００億円という有利子負債を抱えており、開業時の借金の負担が重くのしかかっていました。このため２００５年当時のＵＳＪは、借金の返済に現金が流出しており、集客のための投資ができる状況ではありませんでした。

そこでゴールドマン・サックスは、ＵＳＪの有利子負債の比率を下げます。２００５年３月期の自己資本比率はわずか５・５％に過ぎませんでしたが、２００９年３月期には同40・３％へと大きく改善しました。[*1] こうして数年をかけて有利子負債を減らすことで、ＵＳＪを借金比率が正常な「普通の会社」へと転換し、ようやく「テーマパークとしてどう競争するか」という地点に立ち戻ることができたのです。

【＊1】ユー・エス・ジェイ「有価証券報告書」（２００９年6月26日）

「マーケター視点の再建計画」を襲った未曾有の事態

ＵＳＪは、その財務体質の改善には目処をつけたものの、肝心の入場者数は依然として低下傾向にありました。集客力はふるわず、売上高も７００億円前後を横ばいに推移していたのです。

そこでゴールドマン・サックスは、「供給の論理」に染まったＵＳＪを立て直すために、Ｐ＆Ｇでマーケティングを担当していた森岡毅氏[*1]を迎え入れます。マーケティングに精通した人物を外部から迎え入れることによって、ＵＳＪの弱点であった「供給の論理」からの脱却を狙ったのです。

森岡氏が最初に注力したのが「ファミリー層を取り戻すこと」です。そしてその再建の第一歩は、２０１１年の春休みに企画された「開業10周年イベント」でした。当時のＵＳＪの広報資料を読み返すと、「パーク史上最大、最高のハッピー・サプライズ！」[*2]と記されており、鳴り物入りのイベントであったことがうかがえます。

ところが、森岡氏を招いての再建も、計画通りには進みませんでした。

２０１１年３月11日に東日本大震災が発生し、東北を中心に大きな被害と

［＊1］森岡毅氏はＵＳＪの再建をマーケティング面で実現した立役者。２０１７年1月に執行役員を退任するまで、集客力回復に貢献した。

［＊2］２０１０年9月9日にＵＳＪが発表した広報資料より。震災前の時点では、当然、その後の危機を誰も予測できなかった。

なったほか、日本経済全体が大打撃を受けたからです。ＵＳＪは被災地から遠い大阪にありましたが、非常事態において、テーマパークという娯楽を楽しむ行為は、何となく気が引けるというのが人間の情理でした。

また、震災直後には大阪随一の繁華街である道頓堀のネオンも消えて、大阪の街そのものも暗くなりました。

こうしてＵＳＪは、もともとの経営難に加え、東日本大震災という自然災害からの自粛ムードという、二重の危機を抱える形になってしまいました。とてもではありませんが、「ハッピー・サプライズ！」どころではなくなり、さらにどん底に突き落とされてしまったのです。

「お金をかけずに何ができるか？」を徹底追求

危機に直面したＵＳＪでしたが、森岡氏はすぐに積極的な集客プランを作成し、実行します。まず、「関西から日本を元気に」というスローガンを打ち立て、関西圏の子どもの入場料金を無料とする「キッズ・フリープログラム」をスタートさせました。

この大胆な打ち手には、当時のＵＳＪの社内からも反対意見があったといいますが、森岡氏は離れていく顧客を呼び戻すために、あえて子どもたちを無料で招待することを決断します。そして、２０１１年5月14日～6月30日までの約１カ月半の間、関西圏に住む大人１人につき子ども１人は入場料０円という破格のプライシングを実施しました。

さらに、ＵＳＪは大型企画として「ハロウィン」に焦点を当てることを決めます。今でこそハロウィンは渋谷のスクランブル交差点付近の盛り上がりなどで知られるイベントとして定着しつつありますが、２０１０年前後の日本ではまだ、マイナーなイベントでした。

そこにあえてハロウィンに着目し、２０１１年9月から11月にかけて、「ハロウィーン・ホラー・ナイト」を実施したのです。このイベントは、テーマパークに何百体ものゾンビを配置する異色のイベントで、テーマパーク内をお化け屋敷にするという前代未聞の企画でした。

「キッズ・フリープログラム」と「ハロウィーン・ホラー・ナイト」の特色を一言で言い表すと、「お金をかけずに集客する」ことといえます。一般的な商売の常識に則れば、集客には一定の投資が必要で、目玉施設の開業などの設備投資や、テレビコマーシャルの放映などの広告宣伝が常套手段です。しかしこのような集客には、まず何よりお金がかかるため、当時のＵＳＪは選択することができませんでした。こうした「お金を使った集客」に代わって、「お金を使わないこと」を貫いたのです。

結果として「キッズ・フリープログラム」と「ハロウィーン・ホラー・ナイト」は集客力の向上に大きく寄与しました。２０１１年４月～２０１２年３月の１年間で、ＵＳＪの入場者数は８８０万人を記録し、東日本大震災の直後にもかかわらず、前年よりも集客を増大させました。

２０００年代を通じて長期的な集客力の低下に悩んでいたＵＳＪにとって、東日本大震災の影響下でも集客を回復させたという実績は、社員が自信を取り戻すきっかけにもなりました。

2

どのような攻めに転じたのか？

改善した財務体質と集客を土台に、巨額投資を実行する

ＵＳＪが、その復活の総仕上げとして取り組んだのが、巨額投資を伴う目玉施設の新設でした。

ハロウィンなどのイベントによって関西圏のファミリー層という顧客は獲得したものの、この時点でのＵＳＪは「関西の一テーマパーク」に過ぎませんでした。そこで、ＵＳＪを全国区にするために、目玉施設の投資へと舵を切ったのです。

２０１４年にＵＳＪは「ウィザーディング・ワールド・オブ・ハリー・ポッ

ター」という目玉施設を開業して大勝負に出ます。これは450億円を投資した本格的な施設で、従来の「お金をかけずに集客する」という方法からは一線を画すものでした。巨額投資のためにリスクは伴いますが、USJは集客増加によって財務体質を改善しつつあり、巨額の設備投資を決断したのです。[*1]

ハリー・ポッターエリアの開業は、USJにとって吉と出ました。従来は関西圏が中心だった客層が関東や海外にも広がり、広域からの集客という新しい需要の開拓に成功したからです。

こうして「お金を使わずに集客する」という小さな成功体験を積み上げたうえで、巨額投資をすることでUSJは経営体質を盤石にしました。2010年には750万人台だった入場者数は、2016年には1460万人を記録し、USJはV字回復を成し遂げたのです。

[*1] のちに森岡氏は「もしも失敗していたら、私一人が辞めればいいという問題ではないですからね。会社が倒産していたかもしれないわけですから」（「日経トレンディ」2016年11月号）と回想している。このようにUSJにとっても社運をかけた投資であった。

〈その他の参考文献〉
・「日本にもディズニーランドがやってくる」（「日経ビジネス」1983年3月7日号）
・「再開発・スーパー堤防　テーマパークを核に臨海部開発」（「日経コンストラクション」1999年1月8日号）
・「USJを劇的再生に導いた！　森岡毅の頭の中」（「日経トレンディ」2017年5月号）
・有価証券報告書（ユー・エス・ジェイ）

まとめ

誰にも負けない「執念」を持っているか？

ＵＳＪが危機を突破できた大きな理由は、元Ｐ＆Ｇのマーケター・森岡毅氏の功績ですが、さらに元をたどれば、その森岡氏の取り組みにはＰ＆Ｇの日本法人（Ｐ＆Ｇファー・イースト）に根付いている「執念」という企業文化が大きく影響しています。

マーケティングにおいてもっとも困難なのは、「計画の策定」や「商圏の分析」ではなく、「いかなる状況においても実行を貫くこと」といえます。特にＵＳＪの場合は、反撃ののろしをあげようとした２０１１年３月に、東日本大震災という予想外の危機に直面し、出鼻をくじかれる形になりました。しかしそれでも「集客を続ける」ことを貫き、結果として年間入場者数の増加を実現したのです。

危機的な状況でも絶対にビジネスを成功させるという「執念」こそ、危機の突破に必要な心構えといえるでしょう。

大地震や津波、台風や大雨による水害などの自然災害は、不可抗力のものではありますが、多くの場合、一過性で終わります。数カ月から数年程度はイレギュラーな時期が続くことはあっても、その危機が永遠に続くことはあり得ません。

不可抗力の危機に直面すれば、誰もが悲観的になり、思考停止してしまうこともあるでしょう。しかし、そのときにむしろ、あらゆる方法を考え尽くして描いたプランを遂行できるかが、その後の明暗を分けるのです。

チェックリスト

- □ 誰にも負けない「執念」を持っているか?
- □ つくり手や売り手の理論ではなく、それを使う人や買う人の理論で捉えられているか?
- □ リスクをとった投資を決断できるか?

File

07

地に落ちた信用に、「原点回帰」で危機突破

日本マクドナルド

McDonald's Holdings Company (Japan), Ltd.

"How to overcome the crisis through V-shaped recovery?"

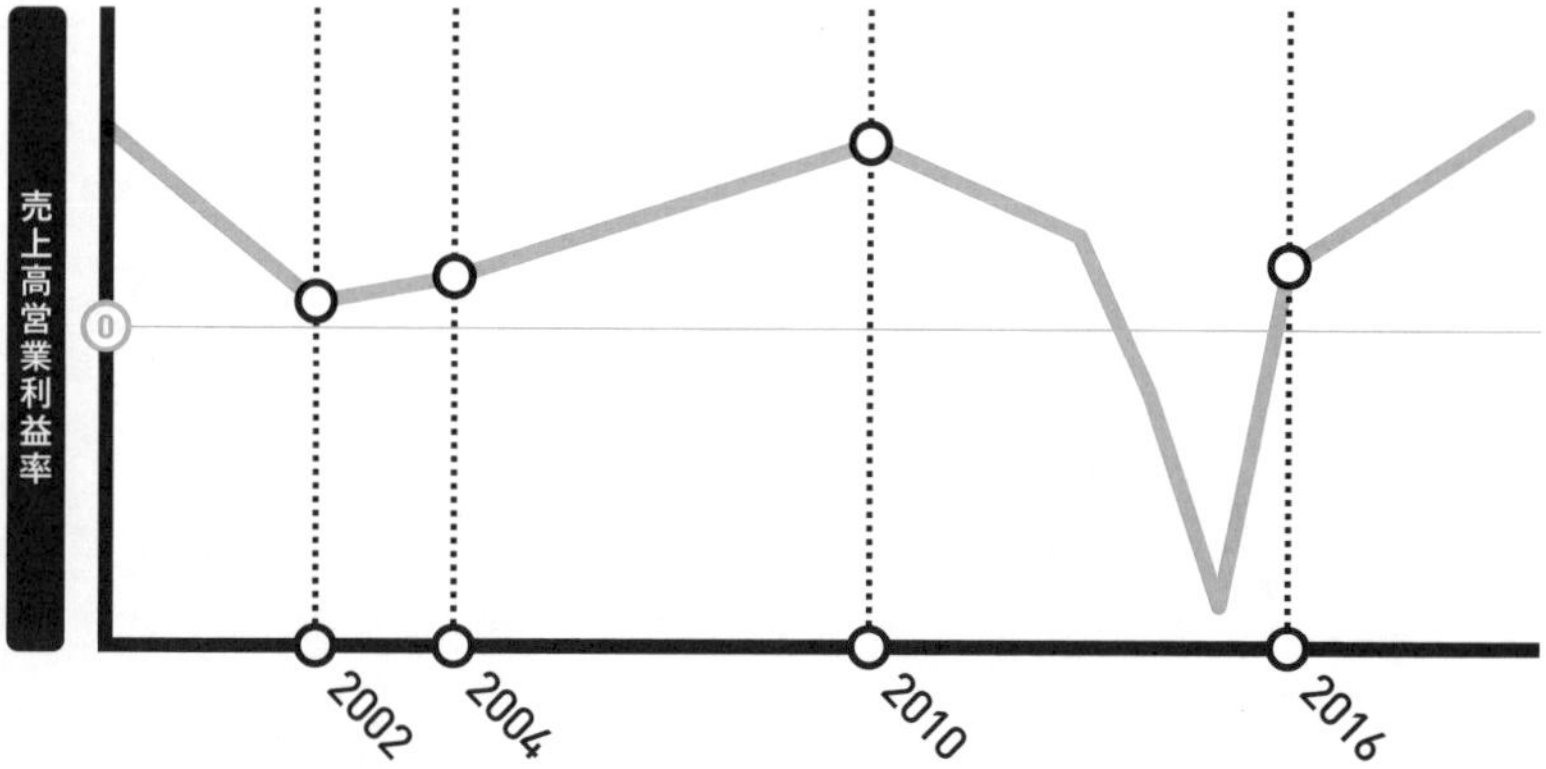

1971　銀座にマクドナルド国内1号店出店
2002　業績不振に陥る
2004　原田泳幸が社長就任
2010　「QSC」の徹底でV字回復へ
2016　鶏肉偽装により赤字転落
2019　「QSC」の徹底でV字回復へ

日本マクドナルドは、おそらく本書を手に取っている誰もが知る外食チェーンでしょう。１９７１年に東京・銀座に１号店が出店されたことを契機に「ハンバーガー」という食べ物が日本に根付き、日本人の食の洋風化に大きく貢献しました。日本人の食文化を変えたという点でも、偉大な企業といえます。

しかし、２０００年代から２０１０年代にかけての日本マクドナルドは、長らく危機に直面していました。マクドナルドは全世界で、「Ｑ（品質）」「Ｓ（サービス）」「Ｃ（清潔）」の徹底を必須としていますが、日本マクドナルドは「ＱＳＣ」を維持できず、結果として経営危機に陥ったからです。[*1] その１つが、２０１４年に起こした「食品偽装」で、記憶にある方もいるでしょう。

このチャプターでは、日本マクドナルドのＱＳＣの瓦解に伴って直面した危機に焦点を当て、それらをどのように乗り越えたのかを検証します。

【＊1】Qは「クオリティ」、Sは「サービス」、Cは「クレンリネス」。

ＱＳＣの徹底で、顧客との信頼関係を築く

マクドナルドは、「ＱＳＣ」を企業文化とすることで、本国アメリカの

みならず、世界中で発展してきました。

「ＱＳＣ」を提唱したのは、マクドナルドを全米の外食チェーンに発展させたレイ・クロック氏[*1]です。クロック氏は、外食産業でこれらの基本を徹底することが、順調に成長を遂げるために重要であると考えていました。

特に清潔に関しては、

「Clean as you go（行くところはすべて綺麗に）」

という方針を徹底し、厨房から店舗まで清潔であることにこだわりました。

クロック氏が生涯こだわり続けた「ＱＳＣ」は、日本のマクドナルドにももたらされます。１９７１年、米国マクドナルドは藤田田氏[*2]が経営する藤田商店との合弁企業として、「日本マクドナルド」を設立しました。日本国内での前評判は、

「あんなものが、売れるはずはない」

「３週間でつぶれる」

という厳しいものでした[*3]。しかし１９７１年、銀座にマクドナルドの日本１号店を出店したところ、瞬く間に「新しい食べ物」として受け入れられます。１号店を銀座という超一等地を選んで出店したことも相まって、「ハンバーガー＝マクドナルド」という強烈なインパクトを残しました[*4]。

［＊１］レイ・クロック氏：マクドナルドを全米随一のチェーン店へと発展させた立役者。

［＊２］藤田田氏：輸入雑貨商店の藤田商店を営んでいたが、アメリカで流行していたマクドナルドに目をつけて合弁契約を締結。外食産業のシステム化によって日本にハンバーガーを普及した立役者。

［＊３］「企業戦略・日本マクドナルド」（「日経ビジネス」1984年10月29日号）

［＊４］ハンバーガーを支持したのは当時の若者である。１９７０年代は若者文化の変容期であった。詳細は本書の「パルコ」のケースを参照。

１号店の出店に成功した藤田氏はその後、怒涛の勢いでマクドナルドの新規出店を推し進めます。そしてこのとき、日本マクドナルドでも「ＱＳＣ」を徹底しました。実のところ、藤田氏がマクドナルドと手を組んだ理由にはもともと、アメリカのマクドナルドが「ＱＳＣ」に関する様々なマニュアルを完備していたことがありました。多店舗で均質なサービスを提供できる点を高く評価していたのです。

藤田氏の目論見通り、多店舗展開にあたってＱＳＣマニュアルは有効に作用しました。

こうして日本マクドナルドは、顧客からの評判を保ったまま、急速に店舗を拡大していきました。１９７１年の進出初年度は5店舗でしたが、10年後の１９８１年には３０２店舗を達成。翌年、外食産業で国内売上高ナンバー１となる７０３億円を計上します。[*5]

設立して10年ちょっとのベンチャー企業が国内外食産業のトップに躍り出たことで、マクドナルド、そして藤田氏という人物もメディアから注目を浴びました。

［＊5］「企業戦略・日本マクドナルド」（「日経ビジネス」1984年10月29日号）

無理な拡大と低価格、老朽化による信頼の崩壊

その後もマクドナルドは、国内の店舗網の拡大を続けます。日本マクドナルドの拡大路線は、１９８８年の藤田氏の、

「大局的に見て国民全体がハンバーガーの方向に行っていることは間違いない」

「いつの日か日本の家庭から台所がなくなる、そこまで外食産業を推し進めていかないといかん」

という言葉[*1]からもうかがい知ることができます。２００２年には、日本国内でピークとなる３８９１店舗を達成することとなりました。

しかし一方で、徐々に経営に影が差し始めました。ハンバーガーは売れているものの儲からないという課題を抱え、利益率の長期的な低迷期に突入するのです。

儲からなくなった原因は、１９９０年代を通じて推し進めた低価格路線でした。２０００年にはそれまで１３０円で提供していたハンバーガーを平日のみ65円での提供を始め、さらに２００２年には59円で売り出すなど、「デフレ時代の寵児」として注目を浴びました。ハンバーガーの消費を増

[＊１]「編集長インタビュー・藤田氏・家庭から台所なくすまで発展させたい」（「日経ビジネス」１９８８年11月7日号）

やすためとして行なわれた施策でしたが、客単価の下落につながり利益を蝕んだのです。

この低価格路線は、現場の士気低下にも悪い影響を及ぼしました。激安のハンバーガーをペットの餌にする客もいたといい、それを聞いたある店長は涙を流したという話も残っています。[*2]

このように、日本マクドナルドは悪い意味での「安さ」がイメージとして定着し、現場の士気も著しく低下してしまったのです。

さらに同じ頃、日本マクドナルドは、「新たな課題」に直面するようになりました。かつて、一時期に急拡大した店舗の老朽化による「清潔」の毀損です。

当然、従業員の日々のルーティーンの中に清掃は含まれており、清潔さを保つ取り組みは行なわれていました。しかし、進出から30年近くが経てば、当然、初期に出店した店舗は老朽化します。その経年劣化の問題は、清掃では解決されませんでした。そのため、マクドナルドを「汚い店」だと認識する客が増えていったのです。

こうして日本マクドナルドは、

「急激な拡大路線」→「低価格ハンバーガーによる利益率低下」→「現場の士気低下」

［＊2］「復活マクドナルドの素顔（2）」（『日本経済新聞』2018年12月22日 13面）

という悪いサイクルと、

「店舗の老朽化」→「汚い店という印象」

という大きな２つの危機に直面することとなりました。当時の無理のある拡大戦略によって、かつてクロック氏が提唱した「ＱＳＣ」の原則は、すでに破綻しかけていたのです。

この日本マクドナルドの状況には、米国マクドナルドも危機感を募らせていました。

複数の課題を抱えたとき、どこから解決すべきか？

では、２つの大きな課題を抱えた日本マクドナルドは、どのように危機から身を守ったのでしょうか。

まずマクドナルドが最初に決断したことは、外部のプロ経営者に経営を任せることでした。１９７１年に日本に進出して以来、日本マクドナルドは藤田氏がかじ取りをしていました。しかし米国マクドナルド本社は藤田氏と交わした契約を打ち切り、日本マクドナルドを米国マクドナルドの子会社として運営する方針に切り替えます。そして２００４年、日本マクドナルドの社長に原田泳幸氏[＊1]が就任することとなりました。

【＊１】原田泳幸氏：１９４８年生まれ。１９９７年、アップル日本法人の社長に就任。２００４年に日本マクドナルドの社長に転じる。

原田氏はさっそく、マクドナルドの原点である「ＱＳＣ」を取り戻す戦いを始めます。まず原田氏が手をつけたのは、「従業員の意識改革」でした。原田氏が問題視したのは、業績の悪化による従業員の士気の低下、そして活気を失った店舗でした。

このときの従業員の意識を変えるための施策であった「スマイル０円」は世の中から大きな注目を集めます。

次に着手したのが、客単価の引き上げです。２０００年代前半に発売した「１００円以下のハンバーガー」は、マクドナルドをデフレ時代の勝者として位置付けた一方で、客単価とともに利益率を低下させる原因ともなっていました。

そこで、商品開発を見直し、単価の高い商品による客単価の改善を試みました。この改革により、マクドナルドは増収増益という基調を取り戻すこととなりました。

そして、総仕上げとして、原田氏は「不採算店舗」の閉鎖を決断するとともに、既存店舗に対する設備投資を進めました。これは店舗閉鎖を伴う決断でしたが、すでに業績が回復した好調期における閉店であったため、組織の士気が低下することはなかったといいます。

この決断によって、日本マクドナルドの老朽化した店舗は姿を消し、清潔さを完全に取り戻したのです。

こうして、第１に従業員によるサービスの向上、第２に品質を担保する商品の開発、第３に清潔さを保つための設備投資ないし店舗閉鎖という順番で改革を進めたことで、２００５年から２０１０年にかけて、日本マクドナルドは増収増益を達成し、Ｖ字回復を成し遂げました。

危機脱却を見届ける形で２０１３年に原田氏は日本マクドナルドの社長を退任し、翌年、ベネッセホールディングスの社長に転じています。

食品偽装による信頼の崩壊

危機を打開したかに見えた日本マクドナルドですが、２０１４年、次なる危機に直面することとなりました。「品質の危機」です。日本マクドナルドで提供されていたチキンナゲットの原料である鶏肉について、取引先である中国の食品業者が期限を偽っていたことが判明したのです。

日本の消費者からすれば「期限切れのチキンナゲットを提供された」という形となり、日本マクドナルドの信頼に傷がついてしまいます。この事件をきっかけに、従業員の退職が続出するなど、現場の歯車も狂っていきました。

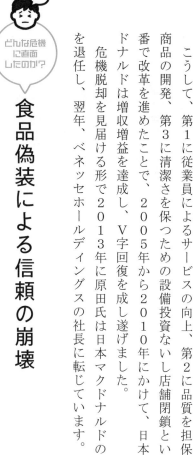

さらにこの問題に火に油を注いだのは、当時の日本マクドナルドの社長であったサラ・カサノバ氏の、取引先に騙されたという旨の発言でした。たしかに偽装問題に関しては、取引先である中国の食品業者の行動に問題があり、その意味では日本マクドナルドも被害者ともいえます。しかし、チキンナゲットを口にした消費者が、「マクドナルドが偽装をした」という気持ちを抱くのは当然のことでした。

このような初動対応のミスによって、マクドナルドの信頼はさらに損なわれることとなりました。２０１０年時点では15億人にまで達した年間来店者数は、偽装問題発覚直後には12億人となり、３億人も激減したのです。

この客足の低下によって、日本マクドナルドの業績も悪化し、２０１４年12月期と２０１５年12月期にはそれぞれ赤字を計上することとなりました。この日本マクドナルドの低迷ぶりは、親会社であるアメリカのマクドナルド本社をも失望させ、日本法人の株式売却が発表されたほどでした。

「原点回帰」こそ最大の攻めである

チキンナゲットの賞味期限偽装問題と、顧客からの信用の喪失に直面した日本マクドナルドは、ここでも「原点回帰」、つまり「ＱＳＣ」の重視を掲げます。まず、従業員に対しては、「サービス」の向上を徹底。そのうえで、品質を改善したことを世の中に伝えるために、マーケティングを強化しました。

２０１５年に日本マクドナルドのマーケティングの責任者に就任したのが、P&G出身の足立光氏[*1]でした。当時の日本マクドナルドはアメリカ本社から見捨てられるほどの惨憺たる状況だったため、足立氏は火中の栗を拾う形でマーケティング改革に乗り出します。

その際の足立氏の考えは、「LOVE OVER HATE（愛は憎しみを超える）」。消費者の関心を「偽装問題を起こしたマクドナルド」から「新しいキャンペーンを繰り出すマクドナルド」に向ける方針でアイデアを繰り出していきました[*2]。

そこで切り札になったのが、当時、日本でも普及しつつあったTwitterなどのSNSを念頭に置いたマーケティングでした。日本マクドナルドはSNSに取り上げられやすくなるように、見栄えがよくなる包装パッケージを考案。一度離れた消費者を取り戻すための施策を打っていったのです。

さらに、毎週のように人気キャラクターとのコラボレーションによるキャンペーンを打つことによって、顧客が飽きないサイクルをつくりだしたことで、徐々に客足が回復に転じます。これらの施策は特に、ファミリー層の確保につながり、日本マクドナルドの客単価を押し上げる要因になりました。

［＊1］足立氏は1990年にP&Gに新卒入社した。なお、P&Gからは危機突破に強いOB・OGの社員が多く輩出されている。詳しくは「P&G」のケースを参照。

［＊2］「復活マクドナルドの素顔（1）」（「日本経済新聞」2018年12月21日 17面）

また、日本マクドナルドのカサノバ社長は、店舗改装のための設備投資を決断します。2000年代にも日本マクドナルドは店舗への設備投資を推し進めましたが、その時点では不徹底な面もありました。[*3] そのため、追加の設備投資が求められていたのです。

そこで2015年には約220億円を金融機関から借りて設備投資に乗り出しました。これまで貫いてきたほぼ無借金経営の継続を諦め、店舗改装のために借金をするという道を選択したのです。

この結果、2019年末の時点で、日本マクドナルドの店舗のうち90%が新築または改装7年以内となり、[*4] 消費者は「マクドナルドの店舗は新しくて清潔」と評価するようになりました。そうしてマクドナルドへの客足も戻り、2018年における年間来客数は14億人の水準まで回復したのです。米国マクドナルド本社も、日本マクドナルドの株式売却という方針を撤回しました。

日本マクドナルドは、チキンナゲットの偽装問題という「品質の危機」に直面した際も、「QSC」という原点を軸に、サービスの向上と清潔な店舗を維持するための設備投資を行ない、そして品質改善を周知するためのマーケティングに力を入れることで、危機から脱却したのです。

[＊3] フランチャイズの経営者に設備投資を任せた結果、設備投資が思うように進まないという問題に直面していた。

[＊4] 「マック新装 家族呼び戻す」(「日本経済新聞」2019年12月13日 17面)

〈その他の参考文献〉
・「日本マクドナルドＨＤ（外食チェーン） 強さの原点を再構築」（「日経ビジネス」２０１７年８月28日号）
・「マクドナルド、秘策なき復活――信頼回復から反転攻勢へ、３ステップで着実に進めたＳＮＳとアプリ活用」（「日経デジタルマーケティング」２０１７年６月号）
・「日本マクドナルドＨＤ（外食チェーン） 店舗オーナーの『絶望』と『光明』」（「日経ビジネス」２０１５年３月23日号）
・「人手不足、ＳＮＳへの書き込み、大量リコール… 新たなリスクに立ち向かう」（「日経ビジネス」２０１４年９月８日号）
・有価証券報告書（日本マクドナルドホールディングス）

まとめ

「回帰すべき原点」こそ、未来への有効な備えである

本チャプターでご紹介したように、マクドナルドはアメリカでの創業期から「QSC」を提唱しており、また日本マクドナルドも「QSC」を重視していました。「QSC」によって顧客をつかみ、成長してきたといっても過言ではありません。

ですが、それでも「QSC」が定期的に行き詰まる理由は、時間軸の長さが異なるからです。

まず「サービス」は3つの中でもっとも手をつけやすく、また変わりやすいものといえます。従業員の意識次第で変わるものだからです。短期的に結果が出やすく、その時々の業績や士気を反映したものとなるでしょう。

次に手掛けやすいのは「品質」です。従業員の意識の上に、仕入れ先を的確に選び、マーケティングで周知することによって、うまくいけば数カ月のスパンで目に見える成果が期待できます。一度成果が出れば中期的にその影響が続くことになるでしょう。

そして3つめの「清潔さ」が、長期のスパンで見るべき事柄です。従業員が日々、清掃をするというのは大前提ですが、そうしていても、設備は老朽化していきます。しかも、その

Summary ≫ Tile.07

老朽化も「徐々に」進行するため、普段からその店にいる従業員はそう感じていなくても、客から「汚い店」と一蹴されてしまう可能性もあるのです。この「清潔さ」を保つためには設備投資という長期計画が不可欠で、また長期視点も欠かせません。

翻ってみれば、ビジネスパーソンにとっても、日々目の前にある仕事に向き合うことはもちろん大切ですが、より長期的な視点もまた、不可欠のものといえます。それは、「未来はこうなっていくだろう」というような妄想や大それたビジョンではなく、「今の設備のまま、10年20年経ったらどうなるか」「このまま続けていくと、数年後にはどうなっているだろうか」というような、目の前のことに端を発するような、必然に基づく長期的な視点です。

マンション管理組合の会計では「修繕積立金」を計上して将来に備えることが一般的ですが、それと同じように、必ず起こる未来に対して普段から備えておくこと。これこそが「将来の危機」の防御壁となるのです。

チェックリスト

- □ 長期的な視点で、将来必ず起こることを織り込めているだろうか？
- □ 将来必要になる設備投資のための布石は打てているだろうか？
- □ 将来起こる問題を先送りして、見て見ぬ振りをしていないだろうか？

不可抗力の危機に
当事者意識を持って挑んで危機突破

ウェザーニューズ

Weathernews Inc.

"How to overcome the crisis through V-shaped recovery?"

File

08

1969 石橋博良が総合商社に入社

1970 爆弾低気圧により空光丸が沈没

1973 石橋博良がオーシャンルーツに転職

1986 ウェザーニューズ創業

1992 売上高経常利益率10%を達成

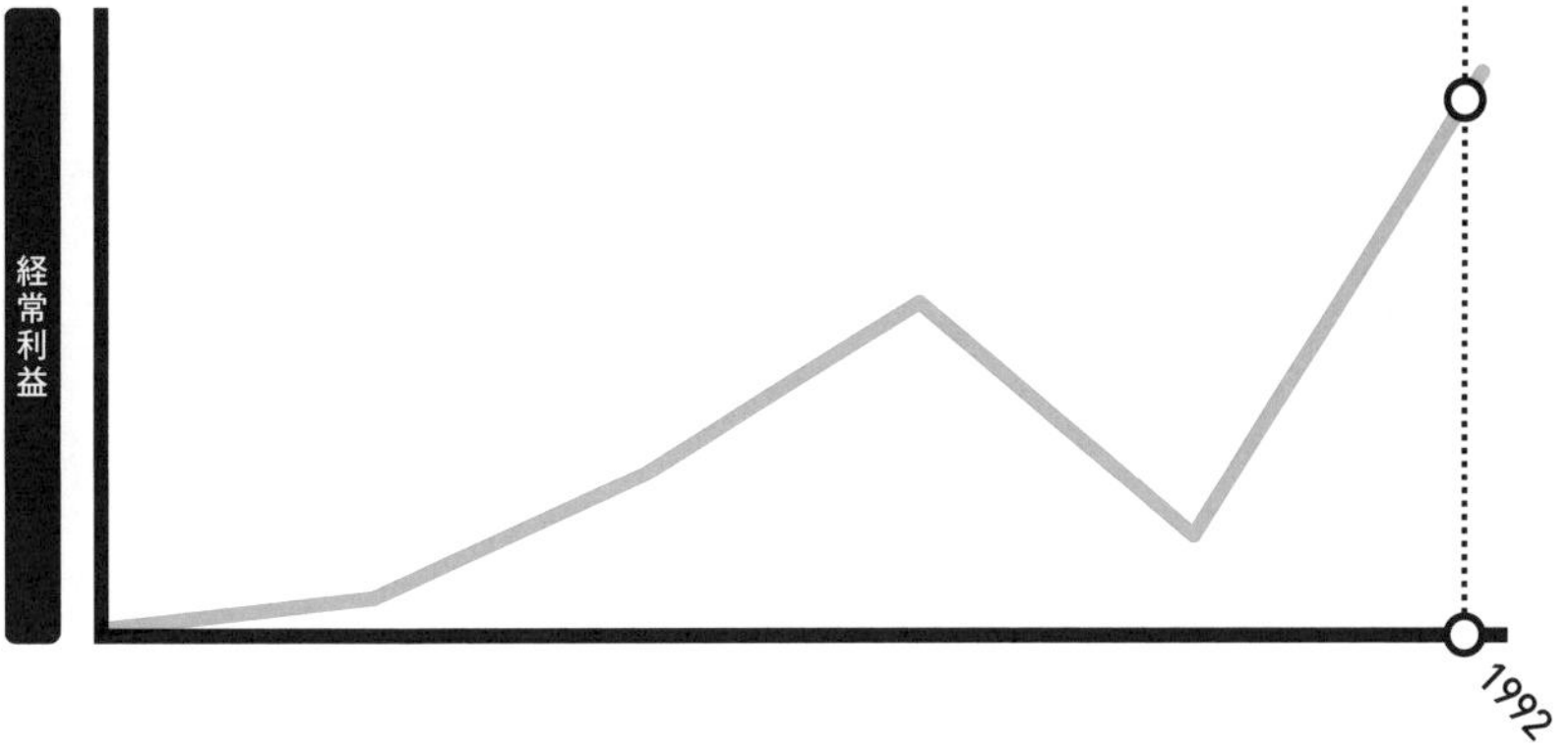

「天気予報」は、誰もが無料で知ることができる情報です。その「天気予報」で高収益を実現している異色の上場企業が、本チャプターで紹介する「ウェザーニューズ」です。

ウェザーニューズは、船舶会社に天気予報をもとにした燃料節約につながる最適な航路の提案をしたり、小売業に天気予報によって在庫の廃棄ロスを低減する施策を提供するなど、「天気」に付加価値をつけたユニークな事業を展開しています。２０１９年時点の売上高営業利益率は10％を超えており、隠れた優良企業でもあります。

このチャプターでは、そんなウェザーニューズの創業期に焦点を当てます。自然災害を目の当たりにしたある商社マンが、強い危機感と当事者意識によってこの会社を立ち上げることになるのですが、その危機への向き合い方、そして乗り越え方には、今の私たちへの大きなヒントとなる要素が多分にあります。

ウェザーニューズがどうやって危機を乗り越え、成長し続けているのか、さっそく見ていきましょう。

エリート商社マン、日本の木材産業で頭角をあらわす

ウェザーニューズの設立は１９８６年ですが、その創業の発端は１９７０年１月に遡ります。当時「爆弾低気圧」が東日本一帯を襲い、「空光丸」という木材運搬船が転覆。船員15名が亡くなるという事故が発生しました。そしてその事故に心を痛めている青年がいました。

その青年が在籍していたのは、総合商社として知られる安宅産業という会社でした。同社は１９７７年に、同じく総合商社の伊藤忠商事に吸収され、消滅した「幻の商社」ですが、１９７０年代の日本ではよく知られていました。安宅産業は、特に木材の取り扱いに強みがあり、海外からの木材調達でシェアを確保する優良企業でした。

この安宅産業に１９６９年に新卒入社したのが石橋博良氏[＊1]です。彼こそが、のちにウェザーニューズを創業する人物ですが、当時は安宅産業に勤務するエリートサラリーマンの１人でした。石橋氏は奨学金を得てアメリカ留学を経験しており、語学に堪能で、出世競争では同期のトップを走っていたといいます。石橋氏は安宅産業の本流である木材部門に配属され、仕事に没頭していました。

［＊1］石橋博良氏：1947年生まれ。北九州市立北九州大学外国語学部卒後、安宅産業に入社。1973年にオーシャンルーツ社の日本法人に転職。1986年にウェザーニューズを設立。

安宅産業での石橋氏の担当は、北米産の木材を日本に輸入するまでのロジスティックスでした。北米で伐採された木材は現地の港に集められ、船で日本に輸入されますが、石橋氏に課せられたのが「いかに安く木材を北米から日本に輸入するか？」という業務です。

木材の運搬時間を短縮することでそのコストは削減できるものの、国内の港の積み下ろし能力には上限があるため、どうやって港を確保するかが、腕の見せ所でした。石橋氏は海運会社に人脈を構築し、港や埠頭に関する情報を積極的に収集することで、船舶輸送のプロフェッショナルとして頭角をあらわします。

爆弾低気圧で木材輸送船が沈没

１９７０年の１月も、石橋氏は普段通りに木材を運搬する「空光丸」に指令を送っていたといいます。当初、空光丸の入港予定先は大阪でしたが、石橋氏は大阪における荷物の積み下ろしが滞っているとの情報を得ます。それによって、「空光丸」が大阪港に到着しても、最大で10日間にわたって積み下ろしができないことが予想されました。10日の待機期間で想定される損失額は最大で２０００万円に及ぶという試算でした。[*1]

【＊１】「株式会社ウェザーニューズ「石橋博良」（ドリームゲート事務局ウェブサイト）より。なお、安宅産業は、積み下ろしまでの待機時間も、船舶会社に利用料金を支払う必要があったため、多額の損失の見通しとなった。

そこで、石橋氏は一計を案じます。大阪ではなく別の港を探し始めました。すると、福島県の小名浜港ではすぐに木材を積み下ろせることが判明したため、空光丸に対して「入港先を小名浜に変更せよ」という指令を出します。安宅産業からの指令を受けた空光丸は、入港先を大阪から小名浜に変更して、太平洋の航行を続けました。そして1月31日に、空光丸は小名浜港の港外に停泊。特に天候が悪化しているわけでもなく、小名浜港への入港はスムーズに進むと思われていました。

そんな折に天候が急変し、小名浜港は爆弾低気圧に襲われることとなったのです。天候の急変にコントロールを失った「空光丸」は防波堤に直撃し、同日午後6時に沈没。乗船していた15名が亡くなる[*2]という最悪の事態に陥りました。

[＊2] 亡くなった船員の多くが、20代という若さであった。

「天災」に対して「当事者」として向き合う

当時23歳の石橋氏は、当然、この海難事故に大きなショックを受けました。たしかに爆弾低気圧の発生はあまりにも突然で、誰にも予想はできませんでした。予測不能な「天災」による事故という側面が強く、すべての責任が石橋氏にあるというわけではありません。

しかしこのとき、石橋氏は個人的に、この事故は「人災」によるものだと結論づけました。精度の高い気象情報があれば、最悪の海難事故は防げたと考えたのです。

その後、石橋氏は安宅産業で働きながらも「海難事故の再発防止に行動を起こせない自分に腹が立ち[*1]」、納得できない日々を過ごします。

そして、安宅産業入社4年目の1973年、石橋氏は大きな決断をします。日本に進出していた船舶向けの海洋気象情報を扱う「オーシャンルーツ[*2]」の日本支社に転職したのです。それまで安宅産業で順風満帆なキャリアを歩んできた石橋氏でしたが、名も知れない外資企業の日本法人に転職し、気象情報と向き合う人生を歩み始めました。

オーシャンルーツ社が船舶向けに提供していたのは、「最適気象航路情報サービス」というものです。海運会社にとっての気象予報は、海難事故を未然に防ぐ判断材料であるとともに、より穏やかな海域を航行し燃料を節約するために欠かせない情報の1つでした。このため、「船舶向けの気象予報」というニッチな領域であっても、市場として成立していたのです。

オーシャンルーツ社の、海上の気象予報を海運会社に提供するという事業は、石橋氏の目指す方向そのものでした。石橋氏はオーシャンルーツ社の日本法人の社長に対して、

[＊1]「挑む・石橋博良氏」(「日経ビジネス」1994年9月12日号)

[＊2] オーシャンルーツ社は、1967年にアメリカで創業されたベンチャー企業。

「今は給料交渉はしない。だが、必ず市場を倍にする。そうしたら給料も倍にしてくれ」[*3]

という旨の交渉をして入社したといいます。こうして石橋氏は退路を断ち、気象予報という業界に足を踏み入れる覚悟を決めたのです。

［＊3］「株式会社ウェザーニューズ 石橋博良」（ドリームゲート事務局ウェブサイト）

気象予報に付加価値をつけて、顧客ニーズをつくりだす

安宅産業で海運会社とのつながりをつくっていた石橋氏は、オーシャンルーツ社でもその人脈を生かし成果を上げます。前述の「給料2倍」の実現どころか、1976年には29歳の若さでオーシャンルーツ社の日本支社のトップに就任することとなりました。その後も、1980年にはオーシャンルーツのアメリカ本社の副社長に就任するなど、活躍は続きます。

石橋氏はオーシャンルーツ社の経営方針で満足することはありませんでした。当時のオーシャンルーツ社は船舶向けの気象予報の提供に特化していましたが、石橋氏は気象予報のポテンシャルを生かすために陸上分野への進出を提言したのです。しかし、両者の意見には折り合いがつかず、この対立がもとで、1986年に石橋氏は同社を辞します。

そして1986年に石橋氏が設立したのが、「ウェザーニューズ」というベンチャー企業でした。当時としては珍しいMBO[*1]によって、オーシャンルーツ社の日本法人の一部の事業を独立させる形で、気象予報の総合的なサービスを提供する会社を起業したのです[*2]。

ウェザーニューズの気象予報は、単に天気を予想するのではなく、天気の情報に加えて顧客に付加価値を提供することに独自性がありました。その例が、小売業や食品メーカーに対する気象予報の提供です。コンビニなどの小売業では発注は日々の業務ですが、翌日の天候によってお弁当などの売れ行きは大きく変化します。そこでウェザーニューズはピンポイントの天気予報による「廃棄ロスの低減」という付加価値を提供したのです[*3]。

加えて、ウェザーニューズは気象予報サービス提供にあたって、システムの開発にも注力します。前述の、小売業向けの気象予報サービスであれば、顧客の発注管理システムの内部に気象予報のシステムを組み込み、発注管理システムと気象予報を一体化させました。こうして、小売業にとって欠かせない存在となります。

他にも、航空会社、テレビ局、テーマパークなど、気象情報を必要とする様々な業界との取引を開始し、ウェザーニューズは業容を拡大していきます。いずれも単に天気を予想するのではなく、航空会社向けならば「安全な航行ルート情報の提供」、テレビ局向けなら「気象予報の3次元CG映像システム[*4]」、テーマパーク向けなら「花火・パレードの最適な時間

[＊1] Management Buyout。企業の経営陣が既存株主から自社の株式を取得し、オーナー経営者となる行為。

[＊2] ウェザーニューズは、オーシャンルーツ社の陸上および航空部門をMBOする形で設立された。

[＊3] 1990年代初頭には某製菓会社がパンの生産量を決定するシステムに中期気象データを採用した。(「日経ビジネス」1991年9月16日号)

[＊4] ウェザーニューズは1984年にテレビ朝日との取引を開始しており、テレビ業界との取引を本格化した。

の案内」を提供することで[＊5]、顧客にとって欠かせない情報の提供に努めました。

この結果、ウェザーニューズは、1992年には売上高35億円に対して経常利益3・5億円という高収益を達成します。さらに2000年にはナスダック・ジャパンへの株式上場を果たし、気象予報会社としては世界初となる上場として注目を集めました。その後も順調に業容を拡大し、2019年5月期には売上高170億円、営業利益20億円という高収益を達成しています。

このように、ウェザーニューズは「気象情報を使って顧客価値を創造する」ことで業容を拡大するとともに、唯一無二のユニークな企業として高収益を確保、存在意義を見出したのです。

［＊5］本書で取り上げた「USJ」に向けて、ウェザーニューズはピンポイントの天気予報を発表している。

〈その他の参考文献〉
・「石橋 博良・オーシャンルーツ副社長。安宅産業から〝栄光の転身〟」（「日経ビジネス」1981年6月29日号）
・「ウェザーニューズ――予報もコンサルタントも 総合気象産業をめざす」（「日経ビジネス」1991年9月16日号）
・「天気ビジネスを切り開いて20年晴れたり曇ったり――石橋博良 ウェザーニューズ会長」（「日経トップリーダー」2007年6月1日号）
・「第70回 株式会社ウェザーニューズ 石橋博良」（「ドリームゲート」ウェブサイト、2008年8月7日投稿）
・有価証券報告書（ウェザーニューズ）

まとめ

危機あるところにチャンスあり。どれだけ当事者意識を持てるだろうか？

自然災害など、防ぐことができない危機に直面した際、多くの人間はやり場のない怒りを抱えます。その結果、第三者が批判の矢面にさらされることは珍しくありません。自然災害という不可抗力の危機に対して、「誰々が悪い」と魔女狩りを始め、そして責任転嫁をしたくなってしまうのは、人間の本性なのです。

このとき、不可抗力の危機に対して文句を言うのではなく、「どうしたら問題を解決できるのか？」を考えることが突破口につながります。ウェザーニューズの場合は、創業者が「爆弾低気圧」という自然災害という危機を目の当たりにし、被害を抑制するための天気予報ビジネスの世界に足を踏み入れました。このように自らが危機と対峙する姿勢が、高収益の会社、そして事業の骨格となっているのです。

つまり、危機を前にしたビジネスパーソンに求められるのは、他人の責任を問うことではなく、当事者意識を持って危機と向き合うことです。災害や非常事態に対して、「文句」や「不平不満」を垂れることは簡単ですが、そうしている間にも、当事者意識を持って危機を解決する人間は着実に前進していきます。こういった人が、顧客ニーズをつくりだし、本当の意味で後世の人々から感謝される存在となるのです。

人間は小さな存在に過ぎず、自然災害などの大規模で突発的な事態には抗えるものではありません。だからこそ、謙虚さを忘れずに当事者意識を持って行動することが欠かせないのです。

チェックリスト

- □ 突発的で不可抗力な出来事に対して、不平不満を垂れていないか？
- □ 起こった危機を人のせいにせず、当事者意識を持っているか？
- □ どうしたら問題を解決できるのか、という視点で考えているか？

File

09

「行動と価値観の変化」を正しく捉え、リスクをとって危機突破

伊勢丹

Isetan Mitsukoshi Holdings Ltd.

"How to overcome the crisis through V-shaped recovery?"

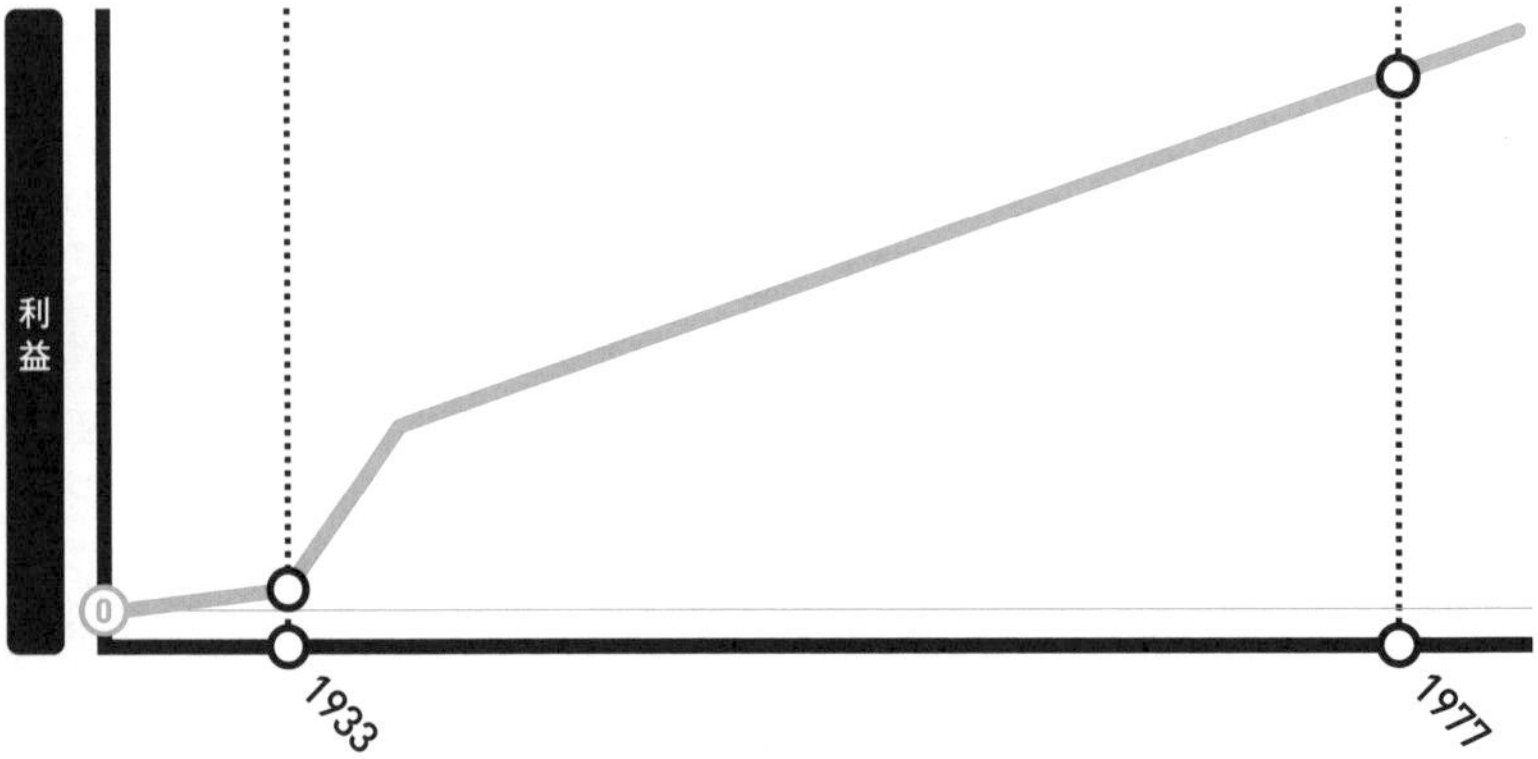

1886	東京神田に伊勢屋丹治呉服店を創業
1923	関東大震災により店舗が全焼
1925	神田の集客力低下により経営難へ
1930	社運をかけて新宿三丁目に店舗移転を決断
1933	伊勢丹本店を新宿に開業
1977	高収益の百貨店として賞賛される

１９９０年代以降の小売業界では、専門店が台頭し、百貨店のような「何でも扱う」という業態は「たそがれの時代」を迎えています。しかし１９８０年代までの百貨店は、日本における「小売業界の雄」に他なりませんでした。同じ商品であっても、百貨店の包装をするだけで高く売れる時代であり、百貨店で買い物をする行為はステータスの１つだったのです。

なかでも強い集客力を誇ったのが、東京の新宿三丁目という日本有数の繁華街に店舗を構える「伊勢丹」です。１９７０年代以降、伊勢丹は集客力を誇り、老舗・三越を上回る利益率を確保していました。多くの百貨店が苦戦を強いられた２０００年代においても、伊勢丹の新宿本店だけは強い集客力を維持していたのです。[*1]

このように、百貨店の中でも異例の強さを誇る伊勢丹の新宿本店ですが、実はかつて、経営危機を迎えたことがありました。このチャプターでは、時計の針を１００年ほど前に戻して、伊勢丹が迎えた大きな危機と、危機克服後、今に至るまで百貨店を牽引し続ける強さを獲得した経緯を見ていきましょう。

突然降りかかった天災とそれに伴う人々の行動変容、そして長年続くブランドの確立について、現在にも通じるヒントを見ることができるはずです。

［＊1］２００８年に三越と伊勢丹は経営統合して三越伊勢丹ホールディングスが発足。百貨店の名門企業も業界再編が避けられない時代に突入した。

危機前夜

緊急事態に、東京の人々の動きが大きく変わる

明治時代以降、東京は、天災や戦争を経ることで、その都市構造を何度か大きく変化させて発展してきました。1923年、大正時代に起こった「関東大震災」もまた、東京の都市構造に大きな変化をもたらした天災の1つです。

関東大震災が起こる以前は、「東京に暮らす」というと多くは東側、隅田川周辺に集中していました。理由は、大正時代まで東京の物流網の主役が「水運」だったからです。自動車や鉄道網はそれほど発達しておらず、大量の物資を安く輸送するためには「水運」が重宝されていました。このため、物資が集まる隅田川や、隅田川から派生する無数の運河沿いに倉庫が立ち並び、人々の生活必需品も運河沿いで調達されていました。その周辺で、多くの人たちは生活を営んでいたのです。

このように関東大震災以前の東京の繁華街は、「水運」に根ざした土地でした。例えば隅田川に沿って、浅草、両国、日本橋が東京随一の繁華街として成長し、加えて隅田川に通じる神田川沿いも、物流の要衝として栄えました。

東京の東側に人々の生活圏があったのが、関東大震災前の東京の日常だったのです。

ところが、1923年、関東大震災によって隅田川沿いの繁華街は壊滅的な被害を受けます。東京の東側一帯はほぼ火災によって焼失。日本橋、浅草、両国といった繁華街も例外ではありませんでした。震災による死者は推定10万人ですが、このうちの9割以上が火災で亡くなったといわれています。当時の東京は木造建築が主体で、このことが、火災の被害を増大させた要因でした。

このような非常事態を経て、東京の人々は、建物が密集した東側ではなく、当時は田んぼや畑が広がる「田舎」であった西側に移住を始めました。人々が目指したのは、現在の渋谷区、新宿区、豊島区、大田区などです。

さて、折しも同じ頃、人々の生活を大きく変える技術発展が起こりつつありました。それは、首都圏における私鉄網の充実です。

1923年には東急の最初の路線となる目蒲線(目黒〜田園調布〜蒲田)が開業し、それまで筍の名産地だった大田区での宅地開発が急増します。また1927年には、小田急電鉄(新宿〜小田原)が開業し、大根畑が広がっていた世田谷区の人口も急増しました。

このように、鉄道というイノベーションによって、東京の郊外が「農作物の生産地」から「都心に通勤する人が暮らす街」に変化し、人々の暮ら

[*1]「東京ステーション物語」新宿歴史博物館。なお、池袋駅の開業は1903年。

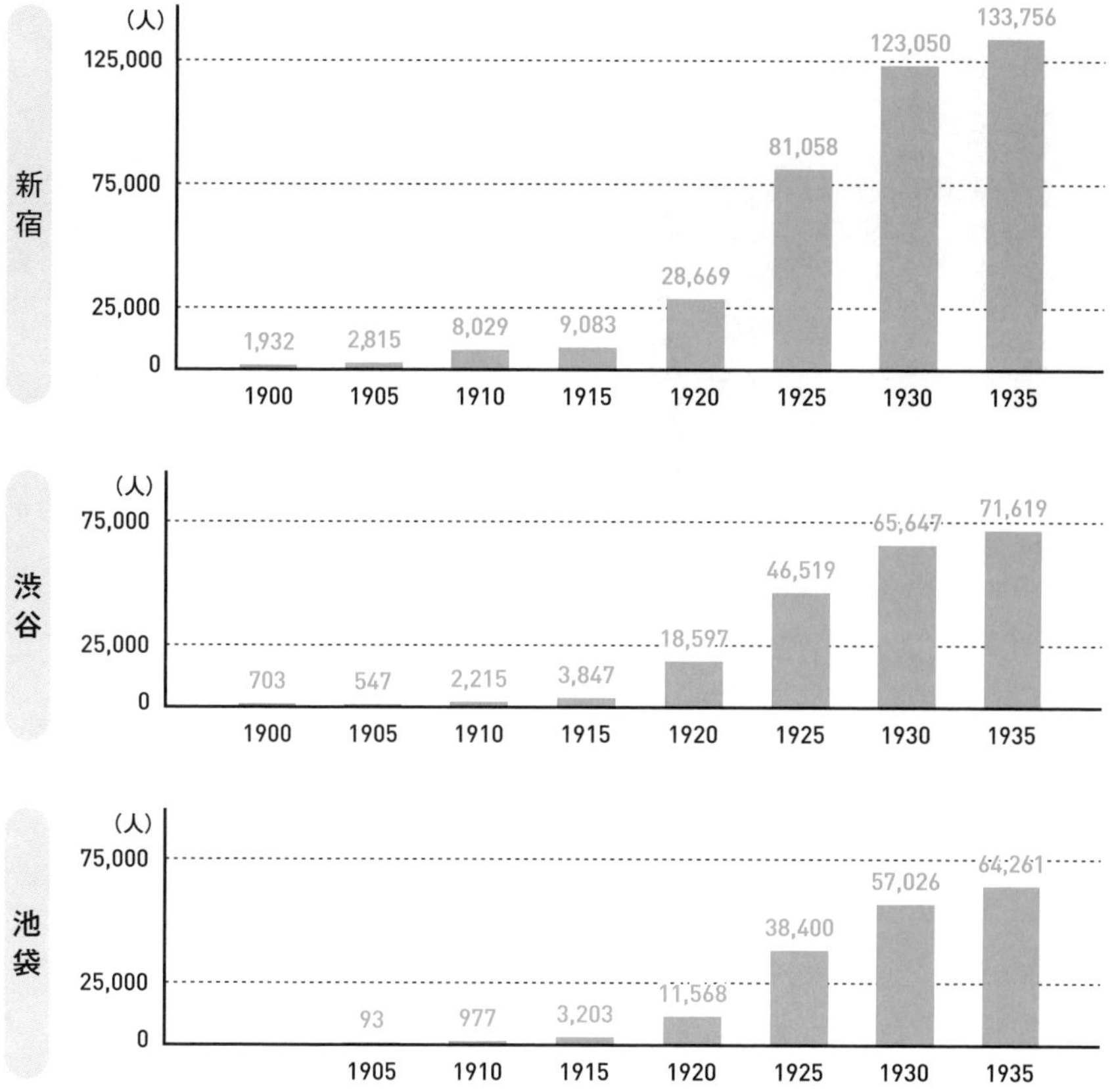

▶ 新宿・渋谷・池袋国鉄駅の乗降客変化（1日平均）*1

しもまた大きく変化していったのです。[*2]

こうして、関東大震災を機に郊外の開発は西へ西へと進み、１９６０年代には多摩田園都市、１９７０年代には多摩ニュータウンなどの、まったく新しい街が続々と誕生します。東京の西側への移住は長期的な社会変化として定着し、２０００年代に東京の都心回帰が叫ばれるまでの大きな潮流となりました。[*3]

その潮流の中で繁華街として栄えたのが、新宿、池袋、渋谷です。いずれも東京郊外の私鉄のターミナル駅であり、郊外に移住した人々を迎え入れる街として発展を遂げていきます。[*4]

「迅速な震災復興」がまさか、経営危機の引き金に

伊勢丹の歴史は、１８８６年（明治時代中期）に初代小菅丹治《こすげたんじ》氏が東京の神田旅籠町に「伊勢屋丹治呉服店」を創業したことに始まります。前述のように、当時の東京は「水運の街」であり、伊勢丹は神田という一大繁華街で順調に商売を続けていました。そして１９２３年に関東大震災が起こると、伊勢丹も例外なく焼失の憂き目にあいました。

［＊2］関東大震災の前後に、東急、小田急、京王、西武といった当時のベンチャー電鉄会社が続々誕生し、当時の人口移動を追い風に急成長を遂げた。

［＊3］都心回帰の流れで急成長したのが「森ビル」である。

［＊4］対照的に、従来の東京の繁華街であった、浅草、両国、日本橋、神田といった土地は急速に廃れることとなった。1970年代の浅草は「ゴーストタウン」とさえ言われている。

しかし伊勢丹の震災からの復興は迅速でした。震災からわずか1年後には、焼失という被害に教訓を得たコンクリート造りの店舗で、営業を再開することとなったのです。[*1] こうして伊勢丹は、関東大震災という未曽有の危機を乗り切った……かのように見えました。

ですが、現実は予想外の方向に動きます。再建した神田の店舗への客足が、震災以前と比べて明らかに鈍っていたのです。関東大震災以降は、東京に暮らす人々は「郊外への移住」を進めたために、従来の繁華街であった神田という土地の集客力が低下していたのです。

震災前の繁華街の中でも、神田の凋落は特に著しいものでした。[*2] それは、同じく震災前の繁華街である浅草には映画という娯楽があったのに対し、神田にはこれといった娯楽もなかったからです。この神田の凋落ぶりは、1925年には258店存在した呉服商が、1929年には148店、1932年には102店へと、急速に姿を消していったことからもうかがえます。震災後、わずか10年にも満たない間に、半数以上の呉服商が姿を消してしまうという非常事態でした。

このような「人の流れの変化」によって、神田でいち早く頑丈な店舗を建設し、営業を再開した伊勢丹は、かえって、経営危機に陥ることとなりました。

［＊1］震災前の伊勢丹は呉服店だったが、震災後は百貨店として生き残りを図った。

［＊2］神田の場合は万世橋駅の廃止も大きく影響した。震災前の神田は国鉄と路面電車の乗り換え拠点として発展したが、震災後は都市交通形態の変化によって乗り換え機能を失ってしまう。

リスクをとって「これから栄える場所」に社運をかける

> せっかく新店舗をこしらえたのだからとか、父祖の地を捨て去るのも惜しいとか、店内にもむろんいろいろな意見が出た。けれども、私はこの際商売が生きるか死ぬかの瀬戸ぎわで、父祖伝来の地もハチのアタマもあったものか。とにかく、一刻も早くすみやかにこの地を捨てて、しかるべきショッピングセンターに進出しなければならぬと決心のほぞをかためた。地の利をかるくみたミスは、どうしても、この大英断で救う他に道はなかったのである。[＊1]

さて、短期的な「復興」を焦り、「震災後の人々の移動」という構造変化を見落として経営危機に陥ってしまった伊勢丹を再建したのが、創業家の2代目小菅丹治氏です。本項の冒頭の発言は、創業の地・神田を捨てて新しい土地で再起を図る際、小菅氏が吐露した心情です。「地の利をかるくみたミス」という言葉からも、小菅氏が立地選定の間違いを大きく後悔したことがうかがえます。

こうして小菅氏が選定した新しい土地が、新宿でした。新宿に決めるにあたっては、東京の繁華街の交通量を調査し、判断材料にしたといいます。

［＊1］『伊勢丹百年史』49ページ

しかし、震災後、コンクリートで神田に新店舗を開業し、経営難に陥っていた伊勢丹は、資金調達に苦しみます。小菅氏は生命保険会社や財界の有力者に対して出資を懇願しますが、芳しくなかったといいます。ようやく見つけた出資者も「拝むようにお願い」をして引き受けてもらったというのが現実でした。それほどに、当時の伊勢丹の信用力は乏しく、また、新宿の発展は懐疑的に思われていたのです。[*2]

1931年、当時、新宿三丁目にあった路面電車の車庫の敷地の一部が東京市から売り出された際に、小菅氏は競争入札にあたって、自分の息子に、

「もしこれに失敗したら、おまえは小僧にいかなければならない。いまから覚悟していてくれ……」[*3]

と言って聞かせたといいます。小菅氏は、持ち得るほぼすべての資産を投じて入札に挑みました。こうして得たのが、今現在、伊勢丹が店舗を構える土地です。

そして1933年、伊勢丹は売り場面積1万8470㎡の本店を新宿三丁目に開業し、新天地である新宿での再起を図りました。新宿の老舗百貨店・伊勢丹には、このようなリスクをとった決断の歴史があったのです。

[＊2] 関東大震災直後は「銀座」が次の大繁華街に発展するという意見が多かったことがポイント。震災直後、三越や松坂屋などの同業他社は銀座への進出を果たしている。

[＊3] それまでの小菅家は裕福な家であったが、新宿への出店に失敗すれば全財産を失うことを意味していた。小僧になるとは、人に使われて働くということで、家が没落することを意味した。

どのような攻めに転じたのか?

土地の成長が、事業の成功を後押しする

さて、小菅氏の読み通り、新宿という土地は郊外の発展とともに、人が集まる繁華街として発展を続けていきます。関東大震災から約半世紀を経た１９７２年には、国税庁が実施する地価の評価額で、新宿が銀座を抜くという快挙も成し遂げました。当時の「読売新聞」は、

「日本一高い土地は、東京・銀座というのが常識だったが、こんどの調査で初めて、新宿がトップにおどり出た[＊1]」

と報道しています。東京の人々の西側への移住によって、繁華街の覇権が交替した瞬間でした。

その「街の集客力」に後押しされて、新宿進出後の伊勢丹も、順調に業容を拡大していきました。店舗の増床にも積極的で、新宿進出直後の１９３５年に隣接する百貨店「ほてい屋」を買収することで増床を果たしたほか、１９５０年代には追加で売り出された路面電車の車庫跡地を買収することで、伊勢丹の本店は新宿三丁目に広大な土地を確保しました。

こうして、新宿という人の集まる土地で、巨大店舗を構える伊勢丹は、百貨店業界における急成長企業となり、１９７０年代には百貨店業界にお

[＊1]「地価日本一・新宿が銀座を抜く」（「読売新聞」1972年1月8日 1面）

ける屈指の高収益企業、「優良会社」[*2]として知られるようになったのです。新宿に集中投資する伊勢丹は「〝1店〟豪華主義」として注目を浴びます。

冒頭でもお話ししたように、1990年代以降の百貨店業界は、専門店の台頭によって苦境に陥り、伊勢丹も2007年に三越との経営統合を決めるなど、業界には暗い影が差し込みました。

しかしその後も伊勢丹の新宿本店の強さは健在で、2014年時点での売上高は約2600億円、営業利益推定約200億円を計上しています。[*3]そがれの百貨店業界を牽引する存在として、今なおその地位を保っているのです。

［＊2］「いま試される〝健康優良児〟の総合力」（「日経ビジネス」1977年7月18日号）

［＊3］「常識破る改装、新宿躍進」（「日本経済新聞」2014年3月4日　13面）

〈その他の参考文献〉
・『伊勢丹百年史：三代小菅丹治の足跡をたどって』（伊勢丹広報担当社史編纂事務局編纂）
・「新宿に躍出せんとする伊勢丹」（「実業の日本」1931年8月号）
・「【すぐれた人物・出色の経営】伊勢丹社長 小菅丹治（上）」（「週刊ダイヤモンド」1963年11月25日号）
・「【すぐれた人物・出色の経営】伊勢丹社長 小菅丹治（下）」（「週刊ダイヤモンド」1963年12月2日号）

まとめ

理由があって変化した「人の流れ」は戻らない。構造の変化を見据えよう

関東大震災など、突発的で大きな危機に直面した際、多くの人は、「急いでもと通りに戻そう」と行動します。未曾有の被害に対して、目先のことを優先して生き残りを図る、というのは、合理的な判断といえるでしょう。「1日でも早くもと通りに戻したい」「もとに戻れば、また同じ日々がやってくる」と考えるのが、人間の思考回路だからです。

しかし、未曾有の危機は、しばしば「人々の行動」や「街の構造」を大きく変えてしまうことがあります。関東大震災の場合は「東京の人口が東から西へ移動する」という大きな変化が起こりました。伊勢丹はその構造の変化に気づかず神田の地にコンクリート造りの新店舗を開業し、経営危機に陥りました。このように、危機そのものが去ったあとも、人々の大きく変わった行動パターンが戻ってこないことは往々にしてあります。短期的には危機を乗り切ったとしても、長期的な構造変化を無視してしまうと、ジワジワと経営体力を奪われることになってしまうのです。

このチャプターからいえることは、「街そのもの、社会そのものを揺るがす大きな危機が襲い掛かったときには、目先の復興だけでなく、構造の変化にも気を配らなければならな

い」ということでしょう。大きな危機によって人々の価値観が大きく変わることもあり、この変化に対応できるかどうかが、明暗を分けるのです。

チェックリスト

- □ 目先の危機からの脱却を焦って、大きな変化を見落としていないだろうか？
- □ 人々の価値観は急には変わらないと、たかをくくっていないだろうか？
- □ 勝機に対して、リスクをとって挑戦できているだろうか？

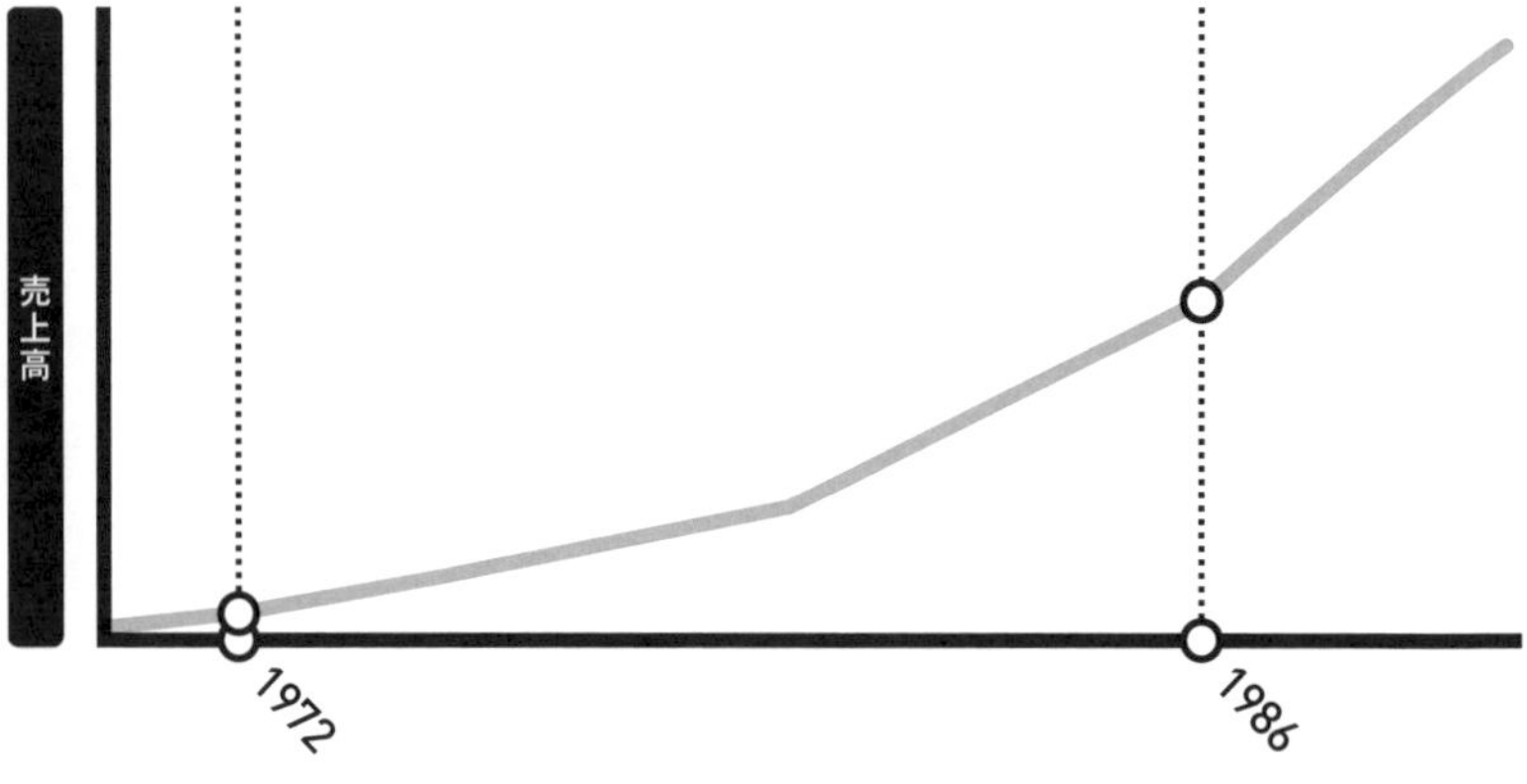

1955 森泰吉郎が森不動産を設立

1972 東京赤坂・六本木の再開発計画を公表、住民が再開発に反対

1979 土地の買収交渉を完了

1986 アークヒルズを開業

1991 森泰吉郎が世界一の富豪と称される

File

10

愚直なコミュニケーションを貫いて危機突破

森ビル

Mori Building Co., Ltd.

"How to overcome the crisis through V-shaped recovery?"

森ビルは、東京・港区を中心に不動産を所有し、「アークヒルズ」「六本木ヒルズ」「虎ノ門ヒルズ」「表参道ヒルズ」といった「街」を創造する不動産会社です。いずれも、時代を象徴する街として様々なメディアに取り上げられており、２０００年代には「ヒルズ族[＊1]」という言葉が生まれるなど、森ビルは時代を先駆けた街づくりを主導してきました。

森ビルが手掛けた街や建物を見ると、森ビルは「センスのよい不動産会社」であるだけのように思われますが、その評価は一面的です。森ビルの再開発には地域住民との合意の形成が必要で、時には住民による「再開発反対運動」への対処を迫られたこともありました。現在はヒルズとして再開発された街も、それぞれ、森ビル進出以前は住宅街が広がっており、多くの人々が生活を営んでいた地だったからです。

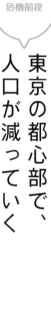

このチャプターでは、そこに住む人々の反対運動を危機と捉え、森ビルがどのようにそれらを乗り越えたのかを見ていきます。

【＊1】ヒルズ族：ITベンチャーや投資ファンドなどを中心とした、六本木ヒルズ森タワーに本社を置く企業の代表者や、六本木ヒルズ内の住宅棟（六本木ヒルズレジデンス）の住人を指す言葉。

東京の都心部で、人口が減っていく

２０２０年現在、東京の都心部は人口が増加し続けています。いわゆる

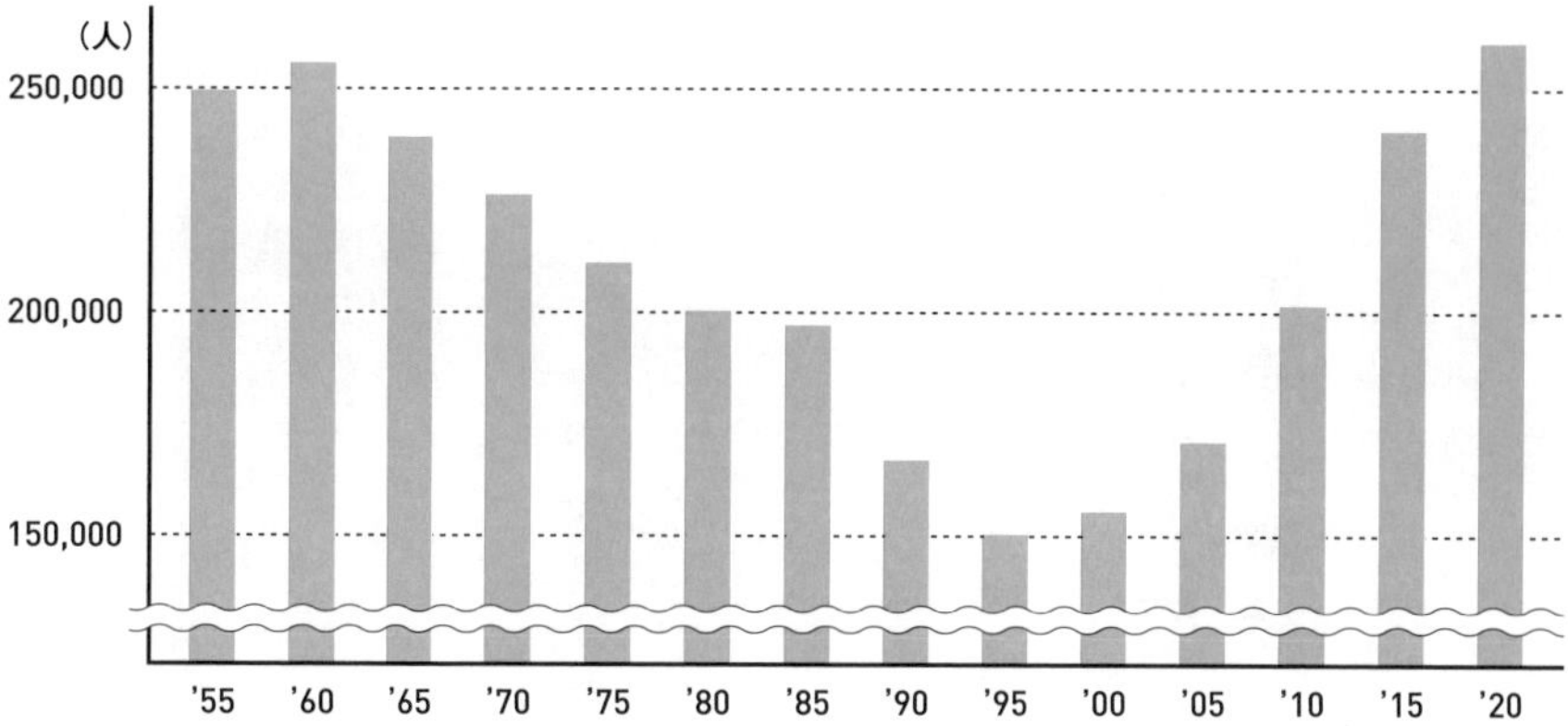

▶ 東京都港区の人口の変化[*1]

「都心回帰」という人口増加の長期的なトレンドの渦中にあり、タワーマンションの建設が相次ぎました。港区の場合、１９９５年は約15万人だった人口が、２０２０年には26・０万人に増加しています。わずか20年強の間に東京都心部の人口は激増したのです。

　ところが、歴史を振り返ると、都心回帰はここ20〜30年のトレンドであり、それ以前は人口減少という状況が続いていました。１９６０年時点の港区の人口は25・６万人であり、２０２０年とほぼ同じ水準です。つまり、東京の都心部は１９６０年頃から徐々に人口が減少に転じ、１９９０年代に底を打ち、以降は都心回帰によって人口が増加した、というダイナミックな動きになっているのです。

［＊1］港区のホームページをもとに作成

なお、人口流出を象徴するのは、「小学校」の統廃合でしょう。ほとんどの人口流出は、成人の中でも若い世代から始まります。そのため、若い親世代の子どもたち――児童数も連動して、減少が顕著になるのです。

事実、東京都心部で小学校の統廃合が大きな話題になったのは、1960年代の後半[*2]でした。この頃、「ドーナツ化現象[*3]」という言葉も話題になるなど、まさに都心から人がいなくなっていきました。

これに対し、日本政府は1969年に「都市再開発法」を制定します。この法律は、都市部の人口流出を食い止めるために制定されたもので、再開発に当たって地権者の3分の2の賛同が得られれば、残りの3分の1の地権者が反対していても、権利変換ができるという強い効力を持っていました。日本政府は、都心部における大規模再開発を進めることで、ドーナツ化現象を食い止めようとしたのです。

［＊2］1966年、東京千代田区立神竜小学校（神田）が廃校となったことで、都心部の人口流出が社会問題として取り上げられるようになった。

［＊3］都心部に住む人々の多くが、値上がりした港区などの土地を売却し、世田谷区や杉並区などに移住した。

住民の大反対により再開発継続の危機に直面する

都市再開発法の制定は、言い換えれば大規模な再開発が実施しやすい時代の到来でした。その時代の潮流を敏感に感じ取った経営者が、森ビルの

10 森ビル
Mori Building Co., Ltd.

設立者・森泰吉郎氏[*1]です。

1955年、森氏は森不動産を設立してビル経営に参入し、1960年代を通じて港区の虎ノ門や西新橋といった地区に、大量のオフィスビルを建設していきました。森氏は、不動産業界のベンチャー経営者でありながら、港区に集中して土地を所有することで、誰よりも土地事情に精通した不動産のプロでもあったのです。

1960年代までの森ビルは、先祖伝来の大家業によって所有していた長屋を、近代的なオフィスビルに刷新することで業容を拡大していきました。つまり、どちらかといえば、東京都心部を「人が住む街」から、「働くための街」に変えていった企業――都心部からの人口流出を促す企業でした。

しかし、1969年に「都市再開発法」が制定されたことを受け、森氏はその経営方針を転換させます。旧来の住宅地をオフィスビルにしていくのではなく、住宅（マンション）とオフィスの両方を兼ね備えた「職住近接」の空間として再開発することにしたのです。

都市再開発法によって、大規模な面積の土地を確保できるようになることを見越したうえでの方針転換でした。

そして1967年には現在のアークヒルズが存在する赤坂・六本木地区[*2]

［＊1］森泰吉郎氏：家業の地主業を引き継ぐ形で不動産業を始めた。東京・港区に土地を持つことから、「港区の大家さん」と呼ばれた。

［＊2］現在の赤坂1丁目から六本木1丁目にまたがる区域。坂道が多く、道幅が広く取れない土地だった。森ビルの土地の買収は、この地区の「高島湯」という銭湯のあった場所から始まった。

に着目し、秘密裏に土地買収をスタートさせました。この地区は、関東大震災の被害も軽微だったため、木造住宅が密集していて道幅が狭く、防災上の問題点が指摘されていました。いずれは再開発が必要と目されていた土地に、まずは目を付けたのです。

１９７２年になると、東京都が「赤坂・六本木地区」における再開発の必要性を公表し、再開発計画が世の中に認知されることとなりました。そこで森ビルは、民間企業として、当該地区の再開発に名乗りを上げたのです。日本で初めての民間企業による都市の大規模再開発は、こうして幕を開けました。

ところが、この森ビルによる再開発の計画に戸惑ったのが、該当地区の住民でした。それはもっともなことで、この地区の住人からしてみれば、長年、平穏に暮らしていたところに、突如として「企業による再開発」という前例のない計画が通達されたようなものでした。そのため住民の一部は、森ビルの計画に反対し、

「インベーダー森ビルは出て行け」

「押しつけ再開発粉砕　住民本位の街づくりを」

といったビラを配ることで抵抗。森ビルの再開発はストップすることとなりました。[*3] 再開発計画の公表から3年を経ても、土地の買収はまったくといっていいほど進まなかったのです。

［＊３］『ヒルズ 挑戦する都市』（森稔著）

こうして、森ビルは社運をかけた再開発がまったく進まないという危機的な状況に陥ります。では、森ビルはどのように、この危機的な状況を突破したのでしょうか？

「一生の仕事」として小さな信頼を積み重ねる

苛烈な反対運動に対して森ビルがとった方針は、住民とのコミュニケーションと、そして時間がかかってでも最後まで再開発をやりきるということでした。当事者の森氏は、
「ここは自分の一生の勝負どころだ。これまでの自分の人生の総決算であり、これからの会社の将来の布石だ[*1]」
という覚悟を決めます。

そして、まず「赤坂・六本木地区だより」という4ページの小冊子を発行することに決めました。地元の話題や再開発の情報などが月に2回、発行され、森ビルの社員によって開発に該当する地区の住民に配布されました。この小さな取り組みによって、まずは森ビルと地域住民とが顔を合わせる状況をつくりだします。

また、その冊子の編集方針として、あえて「反対意見や森ビルに都合の

［＊1］「『ビルづくり』から『街づくり』に飛躍する森ビル」（「財界」1984年10月号）

悪い意見こそ、どんどん載せるべき」[*2]と掲げました。この結果、当初は冊子を捨てていた反対派の住民も徐々に目を通すようになり、森ビルと住民との間のコミュニケーションが重ねられていきました。

次に森ビルが行なったのは、地域住民が集まるイベントを企画することでした。再開発地区で買収した銭湯の跡地を整備し、住民向けの広場をつくって「椿三十郎」や「男はつらいよ」といった名作映画を流すことにしました。この映写会では、再開発の必要性や、防災の重要性などを啓蒙する映像も流されたようです。こうして住民と森ビルの間の接点を増やし、また再開発の考えを住民に浸透させていきました。

さらに、森ビルの社員も、地域コミュニティに積極的に貢献しました。例えば特技を持つ社員は「書道教室」「そろばん教室」「合気道教室」などを開いて住民との接点を増やします。加えて、再開発に合意してもともとの住人が転居していった空き家に、森ビルの社員が家族揃って入居することで、地域の防犯対策を兼ねることにしました。

このように森ビルは、社員総出であらゆる方法を尽くして、地域とのコミュニケーションをはかりました。その取り組みを通して、1人、また1人と、森ビルの考えに同意する地域住民が増えていったのです。

それでも、この住民とのコミュニケーションにおいて、万事が順調に進

[＊2]『ヒルズ 挑戦する都市』（森稔著）

んだわけではありませんでした。時に修羅場を迎えることもあったうえ、住民たちも「賛成派」と「反対派」に分断されていきました。再開発を推進する町会長と、反対派の副町会長の間で殴り合いの喧嘩が起こり、森ビルの社員（森稔氏）が、

「代わりに僕を殴ってくれ」[*3]

と仲裁に入る一幕もあったといいます。このようないざこざを経ながらも、あくまでコミュニケーションをとることで、森ビルは住民たちの賛成を集めていったのです。

[＊3]『ヒルズ 挑戦する都市』（森稔著）。ちなみにこの殴り合い事件以後、反対派の副町会長は森ビルに協力的となったという。

東京の最先端をつくるための、地道な戦略

１９７９年、ついに森ビルにとって「運命の日」が訪れます。再開発地区に６００坪の土地を所有する反対派のある人物が森ビルの再開発に賛同したのです。再開発計画が公表されてから、約8年という長期間を経て、森ビルは開発地区の地権者への説得を完了させたのでした。

そして、再開発に関する詳細な計画が発表されることとなりました。そのコンセプトは「赤坂（Akasaka）」と「六本木（Roppongi）」にまたがる土地（結び目：Knot）に、オフィス、ホテル、住居、芸術ホールを併設

するもので、「アークヒルズ（ARK Hills）」と名付けられました。「アークヒルズ」は、１９８６年に開業し、当該地区の再開発事業は完了となりました。アークヒルズにはゴールドマン・サックスをはじめとする外資系金融機関[*1]が入居し、東京におけるビジネス・グローバルの地となりました。当該地区は、災害の恐れのある木造の古い住宅街から、最先端の金融都市へと変貌したのです。

［＊１］当時、外資系金融機関は東京のオフィス難に悩んでおり、アークヒルズの開業は渡りに船であった。

アークヒルズの成功を機に、森ビルは港区の他の地区の再開発事業を推し進めました。１９８６年には六本木６丁目の再開発交渉を開始し、約17年という期間を経て、２００３年に「六本木ヒルズ」を開業しました。２０２３年には、交渉開始から約30年を経て「虎ノ門・麻布台プロジェクト」が竣工予定で、森ビルのまいた再開発という種が花開こうとしています。

このように、森ビルによる再開発は、長期間にわたる住民とのコミュニケーションを愚直に行なうことによって支えられているのです。

〈その他の参考文献〉
・『ヒルズ　挑戦する都市』（森稔著、朝日新聞出版）
・「都会から郊外へ」（「時事新報」１９２５年12月１日号〜12月２日号（神戸大学経済経営研究所　新聞記事文庫　電気鉄道（０５―１１３）より））
・「都心の過疎化・泣きっ面」（「読売新聞」１９７３年３月25日　21面）
・「だれのための再開発・赤坂」（「読売新聞」１９７３年４月18日）
・「森ビル――港区の〝大家さん〟、ビル開発から街づくりへ」（「日経ビジネス」１９９０年９月10日号）
・「森泰吉郎氏［森ビル社長］――土地は３番底まで下降必要　地価税は大規模開発意欲そぐ」（「日経ビジネス」１９９２年３月30日号）

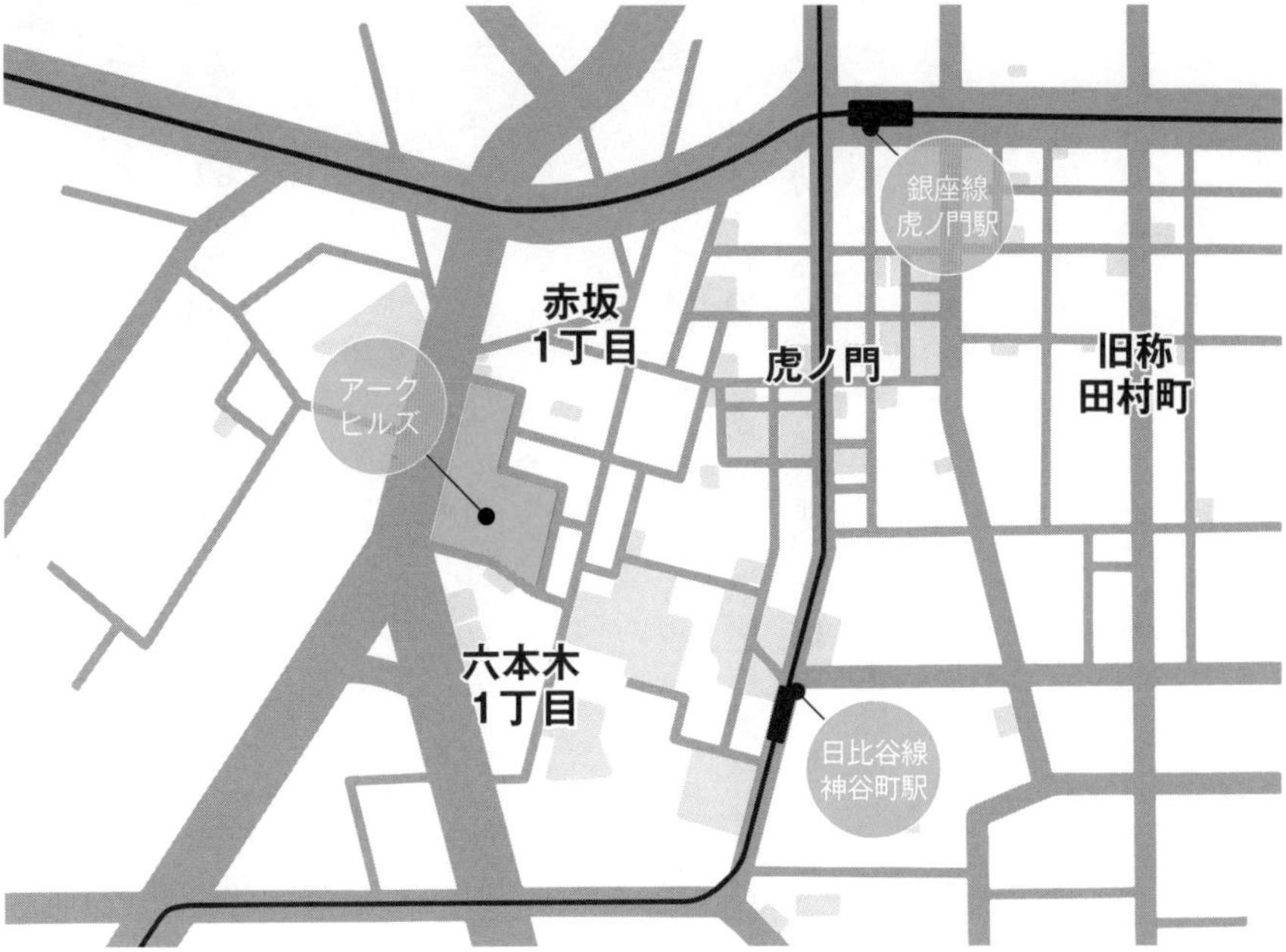

＊着色部分が森ビルグループの所有ビルおよび開発地区（1980年代）

▶ 1990年のアークヒルズ周辺地図

まとめ

ビジネスのライフサイクルによって、見据える時間軸も有効な戦略も変わる

今回のチャプターの危機突破のカギは、「愚直なコミュニケーション」にありました。なぜ、東京の最先端をつくるにあたって重視されたのが、人と人とのつながり——地道なコミュニケーションだったのでしょうか。

その答えは、ビジネスを時間軸という観点から読み解くと見えてきます。

短いライフサイクルのビジネスにおいて重要なことは、「スピード感」です。多産多死の世界であり、成功するまで繰り返す、失敗したらピボット（方向転換や路線変更）する。その連続でビジネスは進んでいきます。この世界では、一気に成長を遂げるものの、一度転落したときのスピードも速いというのが世の常で、下克上が頻発します。

一方、ライフサイクルの長いビジネスの明暗を分けるのは、「長期視点」といえるでしょう。愚直に同じ仕事を数十年続ける忍耐力が必要ですが、達成したときのインパクトが長続きするという傾向にあります。今回取り上げた森ビルのように、地域住民からの信頼は、すぐに得られるものではありません。長い年月をかける必要があり、そのためには愚直さがポイントとなったのです。

このように、ビジネスのライフサイクルによって、ビジネスパーソンが取るべき行動は異なります。昨今「経営にはスピードが重要だ」という風潮が形成されていますが、森ビルのようにライフサイクルの長いビジネスでは「スピード」はそれほど重要ではありませんし、むしろ「スピード」がビジネスを破綻させる要因にもなり得ます。再開発を急げば急ぐほど、地域住民の反発は強くなってしまうからです。森ビルは再開発反対という危機を「アンチ・スピード」によって、乗り越えたといえるでしょう。

世の中の経営トレンドを単純に鵜呑みにするのではなく、まずは自らのビジネスのライフサイクルを見極めることが重要なのです。

チェックリスト

- □「経営にはスピードが必要だ」と盲信していないだろうか?
- □大きな仕事に対して、一生をかけてやりきる覚悟はあるか?
- □大きな仕事を成し遂げるために、小さな信頼を積み重ねているだろうか?

Part 3

3

市場崩壊
顧客消失
時代錯誤
による危機の乗り越え方

Company

File 11 ファーストリテイリング | File 12 ゼネラル・エレクトリック
File 13 ノーリツ鋼機 | File 14 パルコ | File 15 東宝

"How to overcome the crisis through
V-shaped recovery?"

危機があったから今がある!?
田舎の後継ぎ息子が起こした危機突破

ファーストリテイリング

FAST RETAILING CO., LTD.

"How to overcome the crisis through
V-shaped recovery?"

File

11

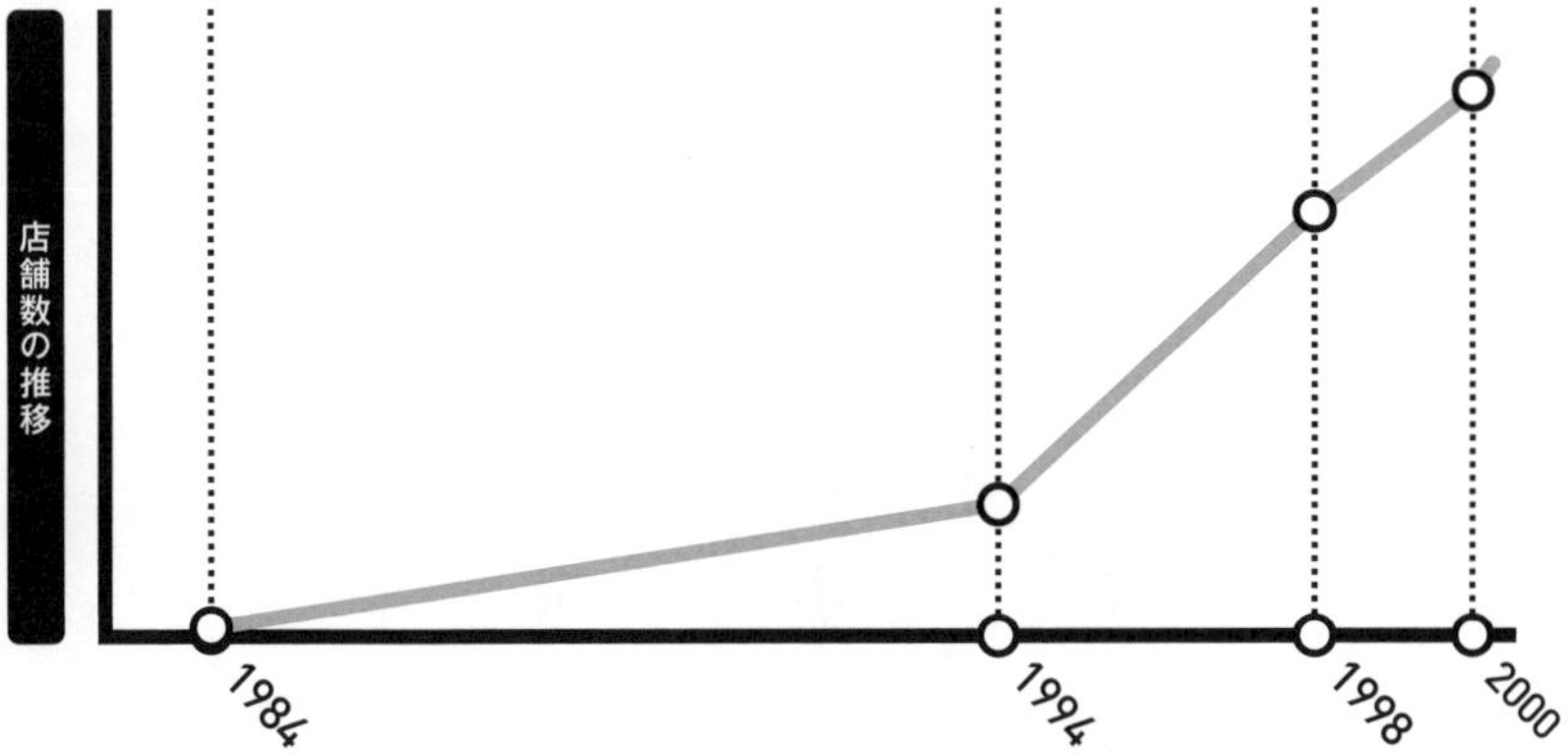

1963 小郡商事を設立

1967 宇部興産が石炭事業の人員削減を決定

1984 ユニクロ1号店を出店

1994 100店舗を突破。広島証券取引所に上場

1998 原宿店を出店し、都心部へ本格進出

2000 日本国内でフリース旋風を巻き起こす

ユニクロを展開するファーストリテイリングは、売上収益約2・3兆円（2019年度）の日本を代表する企業です。2019年8月末時点のユニクロの国内店舗数は817店に対し、海外の店舗数は1379店。現在ではグローバル企業として、世界のアパレル業界を牽引しています。[*1]

ところが、1980年代のファーストリテイリング（当時の社名は「小郡商事」）は無名の企業でした。山口県宇部の紳士服店に過ぎず、経営を担っていた柳井正氏は、どこにでもいるような中小商店の後継ぎ息子でした。宇部ではそれなりに繁盛していたそうですが、グローバル企業どころか、国内でも知る人はほとんどいない「無名企業」だったのです。1984年当時の店舗数は、たったの7店です。[*2]

このチャプターでは、1人の中小企業の後継ぎ息子が「危機」をきっかけにグローバル企業を目指した経緯を検証します。

その危機は「商圏が消滅する」という、小売業者にとっては死刑宣告に等しい危機でした。

［＊1］ファーストリテイリングＩＲ資料「ファクトブック」

［＊2］ファーストリテイリングウェブサイト

危機前夜

「石炭の街」として栄華↓没落し、宇部から人が消える

山口県の宇部市は、「宇部興産」という会社の企業城下町として発展しました。明治時代、失業した武士が、宇部で産出される石炭を採掘したのが宇部興産の始まりです。日本のどこにでもある村の1つであった宇部は、石炭採掘という成長産業に巡り合ったことで、産業都市として歩み始めます。

宇部興産の設立に関わり、同社の発展に尽力した人物に、渡辺祐策氏[*1]がいます。渡辺氏は宇部の人々からは「神様」と慕われたほどの人物で、宇部を盛り立てた最大の功労者でした。

渡辺氏は「宇部百年の大計」という言葉を口癖とし、石炭産業を主体とする宇部興産だけでなく、宇部の街に学校や病院を充実させ、人々に手厚い福利厚生を整備しました。加えて、渡辺氏は宇部興産が石炭を掘り尽くしたときに備えて、山口県で産出する石灰石を生かしたセメント事業を新しく立ち上げ、さらに石灰石から派生する形で化学事業にも参入します。

こうして、宇部興産は渡辺氏の大局観に基づく経営によって、業容を拡大したのです。

［＊1］渡辺祐策氏：1864～1934年。失業武士の救済のために宇部興産の設立に尽力した。

日本経済が石炭を主要なエネルギー源とした1950年代まで、宇部興産は国内屈指の大企業として発展を遂げます。1951年には経済雑誌から「驚嘆すべき宇部興産の実力」[*2]と絶賛されるほどに注目されました。1960年時点の宇部興産の従業員数は1万6529名を数え、日本有数の大企業に発展したのです。[*3]

こうして宇部の街は、豊かに発展していきます。特に、宇部興産の本社があり、石炭採掘の現場に近い国鉄宇部新川駅は、宇部の玄関口として栄え、「銀天街」という商店街が自然発生的に形成されて賑わいました。宇部興産の発展の恩恵を受けて、商店街も隆盛を極めたのです。[*4]

そんな宇部興産の黄金時代ですが、ある日突然、終わりを迎えます。1960年、日本政府が資本自由化の大綱を発表し、原油の輸入自由化を決断したためです。

石炭の代替品である原油の輸入は、石炭産業の死を意味しました。この大きな産業構造の変化は、当然のことながら宇部興産にも影響を与えます。宇部興産は前述の「百年の計」に基づいたセメント事業や化学事業などの新規事業によって企業としての存続には成功しますが、化学事業の本拠地は大阪と千葉であったため、多くの従業員が宇部の街から引っ越していきました。また石炭事業に従事した人員を別の事業で全員雇用することも難しく、宇部興産は炭鉱の閉鎖と従業員のリストラという苦渋の決断を下す

[*2]「産業と産業人」1951年12月号

[*3] 当時の地方企業で、従業員を1万人以上雇用するのは稀。

[*4] 当時、九州と北海道を中心に石炭産業は発展しており、山口県や茨城県にも主要な石炭の産地があった。

年	炭鉱・鉱業所名	現住所	状 況
1963年	本山鉱	山口県山陽小野田市	閉山。582人のリストラ
	沖ノ山鉱	山口県宇部市	524人の希望退職を募る
1967年	宇部鉱業所	山口県宇部市	閉鎖。職員205人、鉱員1945人（別に組み夫425人）のうち、700人を除いた残りの社員は再就職をあっせん

▶ 炭鉱の閉山とリストラ

ことになりました。[*5]

１９６３年からリストラが開始され、10年足らずの間に、宇部興産の従業員数千人が、職を失うという非常事態に陥ったのです。

こうして宇部の街は産業を失い、その発展に暗い影が差し込むようになりました。

［＊５］宇部興産の社内には石炭事業を残すべきという意見もあったようだが、当時の経営陣は復活の見込みがないとして閉鎖を断行した。

どんな危機に直面したのか?

「商店街衰退の波」に飲み込まれる

ここからは、宇部の商店街に目を向けましょう。

前述のように「宇部銀天街」は、宇部興産の本社と宇部新川駅の間に形成された商店街です。この商店街の一角に、「小郡商事」という紳士服店がありました。この紳士服店の経営を任されていたのが、当時20代だった柳井正氏です。

柳井氏は早稲田大学を卒業後、ジャスコに入社しますが、1年も経たないうちに辞めてしまいます。そして山口県の宇部に帰郷して実家の商売を手伝い、商店街にある紳士服店「メンズショップＯＳ」の店主として店を切り盛りしていました。柳井氏が宇部の商店街で真剣に商売をしていたのは１９７０年代で、すでに地元の宇部興産では大リストラが行なわれたあとでしたが、この時点では、まだ宇部の銀天街には活気がありました。メンズショップＯＳは銀天街では繁盛店として知られていたといいます。１９７１年には宇部の銀天街の中心部に6階建ての地方百貨店「大和」が開業するなど、一見すると宇部の街は活気に満ち溢れているようでした。[＊1]

ところが、１９８０年代に突入すると、宇部の商店街の活気が徐々にな

［＊1］1980年代に撮影された銀天街の写真からも、当時はまだ活気に満ちていたことがうかがえる。

くなります。

宇部の銀天街の凋落を決定づけたのが、ロードサイドの発展という構造変化です。当時、多くの街で見られたように、人々が近隣の商店街ではなく、自家用車に乗って郊外の大型店舗で買い物を済ますようになっていきました。昔からの商店街は、車での乗り入れが難しく、徐々に人々が寄り付かなくなっていったのです。

活気が失われる宇部の銀天街において、繁盛店として知られた「メンズショップOS」、そして地元百貨店「大和」もまた、構造変化と商圏の縮小という危機に直面し、時代の趨勢に従うしかありませんでした。[*2]

1984年当時、小郡商事の店舗数はわずか7店。切り盛りする当時30代半ばの柳井氏は「Change or Die」という命題を突きつけられたのです。

地元に向いていた目線を、一気に「グローバル」まで引き上げる

小郡商事が危機突破のために目をつけたのは、グローバル化という潮流と、SPA[*1]というビジネスモデルでした。1980年代には、欧米のアパレル企業が中国で製造することによって「品質のいい製品を安くつくる」ことを実現していました。その欧米企業のやり方を参考に、柳井氏は事業

［＊2］「大和」は1998年に閉店を宣言したが、地元の反対で店舗を縮小しつつ営業が継続され、その後2007年に完全閉店となった。

［＊1］SPA：Specialty store retailer of Private label Apparel／製造から小売までを一手に担う、自社ブランド専門のアパレル業。

をイチからつくり直すことにしたのです。[＊2]

当時、中小企業に過ぎなかった小郡商事がＧＡＰなどの欧米のアパレルメーカーのビジネスの手法を学ぶというのは、異例のことでした。そもそも、宇部の商店街というのは、世界的視点で見ればニッチな商圏です。そこから「世界経済の最適解」を見据えることは異例であり、加えて国内のアパレル企業がグローバルでＳＰＡを実現するという発想は非常識とされました。

もちろん、１９８０年代のアパレル業界にも「グローバル化」という視点は存在しました。しかしそれは、日本で企画・製造した商品を海外で販売すること、ないし、海外の一流ブランドを日本に輸入するというのが主流でした。

当時の国内のアパレルの有力企業であったレナウン[＊3]はその典型で、１９９０年にイギリスで高級アパレルブランドを展開するアクアスキュータム社を約２００億円で買収することで、海外ブランドの日本展開を試みました。このように、日本のアパレル企業の目線は常に、「ブランドの輸出入」にあったのです。

一方、小郡商事の柳井氏は、あくまでもグローバル化する世の中を前提として、現状を捉えていました。「どこで製造すれば、より安くて品質のよい商品を顧客に提供できるか」という視点です。つまり、「ブランド価

［＊２］柳井氏が参考にしたのはＧＡＰなどの当時の急成長企業だった。なお、ＧＡＰが自らのビジネスモデルをＳＰＡと世界で初めて宣言したのは１９８７年である。

［＊３］２０２０年には民事再生手続きに入ることとなったが、１９８１年度の売上高は２０２３億円で日本を代表するアパレルのトップ企業だった。

値」といった感覚値に基づいた「感性の経営」ではなく、製造原価や調達コストを踏まえた「数値経営」によって、小郡商事の復活を試みました。そしてこの取り組みの中で、柳井氏は、経営の勘所が「中国での製造」にあると気づいたのです。

ちなみに、小郡商事が構築しようとした「SPA」というビジネスモデルは当初、国内ではなかなか理解されませんでした。1991年に小郡商事はその社名を、SPA企業であることを連想させる「ファーストリテイリング」に変更しますが、この変更について当時の新聞記者は、

「〝ファーストリテイリング〟という社名だけでは、業態や業種が今ひとつはっきりしません」[*4]

と感想を述べたほどでした。柳井氏が構想した、グローバルな製造・調達体制によるビジネスは、アパレル業界において革新的で、古い業界関係者には理解されなかったのです。[*5]

POSを軸に、サプライチェーンを構築する

小郡商事はSPAを本格的に構築するにあたって、まずは地元山口県のロードサイドにアパレル店「ユニクロ」を開業します。ユニクロではカジュ

[＊4]「日経流通新聞」1994年8月16日　2面

[＊5] 日本のアパレル企業の多くは、SPAの重要性に気づけなかった。その後業績悪化をたどる鈴屋やレナウンなどのアパレル企業がその典型である。

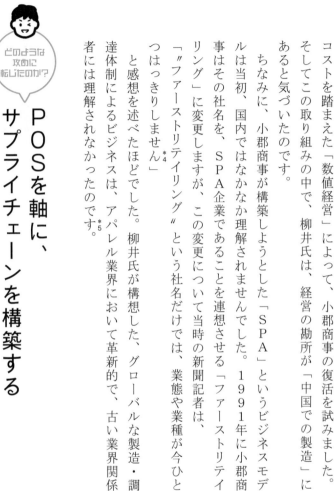

アルファッションを取り扱ったところ、好調な客足を記録することとなりました。柳井氏は、「紳士服店」という宇部の商店街における小郡商事の業態の見直しを図り、「普段着」を主戦場に定めました。

そして小郡商事は、中国での製造および調達を軸としたグローバルでのSPAの構築を始めますが、１９８４年時点の小郡商事には一気にサプライチェーンを構築するキャパシティはありませんでした。

そこで「いつ、どの商品が売れたのか」というデータの蓄積および分析から始めます。データの把握を最優先に掲げ、その全店にPOSを導入しました。POSの導入によって、売れ筋商品をデータで把握することが可能となりました。[＊1]

続いて小郡商事は、中国でのカジュアルウェアの調達体制を整えます。香港に拠点を新設し、中国における製造工場との契約の締結を目標としました。[＊2]

品質のよい衣服を製造できる現地の一流工場には、すでに欧米のアパレルメーカーが契約を締結していたため、当時は中小企業に過ぎなかった小郡商事が契約締結にこぎつけることは容易ではなかったといいます。そこで、柳井氏は「特定品目を大量に発注する（１アイテム数万〜数十万点単位）」ことで、現地の一流工場との契約にこぎつけました。工場にとっては、限られた商品で一定の製造量を確保できることは、大きなメリットだから

［＊1］日本国内では1980年代を通じてPOSが普及した。この時期にいち早くPOSを取り入れて急成長を遂げた代表的な企業が、小郡商事（ファーストリテイリング）、CCC(カルチュア・コンビニエンス・クラブ)、セブン-イレブンである。

［＊2］どの工場と契約を締結したかは、長い間ファーストリテイリングのトップシークレットだった。工場の選定には、それほど重要な意味があった。

です。

ただし、同一商品を大量に発注すれば、その分、リスクを背負うことになります。その商品が万が一売れなければ、ユニクロの店舗に在庫を抱えることになってしまいます。

ここで、すでにユニクロの全店に導入されたPOSが効果を発揮しました。POSを駆使して売れ筋商品を把握するとともに、過剰な在庫を発生させないように値下げを行なって売り切る体制を構築したのです。[＊3]

1990年代のユニクロの広告チラシには、「値引き」を示す文字が多数見られましたが、その背後には、グローバルでSPAを構築するために「特定品目・大量発注」を行なわなければならず、なんとしてでも日本国内で売り切らなければならなかった、という事情があったのです。

［＊3］1995年当時、ユニクロでは毎週月曜日に売価変更会議が行なわれ、在庫を売り切る作戦が練られていた。

このように、ユニクロは在庫リスクを背負いつつもグローバルでの製造体制を整え、日本国内での出店数を拡大していきます。

1991年頃からは西日本地区でのユニクロの店舗展開を本格化させ、1994年には国内直営100店舗を突破します。急速に店舗を拡充することによって、「特定品目・大量発注」によるリスクを緩和したのです。

順調に業容を拡大したファーストリテイリング（1991年に社名変更）は1994年、広島証券取引所に株式上場を果たします。

そして1998年には東京進出の第一歩として原宿店を新設し、全国的

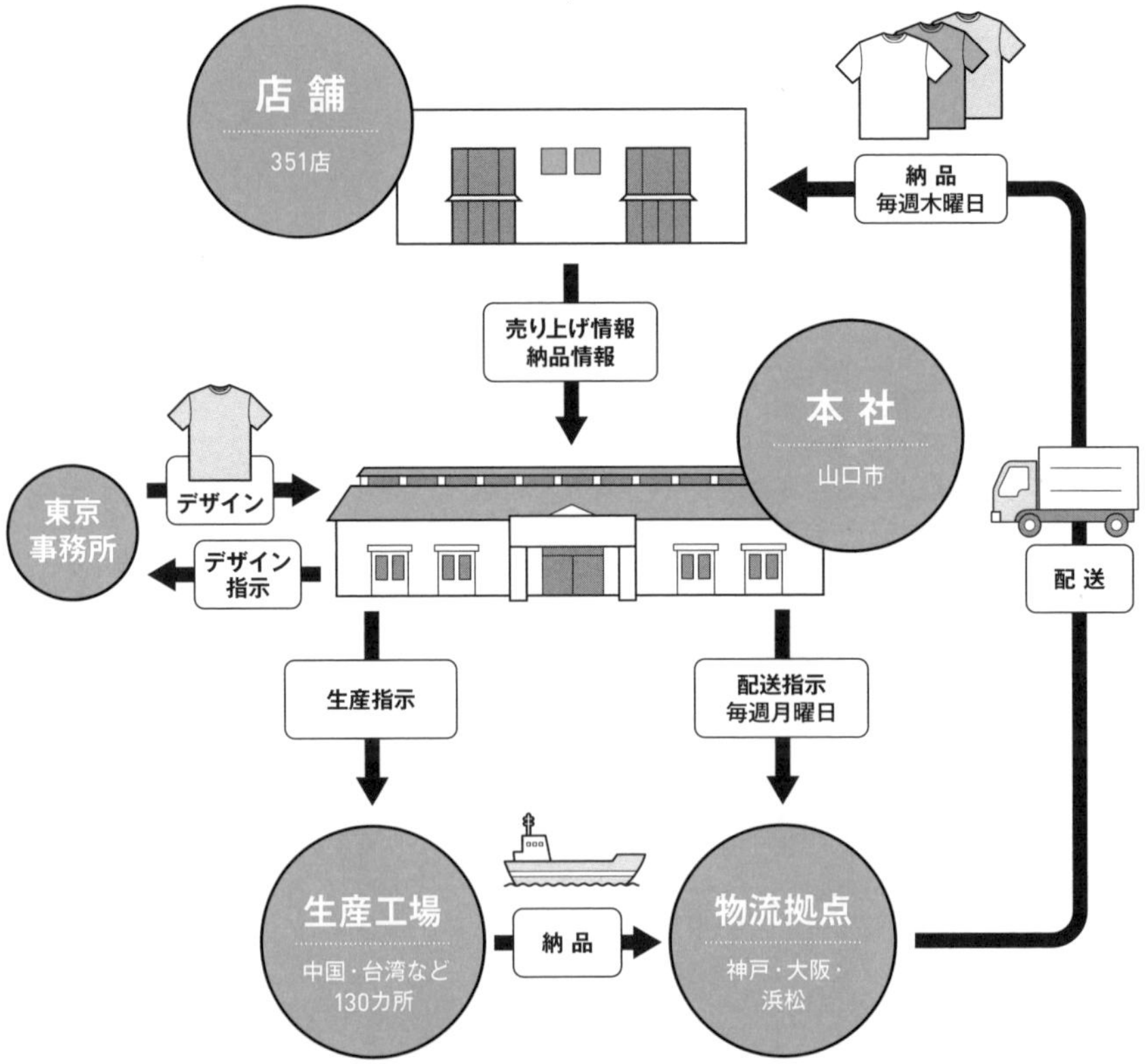

▶ 海外生産と中間コスト削減で、低価格を実現*4

なブランドとして認知されていきます。1999年前後には、「フリース」によって一世を風靡しますが、このときの、高品質で安価のフリースの大量製造・販売にも、「特定品目・大量発注」によるSPAのポテンシャルが発揮されました。[*5] フリースの成功により、ようやく日本のアパレル業界にも「SPA」という考え方が浸透したのです。

ファーストリテイリングの事例は、「商圏の消滅」という危機に対し、世界の潮流を捉えて目線を地元からグローバルに引き上げ危機を突破した好例といえるでしょう。

[＊4]「日経情報ストラテジー」1998年6月号

[＊5] ユニクロのフリース旋風によって危機に陥った企業に「良品計画」がある。

〈その他の参考文献〉
・「合理化案示す」(「読売新聞」1963年1月16日)
・「宇部興産鉱業所閉山」(「読売新聞」1966年8月27日)
・「"昭和六五年度までに商業近代化計画実現を"と"決断"を迫られ岐路に立たされている宇部中心商店街の商業者たち」(「商業界」1985年12月号)
・「第8回　柳井正　ファーストリテイリング　代表取締役会長兼社長　"現代の経営のカリスマ"――ユニクロ・柳井正社長の仕事術とは」(「日経ビジネスアソシエ」2015年2月号)
・有価証券報告書(ファーストリテイリング)

まとめ

「当たり前の足場」が崩れたとき、現状維持にしがみついてはいけない

ユニクロを展開するファーストリテイリングの前身、小郡商事の危機突破から学べることは「現状維持」ほど難しいものはないということです。

当たり前のように顧客が来て商品を購入していく店舗づくりに成功し、事業がうまくいっていたとしても、背後にある前提条件が崩れた瞬間にその商売が成り立たなくなる、というケースは珍しくありません。企業城下町であれば、頼りにしていた大企業が競争力を失ってリストラを余儀なくされることもあれば、自動車の普及によって人口が駅前から郊外に移動するという構造変化もあります。あるいは、パンデミックにより、人々の購買行動が一変することもあるでしょう。

小郡商事の場合は前提条件としていた宇部という商圏の消滅です。商圏の消滅というのは、様々な要素が複合的に重なって起こるものです。そのため、商店街や百貨店といったそれぞれの小売業者が簡単に対処できる問題ではなく、このときの小郡商事にとって、宇部の街から人が消えるというのは、死刑宣告にも等しい危機といえるでしょう。

中小商店に過ぎなかった小郡商事をグローバル企業のファーストリテイリングに育て上げ

た柳井正氏は、「Change or Die」という言葉で変化に対応することの重要性を説いています。

「変化するか、それとも死ぬか」

現状維持にとらわれている限り、未来の繁栄はあり得ないのです。

チェックリスト

- □ 現状維持を当たり前と思い込んでいないか?
- □ 不可逆的な変化に対して、「一時を耐え忍べば、もとに戻るはずだ」と思い込んでいないだろうか?
- □ 目線をグローバルに据えているだろうか?

イノベーションを追求して
危機突破、しかし……

ゼネラル・エレクトリック

General Electric Company
"How to overcome the crisis through
V-shaped recovery?"

File
12

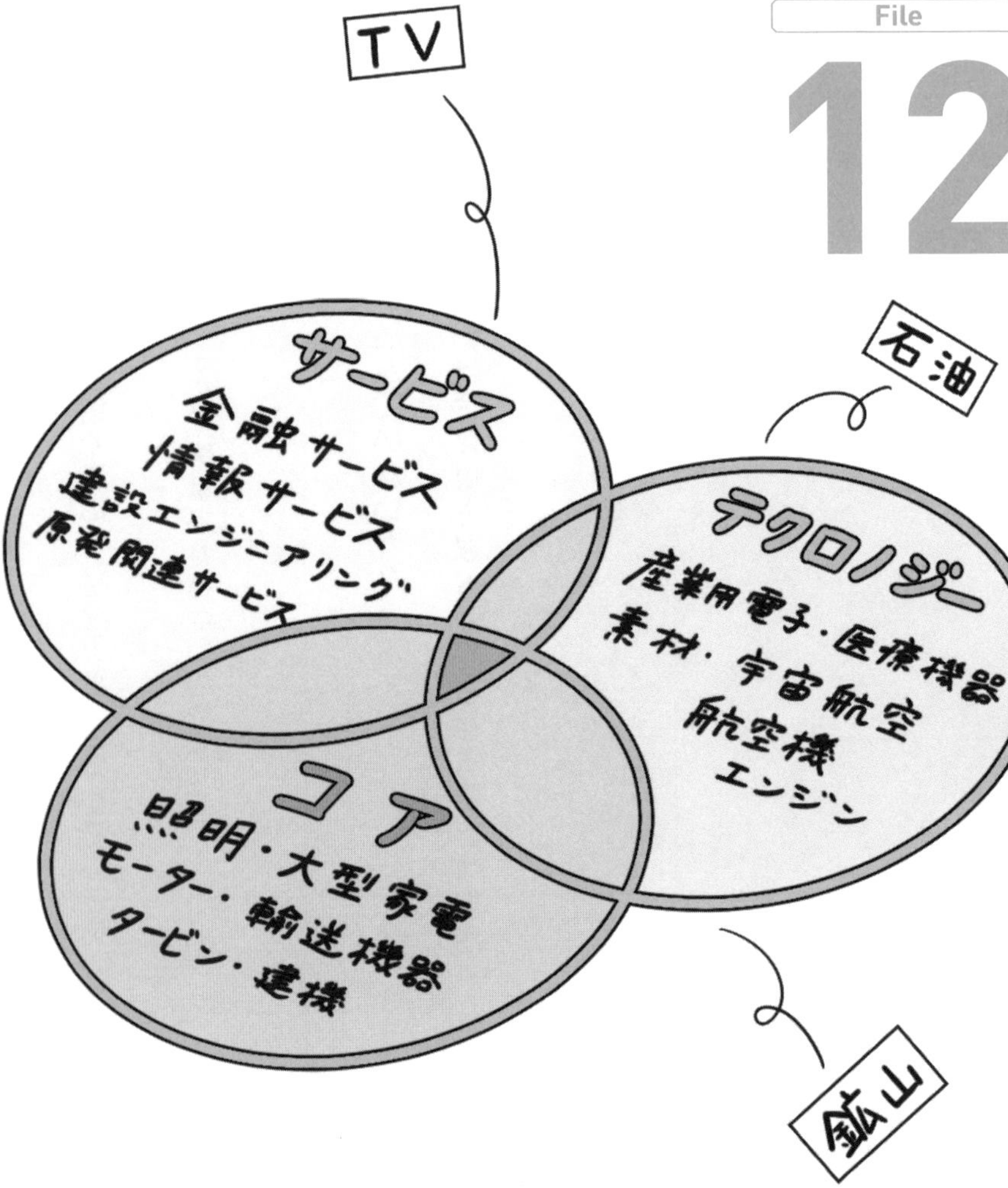

1892　アメリカでGEが創業

1970年代　日本製品との競争にさらされる

1981　ジャック・ウェルチがCEO就任

1987　テレビ事業から撤退、医療機器事業を取得

2001　ジャック・ウェルチがCEO退任

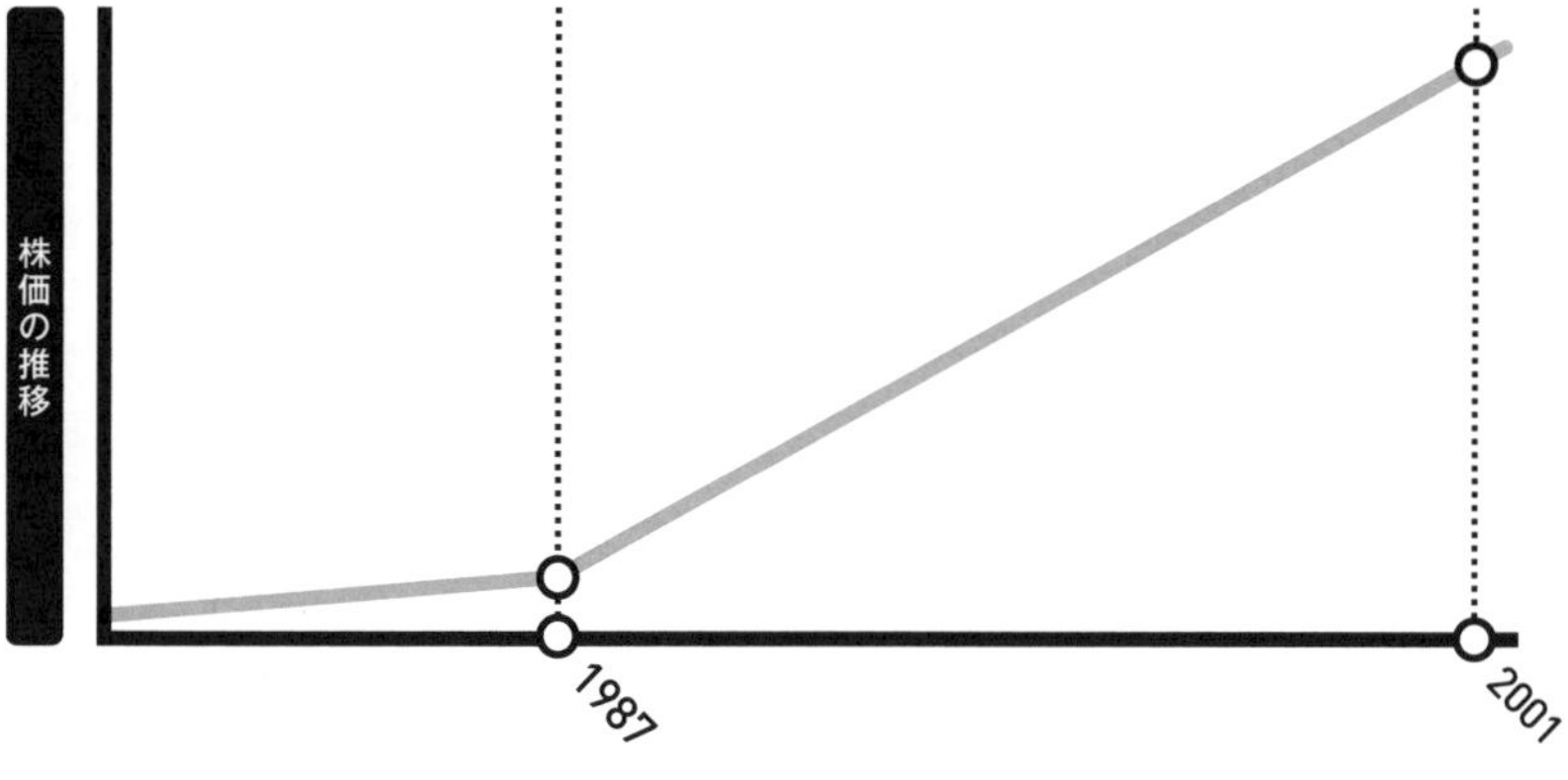

２０１０年代を通じて世界の注目を浴びた絶好調企業は、いわゆる「ＧＡＦＡ」―Google、Apple、Facebook、Amazonなどの企業群でした。いずれもインターネットの普及という猛烈な追い風の中でグローバルに業容を拡大し、すでに人々の生活に欠かせない存在になっています。ＧＡＦＡは、21世紀の初頭に台頭したグローバル企業として、歴史にその名が刻まれるでしょう。

では、20世紀を通じて注目を浴びたのはどういった企業でしょうか？その答えは「電気」に関連する企業です。「電気」の登場は20世紀の人々のライフスタイルを大きく変え、多くの電機メーカーがグローバルに展開しています。その筆頭企業がアメリカに拠点を置く「ゼネラル・エレクトリック（ＧＥ）」です。

このチャプターでは、電気という大きなイノベーションの歴史を振り返りつつ、「イノベーションの枯渇」という危機に直面した20世紀後半のＧＥに焦点を当てます。主人公はジャック・ウェルチ氏という20世紀を代表する名経営者です。

危機前夜

20世紀最大のイノベーションは「電気」

20世紀の人々の生活を大きく変えたイノベーションといえば、「自動車」と「電気」の2つが挙げられます。そのうちの「電気」に関しては、もはやそれなしでは生きていくのが難しいほど、日々の生活に密着しています。

日本において、過去を振り返ってみれば、まず「電灯」の普及が人々の暮らしに大きな変化をもたらしました。電灯がなかった頃、夜は漆黒の闇になり、当然のことながら人間の生産活動は大きく制限されました。ですが20世紀初頭までに「電灯」が普及することによって、各家庭に明かりが灯され、人々の生産活動は夜間にも及ぶようになったのです。[*1]

工場では夜でも人々が働ける環境が整い、生産性が劇的に向上します。加えて、各家庭でも夜間に内職できる環境が整い、編み物などの労働作業によって所得が向上しました。このように、電灯が普及するだけで、人々の暮らし向きが大きく変わったのです。

続いて、日本が高度経済成長期に突入すると「家電製品」の普及が人々の生活をさらに大きく変化させます。1950年代から1960年代にかけて、「三種の神器」と呼ばれる洗濯機・冷蔵庫・テレビが各家庭に普及

[＊1] 1930年代、作家の谷崎潤一郎は『陰翳礼讃』という随筆を発表し、電気のない時代に美意識を見出した。このことからも20世紀初頭には「電気」は人々の生活に欠かせなくなったことがわかる。

しました。

それら家電製品の普及によって、裕福な家庭でなくても家事を機械に任せることができるようになり、女性や子どもを中心に、家事労働に拘束される時間が低減されることとなりました。そして余った時間にテレビを観ることで、人々は家にいながらにして、社会とのつながりを実感できるようになりました。[*2]

20世紀の最大のイノベーションである「電気の普及」は、世界中の企業にも成長機会をもたらします。日本においてはシャープ、三洋電機、松下電器産業（現・パナソニック）、ソニーといった企業が急成長を遂げ、ヨーロッパであればフィリップスやシーメンス、アメリカであればＲＣＡ、そしてＧＥといった企業が急成長を遂げました。電機製品の普及という追い風を受けて、これらの企業は「各国を代表する企業」として認知されるとともに、さらに一部の企業は世界を代表するエクセレント・カンパニー[*3]として賞賛を浴びていったのです。

一見すると永遠に続くかと思われたこれらの電機メーカーの繁栄ですが、現実はそれほど甘くはありませんでした。その後、ほとんどの電機メーカーは、共通したある危機に直面することとなるのです。

［＊2］テレビの普及という一大変化に対して、テレビ局やテレビ製造メーカーは特需景気に沸いた。ただし一方で、映画産業の衰退という影をもたらしている。映画業界に与えた危機については「東宝」のケースを参照。

［＊3］1980年代に世界的なベストセラーとなったビジネス書『エクセレント・カンパニー』（トム・ピーターズ、ロバート・ウォータマン著）では、ソニーやＧＥを「エクセレント・カンパニー」として定義した。

イノベーション産業に訪れた「イノベーションの枯渇」

１９７０年代以降、世界各地の電機メーカーが直面したのは「イノベーションの枯渇」という構造的な課題でした。

１９６０年以前は白黒テレビ、洗濯機、冷蔵庫、カラーテレビ、エアコン、ポータブルラジオといった多種多様の製品が、断続的に新発売されていました。短期間に革新的な製品が次々と誕生したために、爆発する需要に対して供給が追いつかず、電機メーカーは「つくったら売れる」という恩恵を受け続けていたのです。

ところが、１９７０年代に突入すると、以前のようなペースでは、革新的な電機製品が誕生しなくなっていきます。ビデオなど、革新的な電機製品がヒットしたのは一握りで、その他のテレビや冷蔵庫、洗濯機といった家電製品は、「従来よりも性能を少し向上させた商品」の発売が一般的になりました。業界全体が、「買い替え需要」に依存するようになっていったのです。

要するに１９７０年代は、それまで電機製品で続いていた技術革新が徐々に落ち着き、その需要が安定してきたというわけです。[＊1]

［＊１］国内の需要を満たした日本企業は、欧米などの海外に家電製品を輸出することで生き延びることを模索した。１９７０年代には、日本からアメリカへテレビの輸出が盛んになり、貿易戦争にまで発展している。

しかし、供給側の電機メーカーとしては、当然、以前のような成長を志向します。急成長を支えてきた、充実した研究開発体制や生産体制を支えるためにも、成長は不可欠なものでした。

このため、ある有望な分野が見つかると、国内外を問わず何十社もの企業が研究開発に殺到し、厳しい競争にさらされるようになりました。

その典型例が、１９７０年代から１９８０年代にかけて起こった「ビデオ戦争」でしょう。ソニーが打ち出す「ベータマックス」という規格と、日本ビクターが打ち出す「ＶＨＳ」という方式をめぐって熾烈な競争が繰り広げられ、最終的にはＶＨＳが世界標準の規格を獲得することとなりました。しかし、「ビデオ戦争」には勝利したものの、日本ビクターの業績が上向いたのはわずか数年だけで、すぐに再び、厳しい競争に巻き込まれています。[*2]

このように、20世紀を通じて電気というイノベーションは人々の生活を大きく変えたものの、20世紀の終わりに近づくにつれて「イノベーションの枯渇」と「競争激化」という問題に直面するようになったのです。

イノベーションの枯渇への直面は、ＧＥも例外ではありませんでした。

ＧＥは19世紀後半に発明家・エジソンが数々の電機製品を実用化するために設立された会社で、20世紀前半を通じてアメリカ社会に電機製品を供

［＊２］ビデオ戦争は１９８８年にソニーがＶＨＳを発売することを決めて日本ビクターの勝利に終わった。しかしその後のＶＨＳの生産競争で、日本ビクターは１９９３年に２１６億円の経常赤字に転落。２００８年にはケンウッドと経営統合して実質的に消滅した。

給するという重要な役割を担う存在でした。それでも、１９７０年代に入ると変調をきたすようになります。

まずＧＥが変調をきたすようになった大きな要因が、日本の家電メーカーの台頭でした。１９７０年代を通じて松下電器産業やソニーといった家電メーカーは、アメリカへのテレビの輸出を積極化し、ＧＥやＲＣＡ[*3]などの現地生産メーカーに大きな打撃を与えました。円安ドル高という構造の中で、アメリカ企業が日本企業に太刀打ちできる術はありませんでした。

加えて、技術開発でも日本企業との競争にさらされます。イノベーションが盛んに起こっていた頃は、技術開発で一歩先んじることができれば、後発企業とある程度の差をつけることができました。競争になるまでに、ある程度の収益を確保できたからです。ところが、１９７０年代以降は日本企業各社も着実に開発力をつけてきていました。そのため、将来有望な技術分野においても、厳しい競争にさらされることとなったのです。

このような、取り巻く競争環境の激変により、ＧＥの業績も徐々に低迷していくこととなりました。

［＊3］ＲＣＡは世界初のカラーテレビを開発した名門企業。シャープや松下電器産業などの日本企業にも技術ライセンスを付与していた。日本企業との競争で苦境に陥り、1980年代後半にGEに買収される。

名門GEの経営を託された
ジャック・ウェルチ

さて、こうして苦境に陥ったGEに、会長兼CEOとして1981年に就任したのが、ジャック・ウェルチ氏でした。[＊1] 同氏に課せられたのは、厳しいグローバル競争にさらされていた名門企業の再建であり、実際GEはその後、復活を果たすこととなります。

では、ウェルチ氏はどのようにGEを再建したのでしょうか？　その答えは「選択と集中」です。

1980年代のGEの事業は「電気に関わるものなら何でもやる」という構成でした。そもそも、社名の「ゼネラル・エレクトリック」という社名を和訳すると「総合電機」、まさに「何でも屋」を体現する企業だったのです。電球・冷蔵庫・洗濯機・テレビをはじめ、発電機・航空機向けエンジンなど、様々な事業群から構成され、裏を返せば儲からない事業も手掛けていました。さらには、1976年には資源採掘会社を買収するなど「電気」に関わらない領域にも進出していました。

そんなGEに対してウェルチ氏が打ち出した経営方針は、「儲からない事業は売却し、儲かる事業を買収する」というものでした。そのうえで、

［＊1］ジャック・ウェルチ氏：1935年生まれ、1960年にGEプラスチック部門入社、1981年GE会長兼CEOに就任。2020年3月に84歳にて逝去した。

1980年代初頭に、GEは大規模な人員削減に着手しました。

このため、当時は一部で、ウェルチ氏への批判も相次ぎました。売却されると決まった事業は、建物以外に何も残らなかったため「ニュートロンジャック（中性子爆弾）」と陰口を叩かれたといいます。

「世界のトップ事業」への「選択と集中」

さて、ウェルチ氏は「それぞれの事業が世界のトップでなければ生き残れない」という信念に従って、固定費の削減を急ぎました。

そして事業を大幅に入れ替えることを決断します。「世界トップ」であることを条件に、1980年代初頭に「3つの円」という方針を示し、事業の入れ替えを推し進めていきました。

事業入れ替えの象徴が、「テレビ事業の売却」です。1980年代初頭にウェルチ氏が掲げた撤退事業には、すでに「テレビ」が挙げられており、1987年にはテレビおよび家電事業をフランスのトムソン社に譲渡しました。代わりにトムソン社からは医療機器事業を取得します。このように、「選択と集中」を徹底したのです。[*1]

［＊1］前述の資源採掘会社も利益が出ていたが、「世界トップ」ではないことを理由に1984年に売却された。GEの方針転換を象徴する決断の1つである。

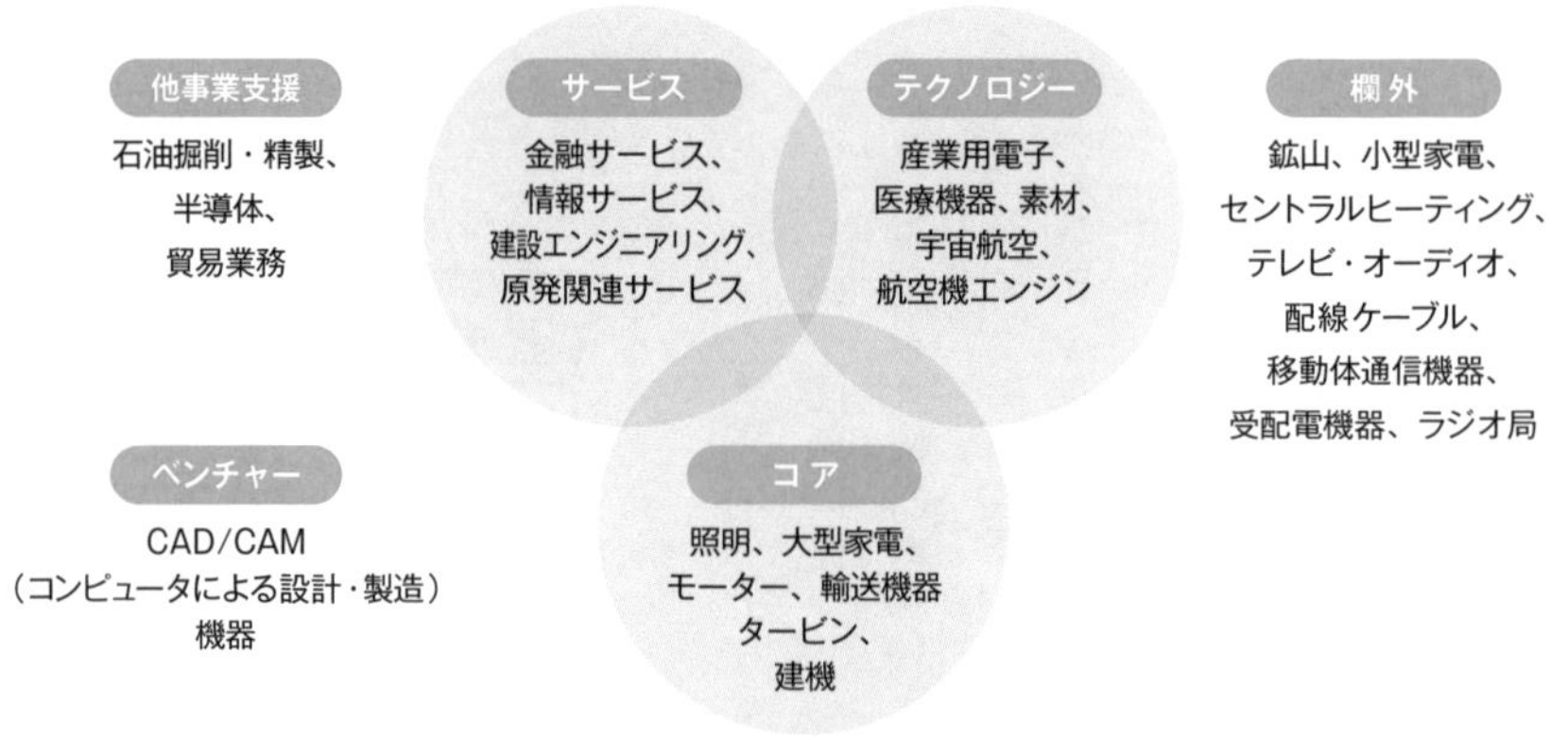

▶ 80年代初頭にウェルチ氏が掲げたコンセプト[*2]

こうして、ウェルチ氏がＧＥのＣＥＯを務めた１９８１年から２００１年までの約20年間に、ＧＥの株価は約30倍に膨れ上がっていきます。また、退任直前の１９９９年にはアメリカの経済メディア「Fortune」はウェルチ氏を「20世紀を代表する経営者」として賞賛。老舗企業のＧＥはグローバル企業として復活を遂げたのです。

今でこそ、ウェルチ氏の打ち出した経営方針は当たり前のもののように思われるかもしれません。しかし、１９８０年代においては、老舗企業が「選択と集中」というドラスティックな経営方針を打ち出すことは斬新でした。いうなれば、このウェルチ氏の経営手腕によって、「選択と集中」がグロー

［＊2］「日経ビジネス」1994年2月21日号

バルで注目される経営手法の1つとなったわけです。

その後、日本でもGEの経営手法は賛否両論を生みながらも注目を集め、1990年代の後半から2000年代にかけて、「選択と集中」というキーワードが日本の経営者の間で流行することとなりました。[*3] ウェルチ氏の経営スタイルは、世界の経営者の思想にも大きな影響を与えたのです。

ただし、冒頭でも述べたように、21世紀に突入するとイノベーションの主体は「電気」から「インターネット」にシフトし、2010年代を通じてGEの業績と株価は低迷しています。GEという企業は時代の波に飲まれつつありますが、ウェルチ氏という経営者が同社を再建してグローバル企業に育て上げたことは、紛れもない事実です。同業のRCAやウェスティングハウス・エレクトリックが、単独企業としては早々に消滅したことを踏まえても、GEは電機業界で最後まで健闘した企業といえます。

2020年3月にウェルチ氏は84歳で逝去しました。同氏は「20世紀を代表する経営者」として歴史に名を遺すことになるでしょう。

〈その他の参考文献〉

- 『ジャック・ウェルチ　わが経営（上）』（ジャック・ウェルチ、ジョン・A・バーン著、宮本喜一訳、日本経済新聞出版）
- 『ジャック・ウェルチ　わが経営（下）』（ジャック・ウェルチ、ジョン・A・バーン著、宮本喜一訳、日本経済新聞出版）
- 「ジャック・ウェルチ氏「ゼネラル・エレクトリック会長兼CEO」。小企業の精神を大企業に移せ　組織の壁を取り払い変化に対応」（「日経ビジネス」1994年2月21日号）
- 「ウェルチ　あなたの仕事を破壊せよ　ネット時代、守りが衰退招く――経営20年の総決算を語る」（「日経ビジネス」1999年10月25日号）

[＊3] 1990年代に東芝の経営者がGEの「選択と集中」というスタイルに拒絶反応を示すなど、日本国内でも意見が割れた。

まとめ

イノベーションには「旬」がある

GEという会社と、ジャック・ウェルチ氏から、私たちはいくつかの学びを得ることができます。

その1つが、「イノベーションには旬がある」ということでしょう。メーカーの人や起業を志す人にとって、「イノベーション」というのは、魔法の言葉（マジックワード）です。

「イノベーティブな製品を開発すれば業績は改善する」

「イノベーションを起こして社会を変革する」

……こんなふうに考えたことはありませんか？　イノベーションを枕詞にすれば、どんなにムチャなことでも、それらしく聞こえてしまうという不思議な魅力を持っているのです。

しかし、イノベーションには旬があります。起こそうと思って起こせるものでもなく、19世紀なら蒸気機関、20世紀なら電気、21世紀ならインターネット……という具合に、時代によって分野は推移しています。その分野でしかイノベーションが起こらないわけではありませんが、旬の分野以外でイノベーションが発生する確率はかなり低いといえるでしょう。

また、イノベーションの旬の分野には、その時代を代表する企業が台頭しますが、イノベーションの旬の移り変わりとともに、時代の寵児ともいえる企業も変遷していくのです。

では、移り行くイノベーションの旬に対して、どうすればいいのでしょうか。そのヒントは、ウェルチ氏の経営手法「選択と集中」にあります。旬が通り過ぎ、次第に落ちていく分野に固執していれば、その企業もまた、業績を低下させていくしかありません。旬が終わりつつある場合は、時にウェルチ氏のように、事業から撤退したり、人員を削減するなどの、冷徹な判断を下す必要も出てくるのです。

ビジネスパーソンは「イノベーションの季節」を意識しながら、競争社会を生き抜かなくてはなりません。1つの企業や個人がイノベーションの確率をコントロールすることはできないのです。

イノベーションに対して謙虚にあること。この言葉が、GEのV字回復と、21世紀における苦戦から見えてくるキーワードといえるでしょう。

チェックリスト

- □「イノベーションの旬」を正しく認識できているだろうか？
- □イノベーションが枯渇しつつある場合は、その現実を謙虚になれるだろうか？
- □時には冷徹な判断を下す覚悟があるだろうか？

File

13

市場環境の激変に、事業を総入れ替えして危機突破

ノーリツ鋼機

Noritsu Koki Co., Ltd.

"How to overcome the crisis through V-shaped recovery?"

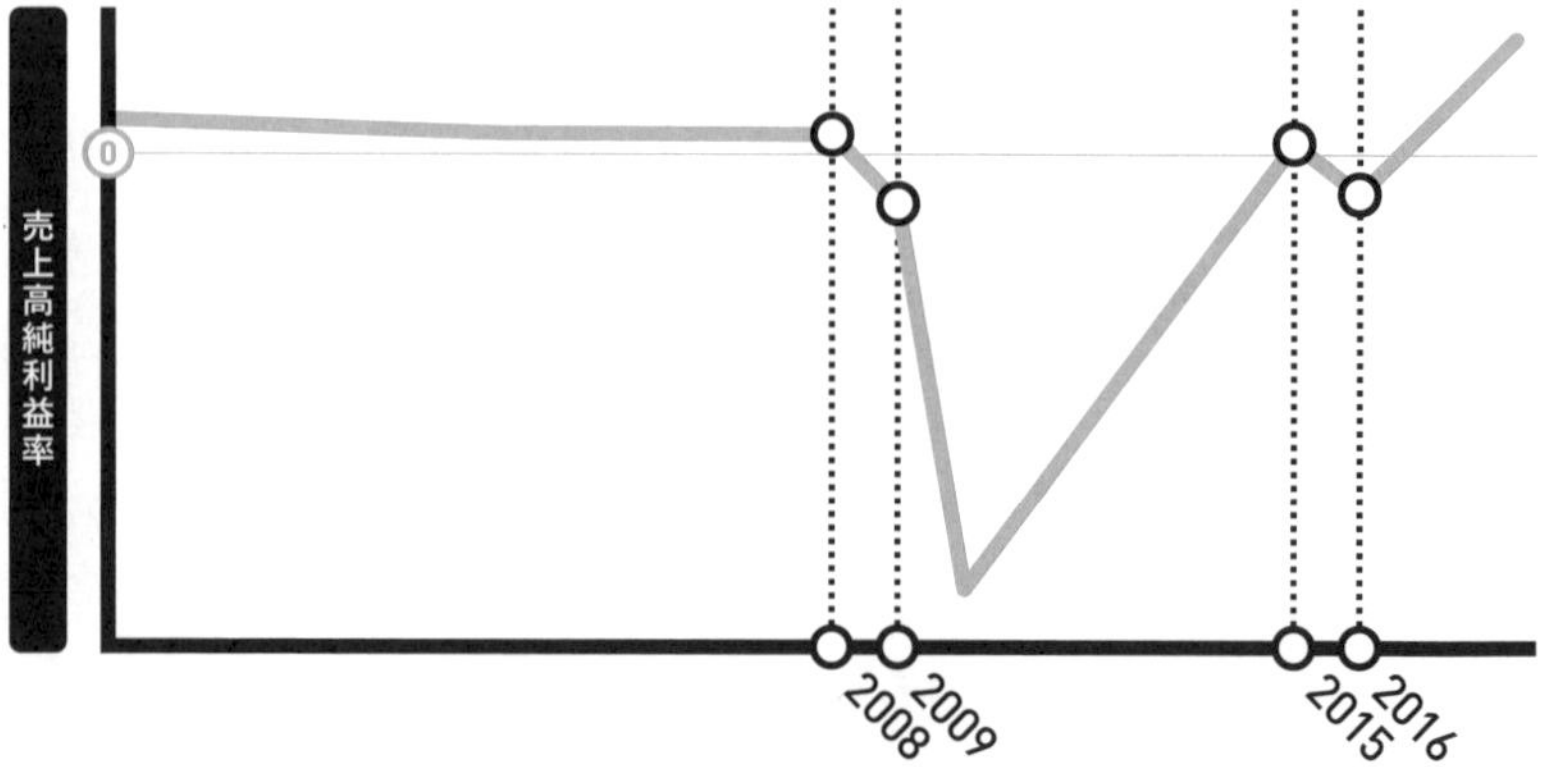

1951 西本貫一が和歌山でノーリツ鋼機を設立

1976 世界初のミニラボの開発に成功

2008 約200億円の減損損失を計上

2009 買収による新規事業の推進を本格化

2015 314億円でテイボーを買収

2016 祖業の写真機器事業を売却

NORITSU

2000年代に起こった代表的な技術革新の1つが「デジタルカメラ」の普及です。思い返せば1990年代までの写真撮影には、多くの苦労が伴っていました。カメラにフイルムをセッティングし、24枚か36枚撮影し[*1]たら写真店に行き、現像してもらう必要があったからです。それが、デジタルカメラの普及によって、誰もが「写真店に行かなくても写真を楽しめる」時代になりました。

消費者からすればこのような技術革新は大歓迎ですが、その裏で、フイルムを製造するメーカーや、現像をしていた街の写真店、さらには写真の現像機を製造していた中堅企業にとっては大打撃でした。デジタルカメラの普及は、大企業・中堅企業・個人商店のすべてに影響を与えたのです。

このチャプターでは、デジタルカメラの普及という技術革新によって大きな影響を受けた中堅企業で、写真現像機を開発製造していたノーリツ鋼機という会社に焦点を当てます。

2000年代初頭、和歌山に本社を置く上場企業・ノーリツ鋼機の売上高は、ほぼ100%、写真店向けの現像機でした。主力事業の市場が凄まじいスピードで縮小していく危機の中で、ノーリツ鋼機がどのように危機を突破したのかを検証します。

［＊1］フイルムごとに撮影できる枚数が決まっていた。

高収益だった写真フイルムと業界の雄「ノーリツ鋼機」

デジタルカメラの普及が当時の写真業界に与えたインパクトの大きさを知るために、デジタルカメラ以前の写真業界について見ておきましょう。デジタルカメラ以前の写真業界は、実は「とても儲かる業界」でした。大企業・中堅企業・個人商店という各事業者が収益を上げやすい仕組みが、写真業界にはできていたのです。

１９９０年代までのフイルム写真の時代において、写真は、今とは比較にならないくらい、手間と時間、そしてお金のかかるものでした。ユーザーが1枚、写真を撮ってそれを手にするには、まずカメラを購入する必要があり、場合によってはカメラ本体とは別にレンズのセットを揃えなければなりません。[*1]

さらに、写真を撮影するためには写真フイルムが必要でした。標準的なフイルムは24枚撮りないし36枚撮りで、36枚撮りの写真フイルム１本の価格は、１０００円程度。裏を返せば1枚の写真を「撮るだけ」で約28円の出費になりました。そのため、写真撮影の際には、シャッターを押すのにも慎重にならざるを得ませんでした。

［＊1］デジタルカメラが普及する前は、カメラのズームやピント合わせの機能は現在ほど高性能ではなかったため、本格的に写真を撮るためにカメラ本体以外の道具を買い揃える人は多かった。

加えて、撮影したフイルムは「現像」と「プリント」をする必要がありました。「現像」とは、フイルムを薬品で処理して画像を定着させる作業で、「プリント」は現像されたフイルムを実際に印画紙に焼き付ける作業を意味します。当時、フイルム１本あたりの現像料は６００円、写真プリントは１枚あたり40円という水準でした。

つまり、36枚撮りのフイルムで撮影し、現像・プリントした場合、カメラやその周辺機器以外に、

フイルム代１０００円＋現像料金６００円＋プリント料金１４４０円＝合計３０４０円

の出費が必要となります。１枚あたり約84円の出費を強いられたというのが、フイルム時代の写真撮影だったのです。

このようにユーザーに大きな負担を強いるということは、裏を返せばフイルムメーカーや写真現像機メーカー、写真現像店からすると、写真を撮る人がいる限り、コンスタントに収益を得られる商売であったということです。

特に、写真フイルムのトップ企業であった富士フイルムは、１９９０年代のフイルム写真全盛期においては高収益・優良企業でした。

本チャプターの主人公で、写真の現像機械を開発・製造するノーリツ鋼機もまた、この「儲かる業界」の一角をなしていました。

ノーリツ鋼機は、1970年代に画期的な現像機を開発して業容を拡大します。従来、写真を現像する際には、富士フイルムなどのフイルムメーカーが運営する現像所にフイルムを持ち込む必要がありましたが、その工程を街の写真店で行なえるようにしたことで、現像・プリントに必要な時間を大幅に短縮しました。ノーリツ鋼機の製造した、写真現像機「ミニラボ」によって、それまで数日間かかっていた現像とプリントが、たった2時間でできるようになったのです。

この「ミニラボ」は写真の現像業界に革命を起こした機械として、1980年代には北米に進出。さらに世界各地からも引き合いが相次ぎました。[*2]

こうしてノーリツ鋼機は、1984年3月期の決算で、国内売上高47億円に対し、海外売上高が188億円を記録して、グローバル展開に成功します。加えて、同年の売上高経常利益率は22・6%という驚異的な水準を叩き出し、高収益企業の地位を確立したのです。

フイルム写真業界におけるノーリツ鋼機の地位はゆるぎなく、2001年時点のミニラボの世界シェアは46%（1位）、国内シェア59%（1位）を確保しました。

さらに、デジタルカメラが普及しつつあった2004年時点でもノーリ

［*2］ノーリツ鋼機は世界的な観光地ナイアガラの滝に「ONE HOUR PHOTO」という看板を出して広告したところ、問い合わせが殺到。アメリカ進出の足がかりとなった。

ツ鋼機は順調に経営を続けており、売上高営業利益率15・5%という驚異的な水準を達成したのです。

このように、ノーリツ鋼機は写真フイルムの全盛期において、業界でも屈指の高収益企業として知られる存在でした。

止まらない技術革新と市場環境の激変

今でこそ、デジタルカメラは当たり前のものですが、1990年代の後半まで、日本のフイルム写真関連業界では、「フイルム写真の市場は今後も維持される」と信じられていました。

実際、1997年に富士フイルムの宗雪雅幸社長は、

「デジタルカメラの普及で市場がひっくり返るかのような議論が出ていますが、なぜそういう話になるのか全くわかりませんね…（中略）…画質の面でも、従来の写真の奥深さはデジタルがかなうものではありません。デジタル技術が進んだとしても、そのときには、従来の写真は感度が良くなったり、粒子が細かくなったりで、さらに先へ行っているはずです」[*1]

とコメントしています。デジタルカメラがフイルム市場に与える影響は軽微なものと考えられていたのです。

[＊1]「特集・富士写真フイルム」（「日経ビジネス」1997年11月17日号）

このような見方は業界全体に浸透していたため、フイルム関連業界がデジタルカメラという技術の重要性に気づくのは、すでにデジタルカメラが普及して、自社の業績にその影響が表れ始めてからでした。

富士フイルムは関連会社である富士ゼロックスの買収を通じて事業の主力を写真フイルムから複写機に変化させて生き残りを図ります。[*2] アメリカの写真フイルムメーカー、コダックは、2012年に経営破綻しました。

このように、1990年代のデジタル化への見通しの甘さが、写真フイルム業界に大打撃を与えたのです。

ノーリツ鋼機も同様に、デジタルカメラの普及に当初は楽観的でした。2000年代を通じて写真フイルムの現像機の開発に継続して投資していたことからも、当時の経営陣がデジタルカメラを軽視していたことがわかります。

ノーリツ鋼機の経営陣が、デジタルカメラへの転換が不可逆的なものであるという現実を認識したのは、2008年。日本経済をリーマンショックが襲ったときでした。

しかし、2008年、ノーリツ鋼機がデジタルカメラ市場に目を向けた頃には、すでにその業界内の構造は決まりつつありました。写真の現像という従来ノーリツ鋼機が担っていた市場は、2000年代以降、アメリカ

[*2] 富士フイルムの場合は、2000年代に液晶パネル向けのTACフイルム事業が高収益事業に育ち、写真フイルムの不振をカバーできたという幸運もあった。

のアドビ社の「フォトショップ」というソフトウェアに取って代わられており、すでにノーリツ鋼機が勝負できる市場は残されていませんでした。[*3]こうして業界の主権は、メーカーからソフトウェア企業に推移してしまったのです。

ここにきて、「デジタルカメラの普及」という厳しい現実に直面させられたノーリツ鋼機は、どのようにこの危機に対処したのでしょうか？

［＊3］写真業界で「現像」を意味するのは、フイルム時代は「ミニラボ」だったが、デジタル時代は「フォトショップ」に変化した。「アドビ」のケースを参照。

こだわるべきは、「現像機」？ それとも……

ノーリツ鋼機を経営危機から救うために立ち上がったのが、西本博嗣氏[*1]でした。西本氏はノーリツ鋼機の創業家の娘婿で、同社の株式を握る大株主でもありました。

西本氏は危機を脱するために、同社の株主総会で写真現像機にこだわり続ける経営陣の再任を拒否。経営陣を刷新するとともに、自らもノーリツ鋼機の経営に参画します。

まず西本氏は、ノーリツ鋼機の本業であった写真現像機の事業に見切りをつけ、２０１０年３月期に思い切った減損損失を計上します。このとき

［＊1］西本博嗣氏：２０１０年にノーリツ鋼機の代表取締役に就任。

に計上した最終赤字は、当時のノーリツ鋼機の全社売上高２７９億円に匹敵する、２０８億円にも上りました。西本氏は、写真フイルムの市場が縮小する中で、生産設備の価値がなくなったと判断したのです。この巨額の赤字計上は、ミニラボというノーリツ鋼機の成長を長年にわたって支え続けてきた事業との決別を意味しました。[＊2]

この写真現像機事業の縮小について、当時のノーリツ鋼機の社内では猛烈な抵抗があったといいます。多くの社員が、かつての高収益事業だった写真現像機がダメになったという現実を受け入れることができなかったのです。

それでも西本氏は「大株主」という伝家の宝刀を抜くことで[＊3]ノーリツ鋼機の再建を継続しました。

事業の入れ替えによって、「会社の未来」を手に入れる

社内の逆風に悩まされながらも、西本氏は率先して改革を推進しました。

まず、「ミニラボ」に次ぐ事業をつくりだすために、社内にM&Aチームを結成します。２０１１年にはメリルリンチ日本証券の投資銀行部門に勤めていた当時31歳の若手人材を迎え入れ、買収のための調査力を強化し

［＊2］2016年、ミニラボはノーリツプレシジョンという別会社として譲渡される。この時点でのノーリツプレシジョンの売上高は100億円に過ぎず、売上高は全盛期の数分の1の水準に落ち込んでいた。

［＊3］2010年時点で、西本家はノーリツ鋼機の株式の半数近くを保持しており、絶対的な決定権を握っていた。

ました。

また、２０１０年にはドクターネット（医療支援事業）、２０１２年にはいきいき株式会社（シニア女性向けエイジングケア・ハルメクを運営）を買収。事業構成を刷新しました。

さらに、ノーリツ鋼機の買収による事業構成刷新を決定づけたのは、２０１５年に決定したテイボー（旧・帝国製帽）買収でした。

テイボーは、ペン先材料の製造を主力事業とし、フェルトの加工技術の強みを持つ企業で、投資ファンドからの買収額は３１４億円にも上りました。２０１４年９月時点のテイボーは売上高84億円に対して営業利益18億円という高い水準にあり、ノーリツ鋼機はテイボーの事業の強さや、財務体質を評価して買収を決めたものと思われます。

ちなみに、ノーリツ鋼機が２０１０年に実施した約２００億円の巨額減損損失の計上や、２０１５年に決めた約３００億円の買収の原資となったのが、同社が蓄えていた多額の現金でした。[*1] ２０００年代前半までのノーリツ鋼機は高収益企業であり、２００８年の時点で無借金経営を達成し、現金同等物と有価証券を約４５０億円保有していました。当時のノーリツ鋼機はキャッシュリッチな企業であり、そのキャッシュが危機を乗り越えるための原資となったのです。

［＊１］富士フイルムの場合も潤沢な現金がフイルム事業の不振をカバーした。

こうしてノーリツ鋼機の売上高に占める写真現像機の比率は、２００８年時点の１００％から、２０２０年時点の０％になり、その事業内容を１８０度転換させることとなりました。テイボーなどの買収した企業の事業にすべてを入れ替え、リーマンショック直後には３００億円を下回った売上高も、２０１９年３月期には６３９億円に回復したのです。この劇的な変化によって、ノーリツ鋼機は生まれ変わり、危機を脱することとなりました。

「写真のデジタル化」という技術革新に対して、ノーリツ鋼機は事業を丸々入れ替えるという選択をすることで、企業としての生き残りを図ったのです。

〈その他の参考文献〉
・「世界制覇にピタリ照準、知る人ぞ知るノーリツ鋼機（株）の超人間主義経営」（「近代中小企業」１９８５年２月号）
・「和歌山――戦争で受けた左手の貫通銃創の後遺症をバネに世界一の写真処理機メーカーに育てた不屈魂――写真処理機――ノーリツ鋼機　西本貫一」（「財界」１９９４年８月号）
・「〈トップインタビュー〉ノーリツ鋼機　西本博嗣社長に聞く」（「株探」２０１７年５月18日）
・株主通信（ノーリツ鋼機）
・有価証券報告書（ノーリツ鋼機）

まとめ

厳しい現実をどれだけ正面から直視し、対応できるだろうか？

デジタルカメラの普及によって、写真フイルムという市場がまるまる消滅した――このように、時代によって顧客が求めるサービスが変わることは、珍しくありません。

顧客にとっては歓迎すべき技術革新も、提供者である企業によっては一大事。縮小する市場にうまく対応するのは至難の業です。実際、ノーリツ鋼機の場合には、写真フイルム市場の縮小に直面しながらも、自らは写真現像機の開発製造を継続し、気づいた頃にはすでに、新しい技術のもとにデジタルカメラの業界ができあがってしまっていました。

さらに、このような状況を受けて、2010年には写真フイルム事業の縮小を決定しながらも完全に撤退したのは2016年でした。このことからもやはり、市場の劇的な変化に機敏に反応するのは難しい、といえます。

それでも難しいからといって現実から逃げていては、本質的に危機から脱却することはできません。

直面した危機を乗り越えるためには、ときに厳しい決断を迫られることもあるのです。

チェックリスト

□ 優良企業のプライドに安住していないだろうか？

□ 目を覆いたくなるような現実から目をそらしていないだろうか？

□ 時には冷徹な判断ができるだろうか？

File

14

「誰に何を売るのか？」を考え抜いて危機突破

パルコ

PARCO CO.,LTD.

"How to overcome the crisis through V-shaped recovery?"

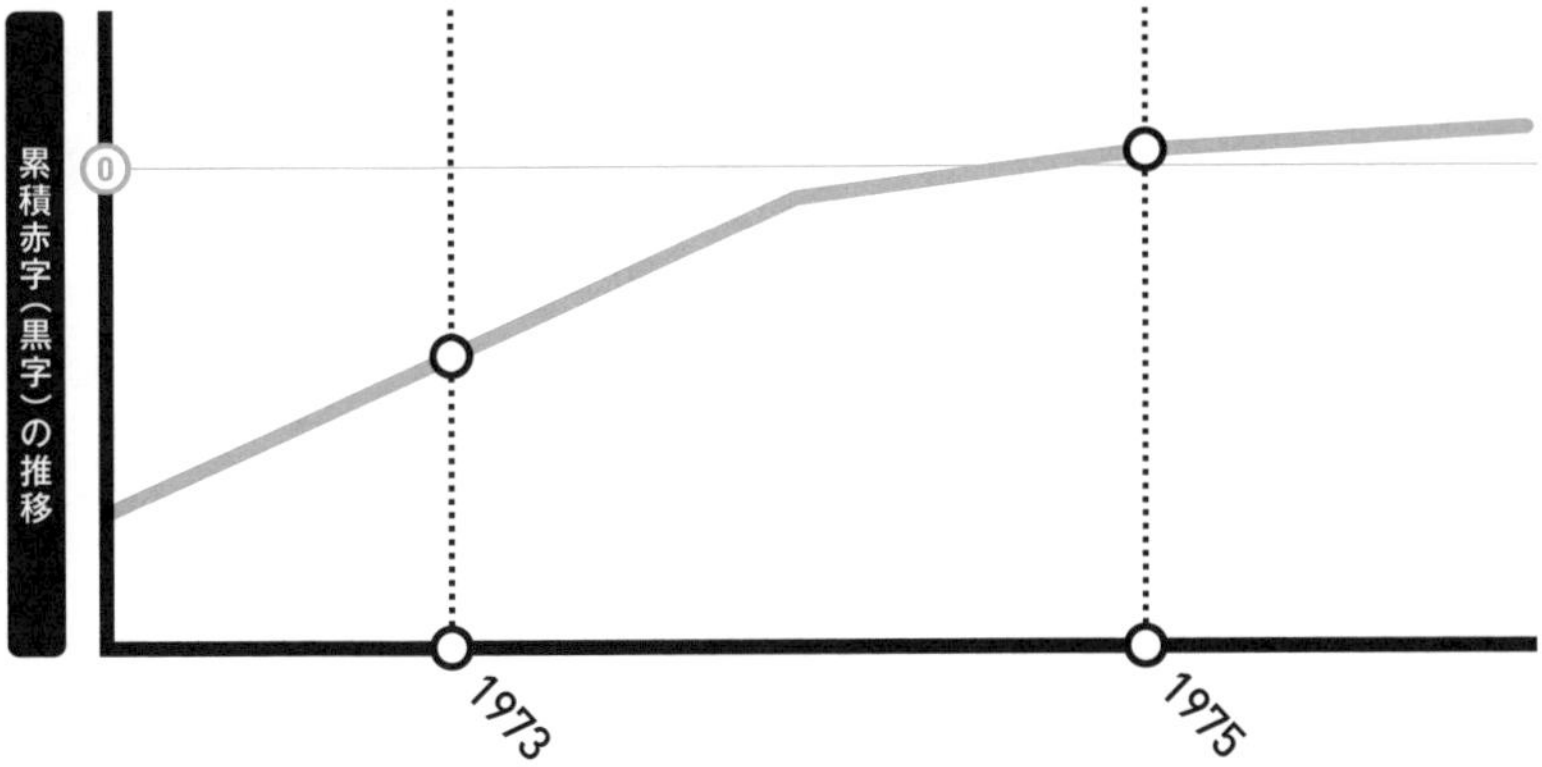

1956 日本政府が第2次百貨店法を制定

1957 東京丸物が池袋に進出

1968 西武系企業が東京丸物を救済

1969 東京丸物をパルコとして開業

1973 渋谷でパルコを開業

1975 累積で黒字化を達成

１９７０年代、パルコはファッションの最先端が集まる商業施設でした。特に１９７３年に開業した渋谷パルコはファッション好きの聖地であり、渋谷が「若者の街」として発展する契機になるなど、街のブランド価値に大きな影響を与える存在でした。

しかし、パルコの成り立ちは、決して順風満帆とはいえませんでした。前身である中規模百貨店・東京丸物は１９６０年代、「第２次百貨店法」という法律によって増床を封じられて経営危機に陥り、西武百貨店に身売りされます。その再建のために苦慮の末にたどりついたコンセプトが、若者向けの商業施設「パルコ」だったのです。いわば、パルコは危機の中で生まれた突破のための産物でした。

そこでこのチャプターでは、経営危機に陥った百貨店から、どのように「パルコ」というアイデアが生まれたのかを検証します。

危機前夜

呉服屋、続々と百貨店へ。百貨店一強の時代の到来

２０２０年現在においては、百貨店は数ある小売業の一業態に過ぎません。しかし１９５０年代には、百貨店は日本の小売店として大きな力を誇っていました。日本の百貨店の歴史は、１９０４年、それまで老舗呉服

1910年代以前	三越（日本橋）、松坂屋（上野）、白木屋（日本橋）
1920年代	松坂屋（銀座）、松屋（銀座）、三越（新宿）
1930年代	伊勢丹（新宿）、三越（銀座）、高島屋（日本橋）、美松（日比谷）
1950年代	大丸（東京駅）、丸物（池袋）、丸物（新宿）、三越（池袋）
1960年代	高島屋（二子玉川）

▶ 東京における主要百貨店の出店（私鉄系百貨店を除く）

店であった三越が「デパートメントストア」を宣言したことで始まりました。日本人の生活が洋風化していく中で、呉服屋が、新しい業態をつくりだしたのです。

以後、東京では呉服店から百貨店への業態転換が相次ぎ、1920年代から1930年代にかけて百貨店の出店ラッシュが起こりました。折しも1923年に首都圏を襲った関東大震災の影響もあり、「これからは百貨店の時代だ！」とばかりに、呉服店は次々と百貨店へと姿を変えていきました。[*1]

私鉄などの母体を持たない独立資本の百貨店の出店の歴史を振り返ると、1950年代を最後に出店がほとんどなくなったことがわかります。しかし、この頃に百貨

［＊1］その一例は「伊勢丹」のケースを参照。

店の市場が縮小したわけではなく、むしろ拡大していました。もっとも強い小売業として、顧客からの支持も集めていたのです。

政治による規制で経営体力が尽き、元教師に再建が託される

1960年代以降、新規出店が途絶えた理由は、日本政府による規制にありました。1956年、政府は「第2次百貨店法」[*1]を制定し、都心部では同一店舗の売り場面積が3000平方メートル以上の小売店を百貨店と定義したうえで、新しく大規模な小売店を開業、もしくは、すでにある店舗を増床するためには「通産大臣の許可」と「店舗所在地の商工会議所の意見」を必須としたのです。

このような百貨店の営業制限の背景には、零細小売業者や個人商店などの、百貨店への猛烈な反対運動がありました。当時、百貨店の勢いは凄まじく、商店街などは疲弊していました。その結果として制定されたのが「第2次百貨店法」であり、零細小売業者のライバルとなり得る百貨店の新規出店や増床は、困難になってしまったのです。[*2]

不幸にも、「第2次百貨店法」の影響を真っ先に受けたのが、東京丸物という中規模百貨店でした。同社は「第2次百貨店法」の制定直前に駆け

[＊1] 第1次百貨店法は1930年代に制定された。強力になりすぎた百貨店の勢力を抑制するために法律による制限が行なわれていた。

[＊2] 例えば、1956年頃に高島屋は新宿への進出を試みるが、地元商店街の猛反対によって頓挫。このため高島屋は東京郊外に目を向け、1969年に二子玉川に「玉川高島屋S・C」を新設した。

込みで東京市場に参入し、1957年に池袋駅前に出店します。しかしその後、すぐに直面したのが「増床できない」という問題でした。そのため東京丸物の業績は一向に上向くことのないまま経営体力が尽き、1968年には身売りという結末を迎えることとなりました。

さて、池袋駅前で身売りされた東京丸物を買収したのが、西武百貨店でした。東京丸物の再建にあたって責任者に就任したのが、西武百貨店の社員であった増田通二氏という人物です。[*3] 増田氏の経歴は異色で、もともと定時制高校で社会を教えていた教師でしたが、西武グループの創業家である堤清二氏との縁で西武百貨店に入社することとなりました。

サラリーマンの出世コースを歩んできた人物ではありませんでしたが、堤氏は東京丸物の再建にあたって、増田氏を抜擢したのです。

東京丸物再建にあたっては、3つの課題がありました。1つめは、政府の規制により増床が難しいこと、2つめは池袋の東京丸物の隣にはすでに西武百貨店があるため、競合しない形で再建しなければならないということ、3つめは東京丸物が入居している池袋駅直結のビルの所有者は国鉄であり、家賃としての固定費負担が重いということでした。

この3つの課題によって、東京丸物の再建は困難を極めました。「百貨店」である限り、他の百貨店と競合しないわけはなく、さらに再建に時間

[＊3] 増田通二氏：1952年東京大学卒業後、定時制高校の教師となる。1961年に西武百貨店に入社。東京丸物の再建に携わる。

をかければかけるほど、家賃負担がかさんでいく状況です。当時、東京丸物は毎月2億円という大赤字を計上しており、再建を任された増田氏も「もうダメかと思ったな」[*4]と弱音を漏らすほど、絶望的な状況にあったのです。

このような数々の困難に直面しながら、増田氏は、どのようにして東京丸物の再建を成し遂げたのでしょうか？

［＊４］「日経ビジネス」1977年2月14日号

「誰に何を売るのか？」を徹底的に定義する

数々の課題を抱えた増田氏が出した答えは、「百貨店」という業態を諦めることでした。百貨店は、「上流・中流層の消費者に、様々な商品の物販を通じて最新のトレンド体験を売る」ことに本質がありますが、その提供価値は西武百貨店が隣接することで実質的に実現が困難でした。さらに売り場が狭いため、様々な商品を置くことにも無理がありました。

そのため増田氏は、東京丸物の池袋店を百貨店として再生することを諦め、１９６９年６月に閉鎖することとしたのです。

そのうえで追求したのが、「誰に何を売るのか？」ということでした。

当時の百貨店の主な顧客は上流・中流階級で、客層は高年齢層に偏っていました。百貨店という高級な場でショッピングができるのは、必然的に所得水準の高い、より上の年齢層だったからです。そこで増田氏は、メインターゲットを「若者（20〜30代）」に据えることで、百貨店との棲み分けを図ることを考えました。

この考えの裏には、１９７０年代頃からの傾向として徐々に若者が購買力を持つようになってきたという社会事情がありました。所得倍増計画による給与水準の向上の例に漏れず、20〜30代の若者層もまた、購買力を向上させていったのです。

加えて１９７０年代には女性の大学進出が一般化して「女子大生」という言葉が定着しました。[＊1] １９６０年代までの大学進学者は男性が大半で、大学は「男臭い学問の場」でした。しかし１９７０年代に多くの女性が大学に進学するようになると、大学は男女が集う華やかな場所へと変化していきました。このような経緯もあって、若者層のファッションへの意識も高まることとなります。ジーパンのような、当時最先端のファッションを求めて、20〜30代の若者層が購買意欲を高めていきました。

女性の大学進学や購買意欲の高まり、若者の所得向上といった社会変化によって、１９７０年代に生まれたのが「若者の消費市場」でした。

増田氏が「誰に売るのか？」に「若者」を選択したことは、結果として時代のトレンドとマッチしていました。「丸物（マルブツ）」という日本

［＊１］１９６０年代には女性の大学生が増加したために、一部の識者によって「女子大生亡国論」が展開された。

的な響きを捨て、「パルコ」[*2]という若者を意識した新しい名前で、増田氏による新しい業態の小売店はスタートしたのです。

こうして、1969年11月に旧・東京丸物・池袋店は「パルコ」として開業することとなりました。しかし次の問題は「どうやって若者を集客するのか？」という点です。東京丸物が直結する池袋駅は立地面では申し分ないものの、「若者層のための小売店であること」の周知は火急の用でした。実際、「パルコ」という誰も聞いたことのない店は当時、なかなか若者に認知されず、また、テナントの入居状況も芳しくなかったのです。

そこで増田氏が考案したのが「イメージ広告」という斬新な広告手法でした。従来の百貨店の広告では、「大売出し」などの文言を並べることはよくありました。しかしパルコはセール情報ではなく、パルコがどういう場所なのかという「パルコのイメージ」を訴求することにしたのです。[*3]

このパルコの広告は、単に若者層にパルコの存在を知らせるものではなく、実はもう1つ、重要な意味がありました。パルコのビジネスモデルを繙くと、その意味が見えてきます。

パルコの収益は、一見すると「物販（若者にファッション商品を売ること）」によって得られると考えられがちですが、実際は異なります。パルコのビジネスの本質は「テナント貸し」だからです。パルコ自身がすることは、若者ウケするファッションテナントを入れ、そこから店舗使用料と

［＊2］「パルコ」はイタリア語で「公園（PARCO）」を意味する。このようにヨーロッパのオシャレな名前を冠することで、若者の興味を惹こうとした。

［＊3］従来の百貨店の広告と差をつけるために、パルコは広告制作にあたって、元西武百貨店の社員で、その後はフリーランスとして活動していた人物を起用した。

広告宣伝費を徴収すること、そして顧客である若者層を集めることであり、自らは物販には関わりません。[*4]

つまり、パルコの真の顧客は「若者向けファッションのテナント」であり、提供価値は「若者が集まる場所を提供すること」にあるのです。前述のイメージ広告は、若者に向けられたものでありながら、若者向けファッションテナントのパルコ出店を促すものでもあったというわけです。

このような仕組みにより、パルコは「流行り廃りの激しいファッションの在庫リスク」を未然に防ぐビジネスモデルを確立したのです。

また、増田氏はイベントなども積極的に行ない、若者の集客を目論みました。「10円寄席」や「最高の売り場をあなたに差し上げます」といった斬新な企画によって、若者たちからの「パルコは変わった店だ」という認知を徐々に獲得していきました。

ハンデをアイデアで克服する

さて、このような戦略によって、池袋のパルコは徐々に軌道に乗り、パルコは多店舗展開に乗り出すことになりました。増田氏は次に出店する地区を「渋谷」に定めます。

[＊4] このようなパルコの業態は不動産業に近いため、1970年代には「華麗なる不動産屋」とも呼ばれていた。（「日経ビジネス」1977年2月14日号）

渋谷は東急東横線や京王井の頭線が乗り入れており、所得の高い世田谷区などの都内南部地域が商圏で、池袋と比べて購買力の高い若者の集客に有利な立地条件です。また、渋谷周辺には大学が数多く点在しており、集客のポテンシャルの高い土地でした。[*1]

問題は、渋谷におけるパルコの出店予定地でした。渋谷パルコの出店予定地は渋谷駅から数百メートル離れたところにあり、池袋パルコのように駅直結ではなかったのです。[*2]つまり、小売業で重要な「立地条件」において、圧倒的に不利でした。しかも、当時の渋谷区宇田川町は「商業施設の設置」が許可されたばかりで、周囲は住宅地という環境でした。[*3]つまり、商業を行なうには最悪の条件が揃っていたのです。

そこで、増田氏は一計を案じます。それは、渋谷パルコの開業にあたって、渋谷パルコ周辺一帯の「街づくり」をすることにしたのです。渋谷パルコに通じる坂道を「スペイン坂」と名付けるなど、若者ウケしそうなおしゃれなネーミングに変え、渋谷駅から渋谷パルコまでの一帯を、若者がショッピングを楽しめる空間に変えていくことにしました。

こうして迎えた1973年6月の渋谷パルコ開業は成功裏に進みました。当初から若者の集客に成功しただけではなく、渋谷という街を20～30代の若者がショッピングを楽しむ街に変貌させたのです。当初の不安材料であった駅からの距離は、健脚な若者にとって問題ではありませんでした。

[＊1] ただし、1960年代の渋谷はまだ、若者が集まる繁華街ではなく、地味な乗り換え駅に過ぎなかった。

[＊2] 加えて、渋谷駅には東急百貨店が直結しており、手強いライバルが存在していた。

[＊3] 渋谷パルコの出店予定地の周辺に坂道が多かったことも、出店には不利と見られていた。

また周辺の坂に狭い床面積の小売店が次々開業したことで、これらの個性的な店舗がさらに若者を引きつけ、渋谷の価値の向上につながりました。

こうしてパルコは、1969年の池袋店開業、1973年の渋谷店開業により、「おしゃれな若者が集まる場所」という独特のブランド価値を確立しました。ちなみに、1970年代から1980年代前半にかけてパルコに入居したテナントには、「コムデギャルソン（川久保玲）」「イッセイミヤケ（三宅一生）」「ヨウジヤマモト（山本耀司）」などがあり、パルコは「ブランドを育てる」という面でも一翼を担いました。[*4]

「若者の集客」で信頼を構築し、入居するファッションテナントを選べる立場となったパルコは、その後、業績を徐々に伸ばしていきました。というのも、「パルコに入居したい！」というテナントが増えるほど、入退去の交渉を有利に進めることができたからです。

この結果、1975年にパルコは累積赤字を解消、最先端のファッションの聖地としての地位を確立し、増田氏は不振百貨店を再生させたのです。

［＊4］パルコの開業により、若者が集まるファッションタウンが従来の青山・赤坂・六本木から、渋谷に移った。

〈その他の参考文献〉
・「阻止された高島屋新宿進出の眞相」（「実業の世界」1956年8月号）
・「東京丸物の悲劇（百貨店）」（「財界」1959年2月号）
・「渋谷に咲いた西武・増田のファッション学」（「週刊ダイヤモンド」1973年5月26日号）
・「増田 通二［パルコ元会長］――経営は複眼で、違う見方に耳を」（「日経ビジネス」1996年5月6日号）
・有価証券報告書（パルコ）

まとめ

斬新なアイデアは他分野の知識から生まれる

危機に直面したとき、多くの人は「斬新な突破アイデア」で乗り越えようと考えます。実際に、このパルコの場合には、「消費者に商品を売る」という百貨店事業の見直しと「テナントに集客力のある場所を貸し出す」という実質的な不動産業へとシフトによって、再建を軌道に乗せることができました。従来の業態にとらわれない「斬新なアイデア」は、危機に対して有効な突破口になり得るのです。

では、危機を突破できるほどの「斬新なアイデア」は、どこから生まれるのでしょうか？そのヒントは増田通二氏が東京大学を卒業した後、定時制高校で社会科を教えていたことにあります。増田氏は授業の際に、事実だけをただ教えるのではなく、「人がどのように動くのか？」を教えていたといいます。つまり、人間の本性への洞察の視点を、常に持ち続けていたのです。

その視点からアウトサイダーとして丸物百貨店を見たことで、「これからの顧客は誰か？」「顧客が本当は何を求めているのか？」を正しく追求することができたというわけです。

このように、本業が危機的かつ絶望的な状況に陥ったときに、業界内の知識ではなく、アウトサイダーの知識が役に立つことは、往々にしてあります。人によっては「教養」がアウトサイダーの知識かもしれませんし、別の人にとっては「まったく違う業界での経験」がアウトサイダーの知識に当たる場合もあります。異なる知識が融合することで、危機を突破するためのアイデアの発生確率を向上させることができるでしょう。

真に優れたアイデアというのは、それまでは人々が気づかなかった盲点を意味します。素直な好奇心を持ちインプットし続けることが、将来の危機突破に役立つかもしれません。

チェックリスト

- □ 無意識のうちに「業界の枠」にとらわれていないだろうか？
- □ 業界外の知識をインプットできているだろうか？
- □ 多種多様な知識を総動員して、ビジネスに向き合っているだろうか？

CINEMA

File

15

前途多難な本業に、安定の副業を組み合わせて危機突破

東宝

TOHO CO., LTD.

"How to overcome the crisis through V-shaped recovery?"

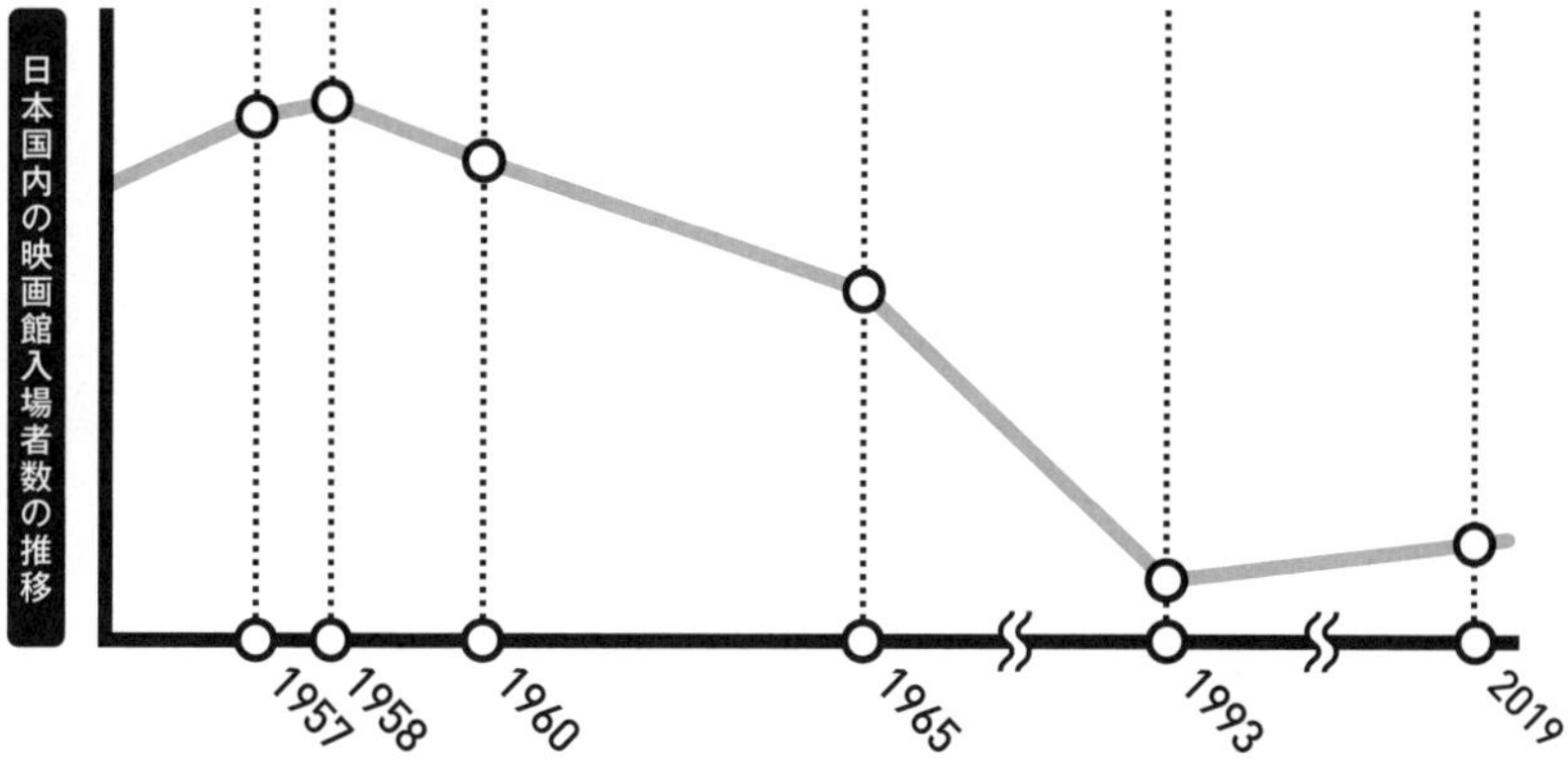

1957	東宝、不動産へのシフトを本格化する
1958	映画館の入場者数が年間11億人を突破
1960	白黒テレビの普及率が44%へ
1965	映画館の入場者数年間4億人を切る
1993	日活、倒産
2019	東宝、上場を維持

2020年の現在、テレビ業界は大嵐に見舞われています。インターネットを利用した動画視聴が定着しつつある中で、そもそも「テレビを観る」という選択肢の優先度が、視聴者の中でかつてないほどに低下しているからです。10年ほど前までは比べることもなかった両者の差はジワジワと縮まっており、渦中のテレビ業界関係者も、心穏やかではいられないはずです。

このように「追われる立場」のテレビですが、歴史を振り返れば、かつては「追う立場」にありました。そしてテレビは、とある産業を華麗に抜き去り、新しいメディアとして台頭したわけです。

本チャプターでは、テレビに追い抜かれてしまった産業――「映画」産業の、「東宝」という企業に焦点を当てます。新しいメディアの台頭という危機に対し、どのように向き合うことで突破の道が開けてくるのか、という点を見ていきます。

かつての「映画VSテレビ」というメディアの覇権争いにおいて、映画会社の多くは倒産・廃業に追い込まれることになりました。しかしその中で、東宝はもっともうまく、その危機を突破した企業といえます。

東宝の危機突破のポイントは、「経営者は現場に行かない」「優れたコンテンツに期待しない」「既存事業を優遇しない」という意外な作戦にありました。

「娯楽といえば映画」だった時代の面影

２０００年代までの娯楽の王様がテレビだったとすれば、１９５０年代までの娯楽の王様は映画でした。人々の注目を浴びる人物は常に映画作品から生み出され、「銀幕のスター」という言葉が流行したのもこの頃です。

なぜ１９５０年代に映画は人々の娯楽の中心になったのでしょうか？その答えはシンプルで、テレビが各家庭にまだ普及しておらず、映像娯楽を楽しむには映画館に赴くしかなかったからです。加えて、当時は娯楽が少なく、また週休１日が当たり前だったために遠出もままなりませんでした。[*1] そのため、休日になると近場の映画館で楽しむというのが一般的なライフスタイルだったのです。

このようなライフスタイルを背景に、１９５０年代までは、繁華街の中心には必ずといっていいほど映画館がありました。東京であれば浅草、大阪であれば難波、神戸であれば新開地というように、映画館を中心として繁華街が形成されていたのです。

日本における映画館の入場者数のピークも１９５８年で、この年には年間11億人という入場者数を記録します。単純計算で当時の人口は約９００

［＊1］松下電器産業（現・パナソニック）が週休2日制を導入して世間の話題をさらったのは１９６５年。当時の日本では、土曜日も働くことが当たり前だった。

０万人ですので、１人あたり年間12回以上は映画館に通ったことを意味します。まさに老若男女を問わず、皆が毎月のように映画を楽しんだというのが、映画産業の全盛期の凄まじさでした。

このように娯楽の中心に映画があったため、この頃の映画産業は流行の発信源にもなりました。代表的なものでいえば、１９５６年に日活が製作および配給した「太陽の季節」[＊2]の爆発的なヒットと、「太陽族」の流行が挙げられます。「太陽族」は、従来の秩序を無視し、享楽的な行動を楽しむ若者たちを指す言葉で、不良がカッコイイという価値観が若者の心を捉えました。若者たちの無秩序な様子には賛否両論が巻き起こりましたが、[＊3]社会現象にもなり、「太陽の季節」の舞台であった湘南には多くの若者が殺到しました。

「娯楽といえば映画」という時代において、コンテンツ業界の頂点にあったのが映画の製作・配給会社でした。１９５０年代には、東宝、松竹、日活、東映、大映、新東宝の６社が映画業界でしのぎを削っていました。時代劇であれば大映、現代劇であれば日活……というように、各社とも得意分野を見出しつつ、それぞれが我が世の春を謳歌していたのです。

[＊2] 原作は石原慎太郎氏。この作品が、石原氏の出世作となった。

[＊3] 太陽族への反発は凄まじく、当時の新聞は「人間喪失の太陽族」として批判していた。この一件で、「若者文化」と「大人」の対立が鮮明になった。(「読売新聞」1956年7月16日、1面)

テレビの普及と業界存続の危機

１９５８年に11億人の入場者数を記録し絶頂を迎えた映画産業ですが、この直後から転落の道を歩むことになります。

入場者数は年々右肩下がりとなり、わずか10年後の１９６８年には入場者数が３億人という水準へ低下。単純計算で業界の規模が４分の１程度に縮小してしまったことになります。

映画業界の転落はそれでも止まらず、さらに４年後の１９７２年には１・９億人という水準に落ち込みました。たった14年間で、人々の映画館離れが急速に進行したことがわかります。

では、なぜ映画産業は、ここまで急激に落ち込んでしまったのでしょうか？

その答えが、「テレビの普及」です。

日本におけるテレビ放送の開始は１９５３年[*1]ですが、当時のテレビは非常に高額で、庶民にはまったく手が届かない高嶺の花の存在でした。しかしその後、量産体制が敷かれ、徐々にテレビの価格は下落。それに伴って世帯あたりの普及率も増加していきます。１９５７年には10％以下だった世帯あたりの普及率は、１９６０年には44・７％、１９６５年には90％

［＊１］１９５３年、日本テレビが開局し、日本のテレビ放送の歴史が始まった。

に達しました。
人々が自宅で映像娯楽を楽しめるようになったことで、映画からテレビへのメディアの世代交代が劇的なスピードで進行したのです。

メディアの主役が映画からテレビに移ったことで、まず最初に打撃を受けたのが、映画館の経営でした。映画館の集客力は低下し、中小の映画館は経営が成り立たなくなります。そうして、1960年に国内に7457あった映画館[*2]は、1970年には3246へと激減することとなりました。当時はボーリングが流行しつつあったため、映画館からボーリング場に転換する例も見られたようです[*3]。

次に打撃を受けたのが、映画を製作し、日本全国の映画館に配給していた企業です。東宝をはじめとする大手も含め、各社が映画離れの影響に直面し、死活問題に瀕していました。

映画産業が急激に発信力を失っていく様子は当時の雑誌でも報道されています。例えば、当時の「週刊東洋経済」には、
「映画製作者は大げさに言えば映像文化の旗手であり、時代の最先端に立って、風俗、流行などをリードするものだ。そしてたしかに五〇年代には映画はそうした文化現象のリーダーとしての役割を果たしていた。だが、すでにその時代は去っている」[*4]
と記載されています。

[＊2］スクリーン数（一般社団法人日本映画製作者連盟のウェブサイトより）

[＊3］日本では1971年にボーリングブームが巻き起こり、多くの経営者がボーリング場経営に乗り出した。

[＊4］「映像革命下に苦悩する映画産業」（「週刊東洋経済」1970年5月2日号）

こうして、映画産業はわずか十数年の間に絶頂期からどん底へと転落してしまったのです。

さて、このように急激に映画からテレビへと変化していく潮流に対し、東宝はどのように対応したのでしょうか。

あえて現場ではなく経営数値を見る

１９５０年代から１９６０年代にかけての東宝が行なったのは、「映画産業から不動産業へ」の転換でした。そう、東宝は人々の映画離れそのものへのアプローチではなく、映画離れを前提にどのような戦略を描くかに注力したのです。

その背景には、東宝という会社の成り立ちと当時の状況が関連していました。東宝はその歴史を繙くと、阪急電鉄の子会社としてスタートしました。[*1]

鉄道会社というのは駅や線路を建設するための土地の所有が重要です。当時の東宝も同様に都内各所に土地と不動産を所有し、不動産の利用に一

【*1】阪急電鉄の創業者である小林一三氏は、日本で初めて不動産業と鉄道業を融合させた人物。このため、阪急系の企業には不動産を重視する姿勢があった。

日の長がありました。例えば東京・銀座エリアには、有楽町を中心に、東宝が所有する土地と映画館が点在していました。渋谷や新宿といった都心部も同様です。

このような状況のもと、東宝は１９５７年に清水雅氏が同社の社長に就任してから、不動産業への転身を本格化します。まず清水氏は「清水式高度利用法」という考え方を唱え、映画館のある場所に「ビル」を建設。映画館収入と不動産賃貸収入を確保することを目論みました。賃貸部分にオフィスを誘致することによって、実質的に映画事業に業績が左右されない企業体質を構築しようと試みたのです。

１９６６年に東京・日比谷の旧帝国劇場の跡地に新設した「国際ビルヂング」、１９６９年に有楽町に新設した「東宝ツインタワー」など、東宝は東京都心部の一等地に、映画館とオフィスを併設したビルを建設していきました。

東宝の不動産事業の強化への評価は高く、１９７０年代には「抜け目のない東宝」「〝脱映画〟へまっしぐら」[＊2]などと賞賛されるようにもなっていきます。

東宝の〝脱映画〟は、単に不動産業に軸足を据えるということにとどまりませんでした。１９７０年代を通じて東宝は、映画産業の中心である

［＊2］「〝脱映画〟へまっしぐら」（「読売新聞」1971年11月9日 夕刊9面）

「製作」部門を徐々に縮小させていきます。１９７０年代以降は、製作に関わる部門を子会社として独立させ、自らは製作から撤退したのです。

当時、清水氏は映画の撮影現場にはほとんど顔を出さず、業績の数字によって事業継続の是非を判断したといいます。[＊3]「儲からないならば、本業であっても撤退する」という考えを貫くことによって、映画の製作・配給会社でありながら映画製作から実質的に撤退し、東宝は生き残ることとなったのです。

［＊3］「清水雅氏に阪急グループの経営語録を聞く」（「日経ビジネス」１977年10月24日号）には、東宝に籍を置いた20年間で撮影所を訪れたのは5回以下であったと語られている。

こうして東宝は「映画製作から不動産へ」の業態転換を成し遂げて、上場を維持することに成功しました。なお、映画事業においては「配給」では収益が見込めたため、ここに特化して継続しています。

東宝は、２０２０年現在も、映画業界における配給シェアの国内トップで、高い収益を確保し続けているのです。

「時代の潮流への逆行」が意味することとは？

さて、ここまで東宝の、不動産業への転換による危機突破を見てきました。しかし映画からテレビへの世代交代にあたって、すべての映画製作・

配給会社が、この危機を乗り越えられたわけではありませんでした。日活と大映という最大手2社は、倒産という悲劇的な末路をたどったのです。

日活と大映が倒産に至った理由は、それぞれの経営者が最後まで映画産業にこだわり続けたことにあります。

大映の場合、当時の社長・永田雅一氏は「素晴らしい作品を生み出せれば生き残れる」と考え、大作志向の映画製作に乗り出しました。しかし、そもそも映画館への来場者数が激減する中で、経営を支えられるだけのヒット作を生み出すことはかなわず、1971年に倒産することとなりました。

映画産業の大手で、株式上場もしていた大映があっけなく倒産した事実は、映画産業が斜陽産業になったことを決定づける事件となりました。

日活の場合、当時の社長・堀久作氏は「『映画は斜陽』などというのは大間違いである」「テレビはテレビの限界があり、映画はテレビの限界を超した企画をすれば良い」[*1]と考え、映画への投資を継続します。あくまでテレビとの真っ向勝負という道を選んだのです。

1969年には「日活アパート」(東京・芝)、1970年には「日活国際会館」(東京・有楽町)といった、都心部の優良不動産を売却してまで映画製作にこだわりましたが、やはり打開策を見出せず、1993年に会社更生法の適用を申請して倒産しました。

[*1]「映画は斜陽産業ではない・堀久作」(「実業の日本」1960年10月15日号)

結果として、映画の力を信じ「テレビを超える映画をつくること」で危機を乗り越えようとした日活と大映は、倒産の憂き目にあってしまいました。

一方、映画産業の行く末に悲観的でいち早く映画製作を縮小した東宝が生き残り、今なお映画業界の雄としてその一角を支えている、というのは皮肉なことかもしれません。

〈その他の参考文献〉
・『悲劇の経営者――資本主義に敗北した男の物語』(三鬼陽之助著、光文社)
・「永田雅一氏［大映前社長］。経営と映画製作は別物」(「日経ビジネス」1977年5月23日号)
・「日活〝本丸〟明け渡しの波紋――本社ビル売却は日活だけの問題ではなく映画界を象徴」(「政経人」1970年2月号)
・「清水雅氏（阪急電鉄会長）――知らんことやって儲かるわけがない」(「日経ビジネス」1977年10月24日号)
・有価証券報告書（東宝）

まとめ

問題の本質を見失った無駄な抵抗は今すぐやめよう

本チャプターで取り上げた「映画からテレビへの変遷」は、人々のライフスタイルの変化に伴う構造的な変化でした。娯楽の選択肢が多様になり、映画はその選択肢の1つになったというのが、起こった現象の本質といえます。「映画がつまらなくなった」「いい作品が生まれなくなった」という次元の話ではないのです。

人々の行動が構造的に変化している状況においては、「より面白いコンテンツをつくろう」という対症療法に走っても、構造が変わる前の栄光を取り戻すことはできないのです。

しかし、多くの場合、渦中の人々はなかなか、構造の変化という現実を直視することはできません。さらに今回の映画産業の場合には、1950年代に日本の文化をつくり上げてきた旗手であり、誰もが映画俳優に憧れていたという事実とプライドがありました。このプライドによって、構造的な変化はさらに見えづらくなり、複数の企業が「優れた映画コンテンツの製作」に傾注することとなりました。こうして、ますます儲からない方向、事業継続が困難な方向に、拍車がかかってしまったのです。

興味深いことに、2020年の現在、似たような光景がテレビを中心に繰り広げられています。2010年代を通じて、インターネットを中心に活躍するコンテンツメーカーが力を伸ばしてきました。それに対してテレビ業界からは、「勝負にならない」「テレビが負けるわけがない」「よりよいテレビ番組を制作しよう」といった声があがっているようです。このような「テレビVSインターネット」の構図を見ると、かつての「映画VSテレビ」と同じ道を歩むのではないかと思われてなりません。

映画もテレビも、間違いなく一時代の王者となった存在です。時代の王者となった人々は、その地位が揺るがされたときに、なかなか現実を直視することができません。これは映像産業に限らず、どの業界でも同じです。

王座にしがみついている人々を尻目に、変化する現実を粛々と受け入れることができた企業やビジネスパーソンだけが、生き残ることができるのです。

チェックリスト

- □「優れたコンテンツが危機の突破口になる」と思い込んでいないだろうか?
- □有力な業界だから将来も安泰だと思い込んでいないだろうか?
- □構造的で不可逆的な変化に対して、抗おうとしていないだろうか?

Part 4

4

ライバル
競合他社
業界ルール
による危機の乗り越え方

Company

File 16 Apple | File 17 Adobe
File 18 シスメックス | File 19 アイリスオーヤマ | File 20 P&G

"How to overcome the crisis through V-shaped recovery?"

周囲からの厳しい評価に
因縁のライバルの助けを借りて危機突破

Apple

Apple Inc.

"How to overcome the crisis through
V-shaped recovery?"

File

16

1976 スティーブ・ジョブズがAppleを創業
1980 新規株式公開を実施
1993 赤字転落により経営危機へ
1996 スティーブ・ジョブズが経営に復帰
2001 iPodを発表
2007 iPhoneを発表
損益
0
1996
2001

２０１０年代に世界を席巻したビジネスのトレンドは、「ＧＡＦＡ」でした。このGoogle、Apple、Facebook、Amazonのうち、創業年という点で見た場合に、１社、仲間外れがあります。さて、どの企業でしょう？それは、本チャプターで取り上げるアップルです。グーグル、フェイスブック、アマゾンはインターネットが普及した１９９０年代以降に創業されたのに対し、アップルの創業は１９７６年。ＧＡＦＡの中では古参企業に当たります。

今でこそ、アップルは優良企業として世界に名を馳せていますが、１９９０年代は危機の真っただ中にありました。慢性的な低収益に悩まされ、「アップルは復活できない」と囁かれていたのです。

そこで今回は、テクノロジー業界では古参企業であるアップルに焦点を当てて、なぜ「復活できない」という前評判を覆すことができたのかを振り返ります。

「確変モード」に突入した１９７４年

企業の歴史を繙き比較していると、ある特定の時期、ある特定の業種で、同時多発的に有望企業が誕生することがあります。この現象は、感性の鋭い起業家が、時代の変化の中から何かしらのチャンスを感じとり、ベンチャー企業を立ち上げることで起こるものです。

コンピュータ業界でベンチャー企業が同時多発的に出現した最初のきっかけは、１９７０年代における半導体産業の進歩でした。１９７１年にインテルは、それまで巨大な筐体の中で動作していたコンピュータを「マイクロプロセッサ」という１つのチップで動作[*1]させ、コンピュータを一般の人々の身近な存在へと変貌させました。続いて１９７４年に「i8080」という高性能のチップを開発したことで、コンピュータ産業は活況を呈するようになります。イノベーションによって、新たなチャンスが到来したのです。

その象徴が、１９７４年12月にベンチャー企業ＭＩＴＳが開発した「Altair8800」という世界初のパーソナルコンピュータ（パソコン）です。それまで半導体は非常に高額で、個人で購入するのは不可能に近い存在でした。しかし、インテルの高性能なチップの開発によって、コンピュータの価格が劇的に低下することとなるのです。こうして、「パソコン」という巨大市場が生まれることとなりました。

この巨大市場の登場に目をつけたのが、マイクロソフトのビル・ゲイツ氏、アップルのスティーブ・ジョブズ氏といった起業家です。マイクロソ

［＊1］マイクロプロセッサが1つのチップに収まった背景には、半導体製造における微細化の実現が大きく影響している。

フトはパソコン向けの言語を開発し、アップルはグラフィック処理に長けたパソコンを開発します。なお、マイクロソフトの創業は１９７５年、アップルの創業は１９７６年です。ここでも、特定の期間に、世界を席巻する企業が誕生していることがわかるでしょう。[*2]

このように、マイクロプロセッサの登場とパソコン市場の拡大でチャンスをつかんだのが、マイクロソフトとアップルの2社だったのです。

どんな危機に直面したのか？

巨大企業の参入で、最終赤字10億ドルを計上

さて、アップルは１９７６年の創業後、パソコン市場の拡大によって急成長を遂げます。１９８０年には株式公開を行なって設立わずか4年で会社は軌道に乗ることとなり、その経営者であるジョブズ氏にも注目が集まりました。その後も、アップルは一貫してパソコンの開発に邁進し、１９８４年に「マッキントッシュ」を世に送り出しています。

ところが、１９８０年代に入ると、パソコン市場に「大企業の参入」という大きな変化が生じます。１９８１年、コンピュータ業界の巨人ＩＢＭ

［＊2］日本ではマイクロプロセッサに注目した孫正義氏が、1981年にパソコンソフト流通会社「ソフトバンク」を起業した。

がパソコンに参入して「ＩＢＭ－ＰＣ」を発表、アップルと正面衝突することとなりました。

アップルのパソコンはグラフィックが強いという趣味的要素の高いものであったのに対し、ＩＢＭのパソコンはビジネス用途で使うことに主眼を置いたため、ＩＢＭは一気にシェアを拡大していきました。このため、パソコン市場でそれまでシェア首位を確保していたアップルの牙城が崩れ、１９８３年にアップルは前年比で減益となりました。急成長企業と目されたアップルの停滞は投資家を失望させ、アップルの社内にも不和が生じます。

加えて、１９８０年代を通じてパソコン市場を席巻したＩＢＭ－ＰＣには、業界の競争ルールを変えてしまう力がありました。それは、ＯＳにはマイクロソフト、マイクロプロセッサにはインテルの製品が採用されたことです。その後、パソコン市場はＩＢＭやアップルのようなパソコンメーカーではなく、ＯＳやマイクロプロセッサを供給する裏方企業にその中心が移っていきます[*1]。

この結果、マイクロソフトとインテルが急成長を遂げる一方で、アップルの低迷が目立つようになり、１９８５年にはジョブズ氏は自ら創業したアップルを去ることとなったのです。なお、この頃のジョブズ氏への評価は相当低いものでした。当時の日本のメディアは、「シリコンバレーのニューヒーロー（新しい英雄）、あるいはアメリカン・

［＊1］ＩＢＭもパソコン事業は儲からず、1993年の経営危機に陥る1つの要因となった。詳細は「ＩＢＭ」のケースを参照。

ドリームの体現者と言われてきた人物にしては、みじめで、後味の悪い引き際だった」[*2]

と総括しています。このように、急成長ベンチャーだったアップルは、コンピュータ業界の変化の中で、窮地に立たされてしまったのです。

［＊2］「シリコンバレーの若き英雄、創立会社追われる試練に」（「日経ビジネス」1985年11月18日号）

その後、ジョブズ氏が去った後のアップルの経営は、さらに迷走していきます。1990年代にはOSの分野でマイクロソフトがウィンドウズを発表したことによってアップルの劣勢がより鮮明となりました。1996年にアップルは売上高98億ドルに対して最終赤字8億ドルを計上、1997年には売上高70億ドルに対して最終赤字10億ドルを計上するなど、その経営は行き詰まってしまっていたのです。[*3]

［＊3］Apple「10-K」

因縁のライバル・マイクロソフトに助けを求める

さて、創業から20年ほどでボロボロになってしまったアップルですが、1996年、ジョブズ氏が経営に復帰します。そこで最初に取り組んだことが、資金不足の解消でした。競合であるマイクロソフトと提携することによって、15億ドルの資金を確保しました。また、マイクロソフトに対しては「ワード」および「エクセル」という、ビジネス用途で欠かせないソフトをアップルのＯＳ向けに開発することを確約します。[＊1]

ただし、マイクロソフトとの提携をもってしても、アップルの将来性を疑問視する声が相次ぎました。アップル製品を使っていたあるアナリストは、

「今使っているマッキントッシュが私にとって〝最後のＭａｃ〟になってしまうかもしれない」[＊2]

と述べていますし、各種のメディアも、

「マイクロソフトは出資しても、今後３年間、アップルの経営には口出ししないという。つまり、アップルは３年以内に復活しないと、マイクロソフトに完全に飲み込まれるかもしれない」[＊3]

と報道していました。提携により資金調達はできたものの、その将来の先行きを不安視する風潮が強かったのです。

さて、当座の資金を確保した当のアップルはというと、数々の批判に背を向けて「製品数の削減」に着手しました。アップルは１９９０年代前半を通じて、様々なハードウェアを開発していましたが、製品数が多すぎたことで１つ１つの製品に対する投資効率が薄れていました。そこで、思い切って製品数を削減し、投資すべき領域と、そうではない領域を明確に峻

[＊1]マイクロソフトにとっては、アップルが生き延びることによって独占禁止法の規制を緩和できるメリットがあった。

[＊2]「続・アップルの未来が見えない」(「日経マルチメディア」１９９７年10月号)

[＊3]「米アップル再生の時間猶予は3年間」(「日経ビジネス」１９９７年８月18日号)

別したのです。当時、7~8割の製品ラインナップがカットされたといいます。[＊4] この結果、1995年に110億ドルだった売上高が1998年には59億ドルへと激減するものの、1998年には0・3億ドルの純利益を計上、黒字転換することとなりました。復活とまではいかないものの、最低限の止血を成し遂げたのです。

この大掛かりな製品ラインナップの削減の中でも、ジョブズ氏がアップルの社内に残したのが、コンピュータの基幹部分であるOS分野です。アップルはマッキントッシュ向けのOSについて、互換機を扱う他社への技術供与を中止し、自前で開発する方針を打ち出しました。その後、アップルは「Mac OS X」[＊5]の自社内での開発に邁進します。

1998年には初代iMacを市場に投入し、カラフルな筐体が顧客の支持を獲得して好調な売れ行きを記録します。2000年になると、売上高79億ドル、純利益7・8億ドルを達成し、アップルは高収益企業に回帰したかに見えました。

しかしこの段階では、アップルの完全復活には至りませんでした。iMacのブームが長続きしなかったうえ、ITバブルが崩壊したことでパソコン需要が低迷し、2001年には再び0・2億ドルの最終赤字に転落してしまったからです。

[＊4] 「日経ビジネス」2011年9月12日号

[＊5] 2001年にアップルはOS Xを発売し、宿願であった高性能OSを自前でつくり上げた。

２００１年にメディアはジョブズ氏について、

「パソコンの未来を熱く語る情熱は今も健在だが、市場低迷による赤字決算の中、難しい舵取りを強いられている」[*6]

と指摘するなど、依然、アップルが厳しい状況に置かれていたことがわかります。

当のジョブズ氏も、２００１年のインタビュー記事で、

「市場の停滞に在庫増などの当社固有の問題が重なったが、在庫圧縮などの対応はかなり進んだ。ただし、早期の回復は難しい。徐々によくしていくしかないだろう。それくらい今のパソコン市場は極めて厳しい局面にある」[*7]

という発言を残しており、将来に対して弱気であったことがわかります。

このように、ジョブズ氏の復帰以降も、アップルは鳴かず飛ばずの数年間を過ごさなければなりませんでした。

［＊6］「特別インタビュー：スティーブ・ジョブズ氏」（「日経ビジネス」２００１年４月２日号）

［＊7］「特別インタビュー：スティーブ・ジョブズ氏」（「日経ビジネス」２００１年４月２日号）

iPodとiTunesで浮上し、神格化される

アップルが真の意味で復活を遂げるきっかけとなったのが、２００１年に発表した音楽管理ソフトｉＴｕｎｅｓと、同じく２００１年に発売され

た音楽再生のハードウェアｉＰｏｄです。ｉＰｏｄとｉＴｕｎｅｓによって、音楽再生にＣＤやＭＤは不要になり、ソフトウェア上で好きな音楽を大量に管理できるようになりました。

ただし、ｉＰｏｄは発表直後から爆発的なヒットを飛ばしたわけではありませんでした。当初はＭａｃのみに対応しており、ウィンドウズのパソコンでは動作しなかったからです。

その後、アップルはウィンドウズで動作するｉＴｕｎｅｓを開発し、ｉＰｏｄの容量を拡大するという改善を重ねることで、ｉＰｏｄは徐々に世の中に受け入れられていくこととなりました。２００２年に１・４億ドルだったｉＰｏｄの売上高は２００４年には13億ドルへと急成長を遂げ、ｉＰｏｄへの世界中からの支持は公然の事実となったのです。[＊1]

２００５年には、アップルは売上１３９億ドル、純利益13億ドルを計上し、この頃にはアップルの復活は本物だという認識が定着していきました。また、ジョブズ氏への評価も大きく塗り替わっていくこととなります。ジョブズ氏がスタンフォード大学の卒業生に向けて、

「Stay Hungry, Stay Foolish」

とスピーチをしたのも２００５年です。アップルの業績が好調になったことで、ジョブズ氏は経営者として再評価されたほか、ある種の神格化のような動きも見え始めるようになったのです。

［＊1］日本でもｉＰｏｄはヒットし、当時のアップルの日本法人の社長であった原田泳幸氏の活躍にも注目が集まった。原田氏はその後、日本マクドナルドの経営者に転身している。詳細は「日本マクドナルド」のケースを参照。

さて、iPodによってアップルの経営を軌道に乗せたジョブズ氏は、コンピュータのポテンシャルを駆使した製品として、2007年にiPhone[*2]を発表しました。

このように、アップルは財務危機を競合であるマイクロソフトからの支援によって乗り切り、iPodのヒットによって復活の道筋をつけ、iPhoneによって世界的な企業として返り咲いたのです。

［＊2］iPhoneはその発売当初から高い評価を得た一方で、本当に便利なツールなのかを疑問視する声もあがっていた。

〈その他の参考文献〉

・「パソコン戦争勝負あり！ IBM、米国市場を〝電撃制覇〟」（「日経ビジネス」1983年10月31日号）
・「インテル 究極のハイテク製造業」（「日経ビジネス」1995年10月23日号）
・「今度は本当に危ないアップルの経営不振。技術過信し後手に回った経営体質再生の道は身売りかトップ交代」（「日経ビジネス」1996年2月5日号）
・「アップルはなぜ失速したか――独自路線貫く弊害が露呈、消費者トレンド読み誤る」（「日経ビジネス」2001年4月2日号）
・FORM 10-K (Apple)

まとめ

ずば抜けた仕事には、必ず毀誉褒貶が伴う

スティーブ・ジョブズ氏は前述のように、2005年以降、ある種の神格化された扱いをされています。しかしそれ以前は、名経営者には程遠い、評価の低い起業家でした。1996年のアップル復帰の際も、多くの人はジョブズ氏がアップルを復活に導くとは考えていなかったのです。

ある一時点において、周囲から「名経営者」と評価されていたとしても、これは、あらゆる方面の経営能力が優れていることを意味するものではありません。あるいは、長期的に優れた経営をしてきたことを示すものでもありません。

経営は泥臭い茨の道で、ジョブズ氏といえども、その高い評価を得るまでには様々な毀誉褒貶を経なければなりませんでした。さらにいえば、それらを無視し続けたことによって、高い評価を得たといっても過言ではないでしょう。

人々が「すごい」と手放しに賞賛する土台には、苦闘の時期が必ずあります。ジョブズ氏の場合も、2005年以降の評価に至るまでには、少なくとも約30年間は艱難辛苦とともにありました。

ビジネスパーソンの評価はこのように、短期間で定まるものではなく、また一時的な評価が恒久的に続くものでもありません。ですから仕事においては、「高い評価を得よう」という焦りは禁物です。それよりもむしろ、目の前の高評価を諦めてでも、将来の種をきちんとまき続けられるかどうかが、真の意味で「優れた仕事」をするカギなのです。

チェックリスト

- □ 優れた仕事には毀誉褒貶が伴うという覚悟ができているだろうか？
- □ 大きな仕事をする場合、現時点での低い評価を割り切ることができるだろうか？
- □ 優れたビジネスパーソンや経営者の「不遇時代」から学びが得られているだろうか？

File

17

Appleに2度も目をつけられるが、水面下で強みを伸ばして危機突破

Adobe

Adobe Inc.

"How to overcome the crisis through V-shaped recovery?"

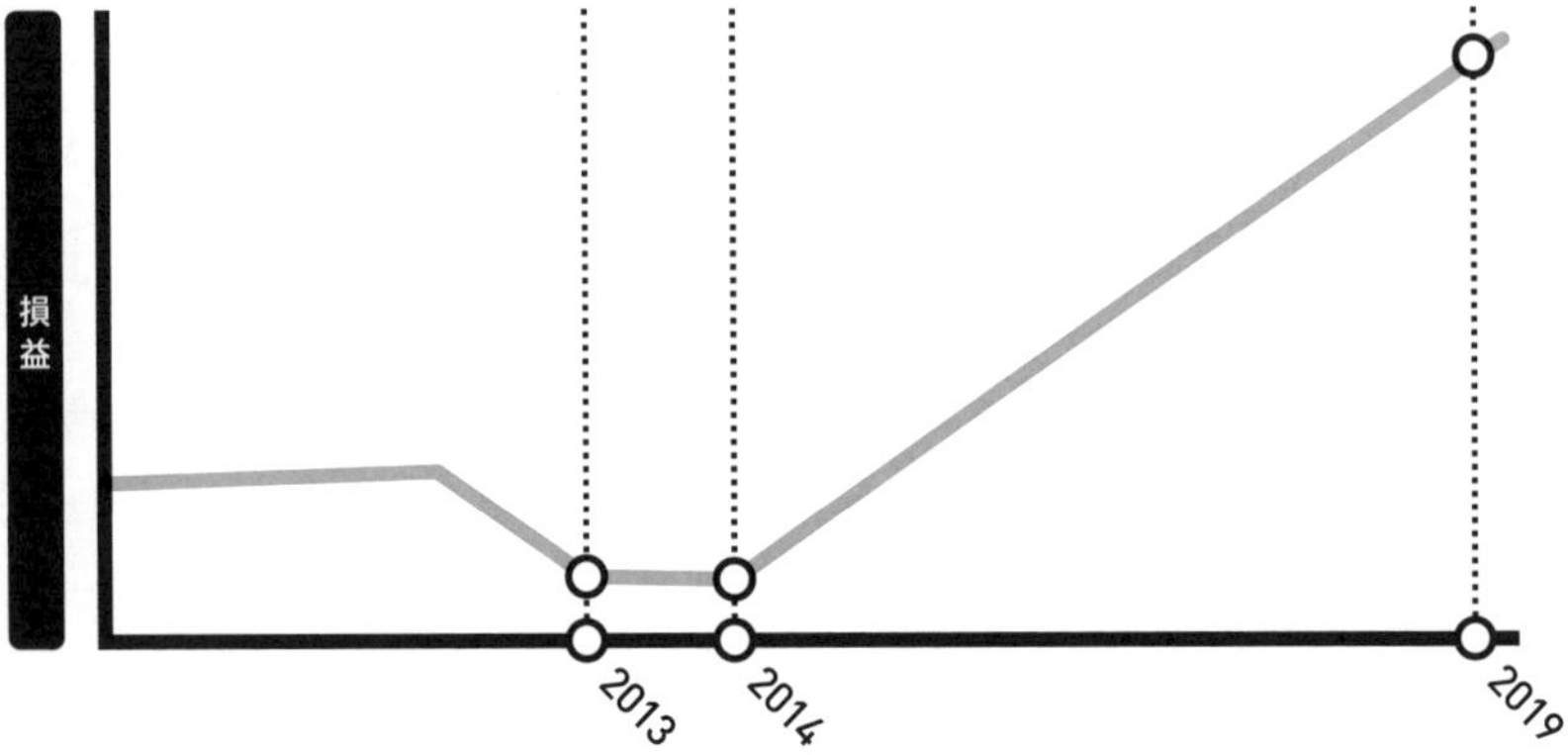

1982 Adobe創業

1990 Photoshopを発売

2000年代 海賊版や類似品の台頭

2013 Abobe Creative Cloudを発表

2014 パッケージ販売を中止

2019 収益が100億ドルを突破

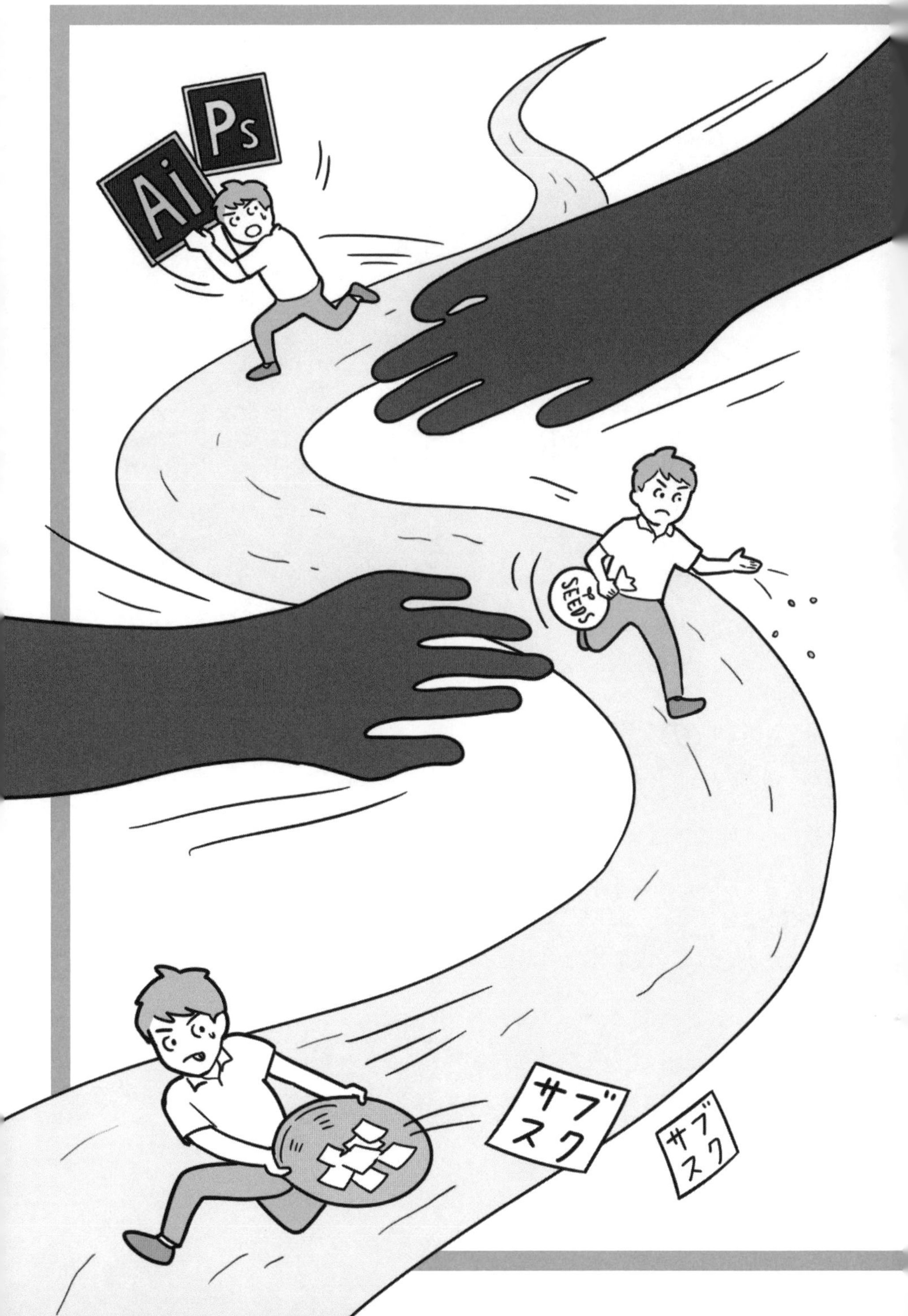
Ai
Ps
SEEDS
サブスク
サブスク

Ａｄｏｂｅ（アドビ）は、クリエーターが利用する編集ツールを提供するグローバル企業です。イラスト制作なら「イラストレーター」、画像編集なら「フォトショップ」、動画編集なら「アドビ・プレミア」といったソフトを提供しています。

クリエーター向けのツールで他を圧倒しているアドビですが、２０００年代を通じて株価の推移は横ばいで、長い低迷期を迎えていました。その理由はアップルの台頭です。アドビの主力製品の１つであった動画再生ソフト「フラッシュ」について、アップルが非対応を宣言したのです。当時、アップルは飛ぶ鳥を落とす勢いで業容を拡大しており、この「フラッシュ」の非対応は、アドビに対する宣戦布告でした。

では、アドビはどのように「アップルの台頭」という危機に向き合ったのでしょうか？　それはアップルと競合しない強みに注力するとともに、新しいビジネスモデルをつくることでした。

「育ての親アップル」との「フォント戦争」

アドビは、１９８２年にシリコンバレーで設立されたベンチャー企業です。創業期の主力事業は、文字をキレイに印刷できるプリンター向けのプログラム「ポストスクリプト」で、アップルと取引を開始したことが業容拡大の大きなきっかけとなりました。[*1]

1980年代初頭はパソコンが世の中に普及しつつあるタイミングでしたが、パソコンから文字を印刷できるプリンターの性能が低いことが課題となっていました。その点、「ポストスクリプト」は、数学的な計算プログラムによって、文字を大きくしても印刷画像が粗くならないという画期的な機能を持っており、注目を集めたのです。当時のアドビは「数学を駆使して、フォントを美しく出力する会社」でした。

1983年にアップルの創業者であるスティーブ・ジョブズ氏はアドビとの取引を開始するとともにアドビに出資も決めますが、その際には、「これは場外ホームラン級の大当たりになる」[*2]と考えていたといいます。こうしてアドビは、アップルの急成長と歩調を合わせるように業容を拡大し、設立4年目の1986年8月にナスダックに株式公開を果たしました。1986年時点のアドビの従業員数は87名で、その収入の84％がアップルからもたらされていました。[*3]このように、アドビの創業期はアップルと密接な関係にあったのです。

株式公開後、アドビは積極的に、IBMやHPなどのパソコン大手をはじめとする、アップル以外の会社との提携を推し進めます。1987年に

[＊1] アップルは1980年12月に株式公開を実現し、急成長のパソコンベンチャーとして注目を集めていた。このため、アドビは飛ぶ鳥を落とす勢いのアップルに見出される形となった。

[＊2]『The Adobe Story』パメラ・フィフナー著、井上務監修、新丈径訳）33ページ

[＊3]『The Adobe Story』パメラ・フィフナー著、井上務監修、新丈径訳）59ページ

はアップルからの収入比率は49％になり、１９８８年には同33％へと低下させるなど、徐々にアップルに依存した経営の改善を進めていきました。

ところが、１９８９年にアップルとの関係性が大きく変わります。アップルはそれまで保有していたアドビの株式の20％を売却し[*4]、かつアドビのポストスクリプトの代替となるフォント規格の開発を発表したのです。この新しいフォント規格は、アップルとマイクロソフトというパソコン業界の盟友2社が共同開発する方針でした。こうして設立間もないアドビは、その存在意義が揺るがされることとなります。

この戦いは「フォント戦争」と呼ばれ、その後の長い「アドビVSアップル」の対立が幕を開けたのです。

「育ての親」ともいえるアップルとの対立は、アドビにとっては大きな危機ともいえました。そこでアドビは競争の激しいフォント市場ではなく、まだ開拓されていなかった画像処理ツールに活路を求めました。アドビの代表的な製品である「イラストレーター」（１９８７年）、「フォトショップ」（１９９０年）なども、この時期に生まれたものです。

１９９０年代にパソコンが世界的に普及すると、アドビのフォトショップやイラストレーターは制作現場で欠かすことのできないツールとして定着していきました。これらのツールを使用することが、プロクリエーターにとっては「当たり前」という時代が到来したのです。[*5]

［＊4］アップルはアドビに200万ドル投資していたが、この株式売却によって8500万ドルの利益を確定させた。

［＊5］アドビは写真の現像をデジタルにシフトさせた。このアドビの動きによって市場を奪われて経営危機に陥った会社が「ノーリツ鋼機」である。
また、アドビはパソコン向けのソフトとして「PDF」を展開するなど、クリエーター向け以外でも強い製品を持っていた。

こうして、アドビはアップルやマイクロソフトとの正面衝突を避け、競争の軸をずらすことで企業を存続させたのです。

VSアップルの2度目の戦争

しかし、アップルとの戦いは「フォント戦争」だけでは終息しませんでした。2010年前後に勃発したのが、「フラッシュ」をめぐるイザコザです。

事の発端は、アドビが2005年に競合マクロメディアを34億ドルで買収したことでした。アドビとマクロメディアは2000年代を通じ、イラストレーターにおける特許で訴訟合戦を繰り広げていましたが、このアドビによる買収で、その特許紛争には終止符が打たれる形となりました。

ここで問題になったのがフラッシュというツールです。フラッシュはウェブブラウザ上で動作する動画閲覧ソフトです。2010年時点で、パソコンにおける普及率が98%[＊1]に達しており、もともとマクロメディアが所有していました。そのため、この買収によってフラッシュもまたアドビに所有権が移ることとなりました。

このフラッシュの何が問題になったかというと、それは、フラッシュがまさにアップルのメインストリームの延長線上に存在する製品だという点

[＊1]「もうiPhoneには投資しない」(「日経ビジネス」2010年5月10日号)

でした。そのため、アップルは２００７年発表のｉＰｈｏｎｅにおいても、２０１０年発表のｉＰａｄにおいても、フラッシュへの非対応を貫いたのです。

２００７年以降の全世界的なスマートフォン拡大の潮流にあって、アップルの「アドビ外し」は大きな痛手でした。

このようにアドビは、ソフトウェア産業のメインストリームに繰り出すと、そのたびにアップルなどの盟友企業からの圧力をかけられるという歴史を繰り返さなければなりませんでした。

さて、このような状況に対して、アドビはどのような戦略をとったのでしょうか？

「アップルとは競合しない」という守りの選択

２００７年、アドビのＣＥＯに、当時45歳だったシャンタヌ・ナラヤン氏が就任します。[*1] 一方、アップルは同じ年にｉＰｈｏｎｅを発売しており、ナラヤンＣＥＯは、２０００年代を通じて急激に力をつけつつあるアップルとどう向き合うかという難しい課題を、就任当初から突きつけられるこ

［＊1］ナラヤン氏は、そのキャリアの前半をアップルで過ごしている。元アップル社員がアドビのＣＥＯに就任し、古巣のアップルと戦う形となった。

ととなりました。

そこでまずナラヤンＣＥＯが下した決断が、ｉＰｈｏｎｅに向けてはフラッシュ開発等の投資をしないということでした。ナラヤン氏は、「オープンなプラットフォームを支持しない人との対話を終わらせる」[*2]と宣言しました。こうしてアドビは「フォント戦争」と同様に、アップルとの正面衝突を避け、棲み分けができる分野に投資を行なうことにしたのです。

［＊２］「アドビシステムズ」（「日経ビジネス」２０１６年3月28日号）

サブスクリプション導入による低迷からの急成長

ただし、ナラヤン氏の戦略はただ「アップルと戦わない」というだけではありませんでした。２０１３年、アドビは業界を驚かせる発表を行ないます。

それは、フォトショップやイラストレーターなど、従来は「パッケージ売り」が主体であった主力製品について、月額課金制の「アドビクリエイティブクラウド」に移行するということでした。加えて、従来のパッケージソフトの販売は２０１４年で中止されることとなりました。アドビは、サブスクリプション[*1]への完全移行を宣言したのです。これにより利用者は、

［＊1］サブスクリプション：通称サブスク。商品ごとに購入金額を支払うのではなく、一定期間の利用権として料金を支払う方式。たいていは、契約期間中は定められた商品を自由に利用できるが、期間がすぎれば利用できなくなる。

10万円を超えるパッケージ購入費を支払う必要はなくなりましたが、クラウドサービスを利用するための月額費用（５０００円）を支払わねばならなくなりました。

このパッケージソフトのサブスク化には、アドビの社内からも反対意見があったといいます。しかしナラヤン氏は、サブスクへの移行によって、常に最新のツールを顧客に提供できることや、クラウド上で様々な連携ができるメリットを勘案し、サブスクへの移行を推し進めることにしました。このとき、ナラヤン氏は、

「目指すべき方向が見つかれば、１日でも早く決断し、変化すべきだ」[*2]

として社内を説得したといいます。

［＊2］「アドビシステムズ」（「日経ビジネス」２０１６年3月28日号）

さて、２０１３年のサブスクへの移行によって、アドビは売上高の低迷という代償を支払うこととなりました。それは考えてみれば当然のことで、従来は１本購入されるごとに初期費用として10万円程度のまとまった対価が支払われたのに対して、サブスクでは初期費用は発生しません。その代わり、月単位の入金となるため、その過渡期においては、必ず１回、売上が低迷します。実際、２０１２年の売上高が44億ドルであったのに対し、２０１３年は40億ドル、２０１４年は41億ドルとなりました。

しかし２０１４年を境に、その売上高は急激な伸びを記録することとなりました。２０１５年は48億ドル、２０１６年は58億ドル、２０１９年は

１１１億ドルといった具合です。こうしてアドビはサブスク型に切り替えたことで、売上高１００億ドルを突破することとなったのです。

ところで、なぜサブスクにすることでアドビの売上高は急増したのでしょうか。

その大きな理由は、ユーザーの裾野が広がったことにあります。従来のパッケージ売りでは、ソフト１本につき、10万円を超える初期費用がかかりました。これによってアマチュアには手が出しづらく、アドビ製品を使うのはプロのみに限定されていたわけです。しかしサブスクにしたことで、月額９８０円から利用が可能になりました。そのため、従来のユーザーに加えて新たなユーザーの取り込みにつながり、アドビは利益率を維持したまま売上高１００億ドルを突破することとなりました。

アドビはサブスクの成功事例として注目を集めましたが、その背景にはアップルという巨大企業がありました。競争を避けるために知恵を絞った結果が、サブスクというビジネスモデルだったのです。

〈その他の参考文献〉
・『The Adobe Story―― 出版革命をデザインした男たち』（パメラ・フィフナー著、井上務監修、新丈径訳、アスキー）
・「米アドビシステムズ（ソフトウエア） 高シェアをテコに他事業へ」（「日経ビジネス」２０１３年6月24日号）
・「アドビシステムズ（ソフトウエア開発） 『成功』を捨て『失敗』を買う」（「日経ビジネス」２０１６年3月28日号）
・FORM 10-K (Adobe)

まとめ

火花は散らしても自分自身を燃やさないで次の種をまく

アドビは創業以来、マイクロソフトやアップルといったソフトウェアの巨大企業から宣戦布告されながらも、なんとか生き延びた会社です。なぜアップルから2度も戦争を仕掛けられながらも生き残れたのかといえば、次のビジネスに向けて種をまき続け、正面衝突を避けてきたからといえるでしょう。

アドビが最初に直面した「フォント戦争」では、火花を散らしながらも、その裏で「フォトショップ」という強力な製品の開発が進められていました。同様に、「フラッシュ戦争」でもアップルとの正面衝突は避けながらも、既存の製品を「サブスク化」して強化することで危機を乗り越えることができたわけです。

このように、アドビは既存事業が比較的好調なうちに次の事業をつくることで、危機を突破してきました。目先では火花を散らすものの、身を粉にして戦うのではなく、裏では次の主力ビジネスを密かに仕込めるのが、アドビの強さなのです。その意味でアドビはアップルによって鍛えられ続けてきた会社といっても過言ではないのかもしれません。

競争に身を投じながらも、そこに全力を注ぐのではなく、火花を散らす裏でしたたかに次のビジネスの種をまく。このアドビの姿勢は、私たちが学ぶべき「危機の乗り越え方」として、示唆に富んだものといえるでしょう。

チェックリスト

- □ 顧客が反旗を翻した際の対策を考えられているだろうか？
- □ 強大な企業との正面衝突を避けることができるだろうか？
- □ 次のビジネスの種をまいているだろうか？

File

18

価格圧力に苦しむも顧客価値を再定義して危機突破

シスメックス

SYSMEX CORPORATION

"How to overcome the crisis through V-shaped recovery?"

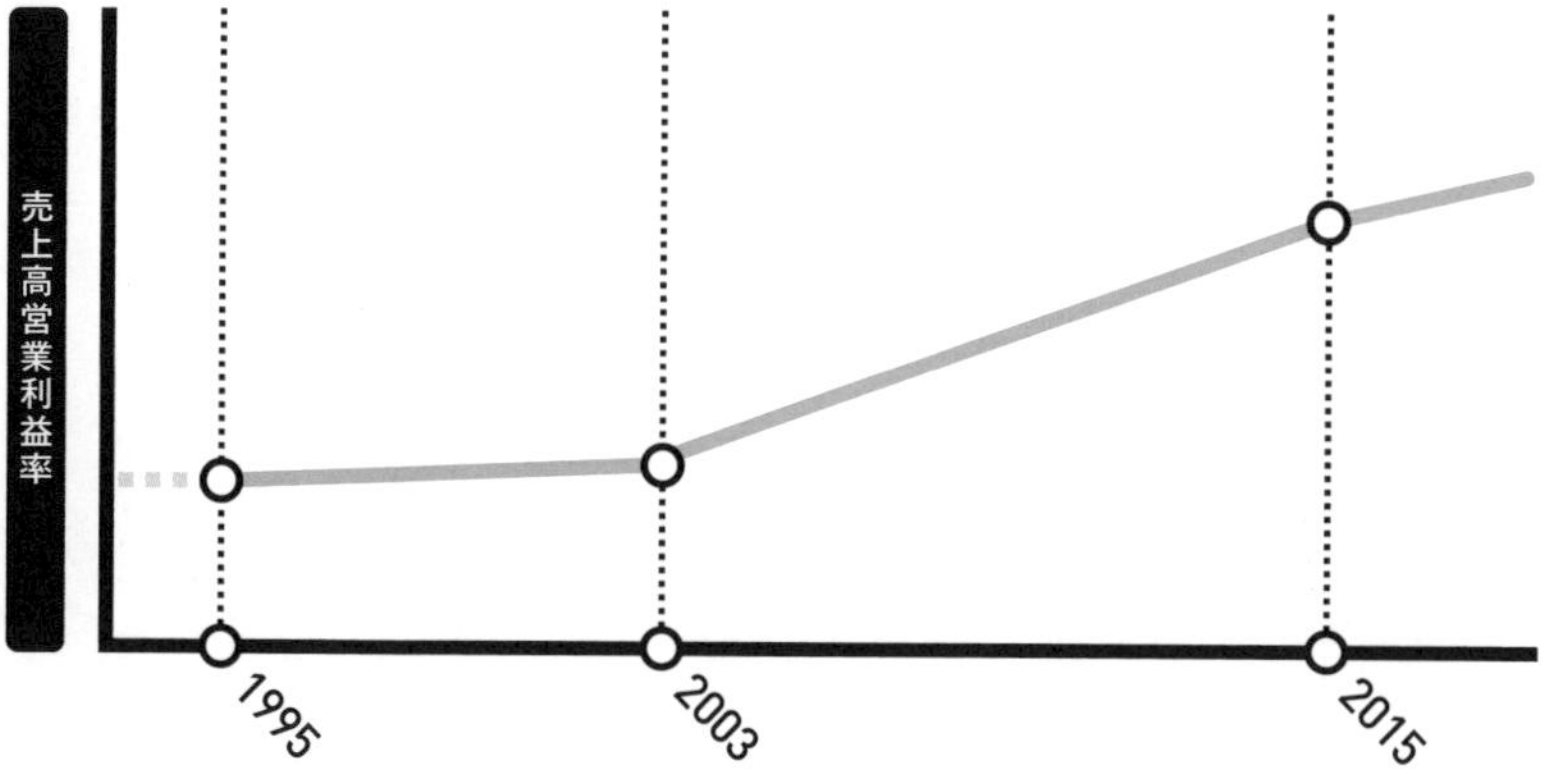

- **1968** 東亜医用電子（現・シスメックス）の設立
- **1975** 国内初の全自動血球計数装置「CC-710」を発売
- **1993** アメリカの代理店を買収
- **1995** 大阪証券取引所に上場
- **2003** 米国の販売を直販に切り替え
- **2015** 世界各地でサービス事業を中心に高収益を確保

シスメックスは売上高３０１９億円、売上高純利益率11・5％という高収益企業です。売上高の84・5％は海外事業であり、グローバル展開と高収益を両立させた企業として知られています。[*1]

事業の内容は、病院に血液検査や尿検査で使う医療機器と試薬の提供です。特に血球計数分野は世界シェアトップを確保しており、ある程度の規模の病院には必ずといっていいほどシスメックスの検査機器が設置されています。２０１０年代には、「知る人ぞ知る優良企業」として賞賛されていました。

シスメックスはこのように、医療分野において地位を確立していますが、しかしその成長は順風満帆とはいえませんでした。１９９０年代には「世界的な医療費の削減」による価格圧力が強まり、シスメックスは「最新の検査機器を開発しても、値引きをしないと売れない」という厳しい状況に置かれていたのです。さらに、海外でのシスメックスの製品販売の代理店から、相次いで契約解消を申し出られる、ということもありました。

そこで、このチャプターでは、シスメックスが直面した海外事業存亡の危機とその突破劇を検証します。今回の危機突破のキーワードは「顧客密着」と「提供価値の再定義」です。

[＊1] シスメックス「2020年3月期決算説明会」(2020年5月13日)

危機前夜

「医療は儲かる」は本当か？

２０００年代から２０１０年代にかけて、多くの日本企業が医療機器事業に参入しました。

その筆頭はカメラや事務機器といった事業を本業とするキヤノンです。キヤノンは２０１６年に東芝の子会社である東芝メディカルシステムズを買収し[＊1]、ＣＴなどの検査機器の製造開発に参入しました。本業の収益性の低迷を受け、収益率が高い「医療機器」の分野に目をつけたのです。

今、「医療機器は収益率が高い」と書きました。このように書くと、「医療機器は儲かる」ように見えるかもしれません。たしかに、素人目に見ても、医療機器には高度で複雑な技術が必要で、製品としての付加価値が高い、という印象を受けます。大量生産はできないものの、売れれば儲かりそう……そんなイメージを持つ方も多いのではないでしょうか。しかし、医療向けの事業を繙くと、「医療事業は儲かる」というイメージが正しいとは言い切れない現実があります。

それは、そもそも医療機器や医薬品を購入する主体が「誰」か、というのが複雑で見えにくいからです。皆さんは、「誰」が医療機器や医薬品を購入していると思いますか？

［＊１］買収額は、６６５５億円に上った。

この問いへの表面的な答えは、「病院の医師」になるでしょう。より好ましい治療ができるように、病院の予算に合わせて医療機器を揃えるというのが、普通です。では、その病院の「予算」を融通するのは誰でしょうか？

厚生労働省が公表している資料によれば、２０１７年度の日本における国民医療費の総額は43兆円で、その38・４％が公費負担（国庫25・３％、地方13・１％）だそうです。政府や地方自治体がその多くを負担しているのです。[＊2]

医療費は必要なものであるとはいえ、政府がその負担を際限なく増やすことは好ましくありません。そこで政府は、医療機器や医薬品の価格を下げていくことによって、負担軽減を試みることになります。[＊3]

裏を返せば、医療に関わる領域は、たしかに需要はあるものの、「常に値下げ圧力にさらされている」というのが現実です。常に儲かる、といった楽観的な産業ではないのです。

特に、欧米の医療や社会保障における自己負担が大きい国では、その「値下げ圧力」も強烈といえるでしょう。

［＊2］厚生労働省「国民医療費の概況」の「結果の概要」より。

［＊3］薬価改定は、政府が医療費負担を減らすための仕組みの一つ。

国内での勝利パターンが通用せず、「性能がよくても売れない」事態に陥る

さて、本チャプターで紹介するシスメックスもまた、政府による医療費削減という値下げ圧力にさらされている企業の１つです。

そもそもシスメックスは、業務用音響機器を扱うＴＯＡ（本社・神戸）が新規事業として開始した医療機器の研究・開発の中で、軌道に乗った血球計数装置の開発・製造を担うべく、１９６８年に親会社から独立する形で設立された医療機器メーカーです。[＊1]

シスメックスが製造する血球計数装置は、血液検査の際に使用されます。患者から採血した血液中の血球の数を計測することで、患者の健康状態を確認することができます。「血球」という小さな物質を正しく計測するのは容易ではなく、この技術開発にシスメックスの強みが発揮されました。

シスメックスの設立当時は、「クールター」という海外の競合企業が国内シェアをとっていました。しかしシスメックスの血球計数装置の精度が評価され、徐々にシェアを拡大していきます。

１９８２年には血球計数機器で国内70％のシェアを確保し、技術力を武器にした製造業ベンチャー企業として「小さな巨人」[＊2]と評価されました。

［＊1］ＴＯＡの創業家である中谷太郎氏が、新しいビジネスの種を模索する中で血球計数装置という分野に注目してシスメックスを設立した。

［＊2］「血球計数機器のトップ、東亜医用電子」（「日経ビジネス」1982年1月25日号）

こうして国内市場をとり尽くした後に、シスメックスは技術力を武器に、欧米に進出することで「血球計数装置」で業容を拡大しようと試みたのです。

ところが、シスメックスのグローバル展開の前に立ちはだかったのが「政府による値下げ圧力の危機」でした。日本は手厚い保険制度があり、高額な機器でも購入される土壌がありましたが、１９８０年代の欧米では政府が「医療費削減」に舵を切りつつありました。このため、シスメックスの海外事業は思うような展開ができなかったのです。１９８９年、シスメックスは海外向けに「ＮＥシリーズ」という新製品を投入しますが、現場からの評判はよくても値引きしないと売れない、という前代未聞の事態に陥りました。

また、１９８０年代から１９９０年代にかけてのシスメックスの海外展開は、現地の代理店に販売を任せる方式で進められていました。

しかし、前述のようにシスメックスの商品の売れ行きは思わしくなく、現地の代理店にとっても、シスメックスの「血球計数装置」は儲かる商品ではありませんでした。

そのため、１９９１年にはイギリスの代理店、１９９３年にはアメリカの代理店がそれぞれ「血球計数装置」の取り扱いをやめるなど、続々と代理店契約が解消されていきます。

シスメックスにとっては、海外の代理店の取り扱い中止は、すなわち海外展開の断絶を意味しました。１９８８年には、当時の社長であった橋本禮造氏が「10年以内にヘマトロジー分野で世界一[*3]」を目指すと宣言していましたが、それには遠く及ばない、予想外の事態となっていたのです。

こうして、値下げ圧力の前に業績は頭打ちになり、シスメックスの海外展開には暗雲が垂れこめることとなったのです。

[＊3] シスメックス公式ウェブサイトの「50年の歩み」より。

リスクをとって直販体制をつくる

海外の販売代理店からの「継続中止」という通告を受け、シスメックスは早急に対応策を練る必要がありました。

まず、１９９１年に代理店との契約解消が決まったイギリスにおける販売について、シスメックスには下記の２つの選択肢がありました。

1. 別の代理店をイチから探す
2. 自前で販売会社を立ち上げる＝直販網をつくる

1に関しては、海外でビジネスを展開することのリスクを緩和でき、スピード感を持って普及できる可能性がある反面、今回同様、新たに契約した代理店からも契約を解消されるリスクがありました。

2に関しては、人材をシスメックスが自社で雇う必要があるため、相応な投資が必要で、それに伴うリスクがありました。

当時のシスメックスの年間売上高は200億円程度であり、現地に直販網をつくるには投資負担が大きすぎるとして、社内からの反対意見もあったといいます。しかし当時のシスメックスの経営陣が出した結論は、「イギリスで直販網を形成する」でした。リスクはあるものの、自前で販売網を構築することで顧客の声を聞くことができ、商品開発面で有利になると考えられたからです。

1991年にシスメックスはイギリスの販売代理店を買収し、グローバルで自前の販売網を構築する方向に大きく舵を切りました。これがシスメックスにとって、海外事業で直販網を形成する第一歩となりました。

続いて、1993年に契約解消が決まったアメリカでも、現地の代理店を買収する方針を決めます。代理店からの契約解消の通告を受けた当時、社長の橋本氏は一晩中、ホテルで、

「買収し、販売会社を設立するか、新たなディストリビューターを探すか

……」

と悩んだ末、最終的にアメリカでも買収によって自前で販売網をつくる方針を決めたといいます。

こうして代理店の当該部門（社員約70名）をまるごと買収し、現地販売子会社「SYSMEX CORPORATION OF AMERICA（通称 Sysmex A）」を設立しました。

当時、売上高200億円程度に過ぎなかったシスメックスは、現地の販売代理店を相次いで買収することによって、グローバル直販網の構築に乗り出したのです。[*1]

顧客価値を再定義し、サービス会社に転身

1980年代までのシスメックスの海外事業における提供価値は「現地の販売パートナーに、儲かる商材を供給する」というものでした。つまり、医療機器のメーカー・シスメックスが、海外の顧客である代理店に、商材を提供するという形です。

このとき、本来の購入者である「病院」や「医師」はその視野に入って

［＊1］アメリカでの完全な直販への切り替えは、2003年である。

いませんでした。そこでシスメックスは、海外への直販ルートの開拓に際し、ビジネスの提供価値の相手を「最終顧客は病院」と明確に定めました。

そのうえで、着手したのが「血球計数装置」というハードウェアを商売の中心に据えるのではなく、試薬などの消耗品や、検査に関連するサービス体制を強化することでした。従来無料で提供していたサービスをあえて有料化することで、同社の付加価値を明示したのです。

シスメックスが提供したサービスは、「血球計数装置」の運用に関わるものでした。「血球計数装置」は精密機械であり、ときに故障が発生します。病院からすれば、「血球計数装置」がストップすれば、検査ができなくなってしまうため故障は大きな損害につながります。そこでシスメックスは、「サービスダウンを未然に防ぐ」ために、日本・アメリカ・ヨーロッパにソフト開発拠点を整備し、ＩＴシステムの充実化を積極的に推し進め、検査機器の稼働状況を集中管理するシステムを構築していきました。

また応急処置が必要な場合はすぐに、サービス担当の社員が病院に駆けつけられるような派遣体制も整えます。

つまり、シスメックスは「血球計数装置を病院に売る」という従来の提供価値を改めて、「病院に対して、血球計測装置と、その装置が常時稼働するための安心を売る」という方向に、顧客への提供価値を定義し直したのです。

この結果、2010年代までにシスメックスは試薬とサービスが売上高の過半数を占めるようになり、代理店頼みのメーカーから、サービスカンパニーに転身します。

サービスに価値を置くことによって、政府の医療費削減の影響を最小限にとどめたのです。

〈その他の参考文献〉

・『東亞医用電子30年の挑戦』（シスメックス株式会社編集）
・「[シスメックス社長] 家次恒 氏―― 強迫観念のように開発する」（「日経ビジネス」2014年1月27日号）
・「シスメックス [14期連続]『3層構造』で稼ぐ検査サービス」（「日経ビジネス」2015年10月5日号）
・有価証券報告書（シスメックス）

まとめ

価格競争・値下げ圧力への対抗策は、「本当に必要とされる価値」を考え抜くこと

「技術が優れていれば売れる」という考え方は、一見正しいようで実は本質が見えていないだけ、ということが往々にしてあります。

顧客が対価を払うのは、「技術そのもの」ではありません。「技術によって、実現できること」です。シスメックスの場合は、血球計数装置の精密さもさることながら、顧客が本質的に求めるのは「血球計数装置が絶対に止まらないこと＝検査体制を維持し続けること」にありました。

技術はそのための手段であり、血球計数装置の精密さは、顧客にとっては「評価の一要素」に過ぎなかったのです。

「技術」を追い求めていくなかで、多くの企業が「価格圧力」にさらされます。そのとき、安易に価格圧力に応じてはいけません。圧力に応じて価格を下げるということは、提供価値を正しく定義できていないことを意味します。このときに行なうべきことは、顧客への提供価値を見直すことなのです。

チェックリスト

- □ 顧客への提供価値を考え抜いているだろうか?
- □ リスクをとって将来の布石となる決断を下しているだろうか?
- □ ものづくりや技術だけにこだわっていないだろうか?

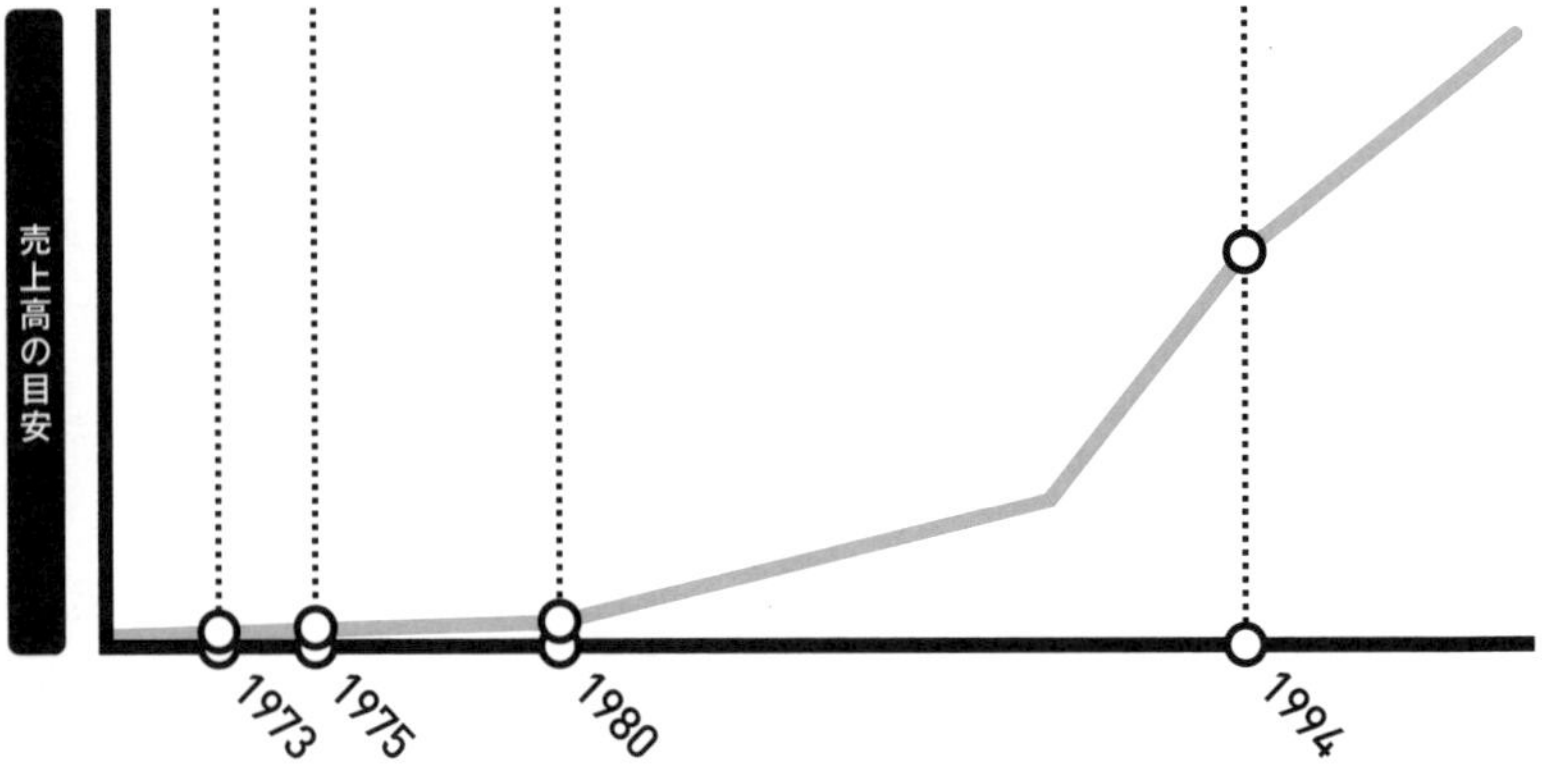

1958 東大阪で大山ブロー工業所を創業

1973 オイルショックにより経済不況へ

1975 問屋の値下げ圧力により経営危機へ

1980 ホームセンター「カーマ」と直接取引を開始

1994 売上高400億円を突破

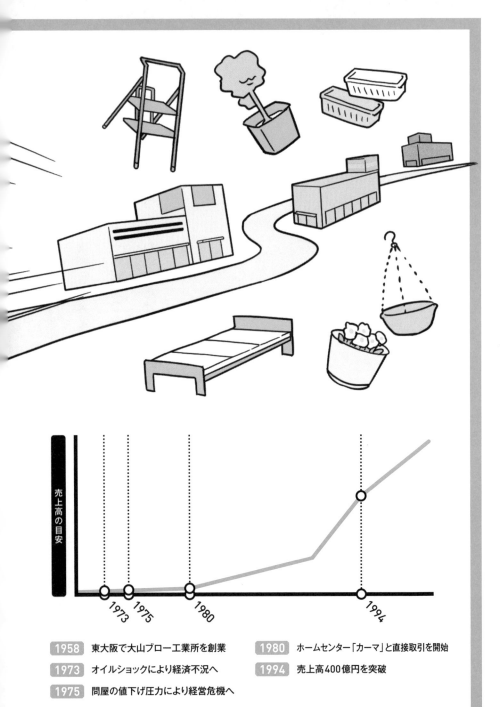

File

19

価格圧縮と不況に直面し、「業界の常識」を書き換えて危機突破

アイリスオーヤマ

IRISOHYAMA INC.

"How to overcome the crisis through V-shaped recovery?"

今回取り上げるのは、「アイリスオーヤマ」という会社です。社名そのものの一般的な知名度はそれほど高くありませんが、ホームセンターで販売されているＬＥＤ照明や、衣装用のクリアケースなどの開発・製造を行なう企業で、非上場ながらもグループ売上高約５０００億円（２０１９年12月期）という大企業です。

今でこそアイリスオーヤマは大企業として業容を拡大していますが、半世紀前は東大阪にある町工場の１つでした。１９７３年に起こったオイルショックによる経済不況では倒産の危機に陥るなど、吹けば飛ぶような中小企業に過ぎなかったのです。そして、アイリスオーヤマに牙をむいたのが「問屋」という一大勢力でした。

今回は、オイルショック、そして経済不況によって倒産寸前に陥ったアイリスオーヤマが、どのように危機を突破したのかを検証します。

危機前夜

「そうは問屋が卸さない」がまかり通った時代

「問屋」とは生産者から商品を仕入れ、小売業者などに対して販売を行なう卸売業者のことです。半世紀前の日本では、問屋のビジネスへの影響力は絶大でした。「そうは問屋が卸さない」ということわざが意味するように、「問屋」という存在は日本の商業においては中心的な存在であり、非常に強力な発言力を持っていたのです。

なぜ「問屋」が非常に大きな存在感を持てたのでしょうか？　その理由は、物流網が未熟な時代には、メーカーは「大量生産」した商品を「大量販売」する小売業者と結びつける仕組みを独自に構築することが難しく、その仲介として問屋の力を借りるしかなかったからです。

例えば、食品業界の老舗卸企業に、「国分」[*1]があります。国分の創業は、江戸時代の1712年で、「300年企業」として知られています。[*2]明治時代には日本橋を拠点にして食品の卸売業を本格化させ、ヱビスビール（日本麦酒醸造会社。現・サッポロビール）や味の素などの大手食品メーカーと取引をして、商品を消費者に届けるための重要な役割を担っていました。メーカーが全国津々浦々の消費者に製品を届けるためには「問屋」の販売力が不可欠であり、国分は卸として業容を拡大したのです。

このように、日本の物流において問屋は大きな役割を果たしており、メーカーは問屋に対して頭が上がらない――そんな時代が長く続きました。

ただし、現在のメーカーと問屋の関係性は、当時と比べると多少、変化してきています。[*3]日本が高度経済成長期に差し掛かった1962年、『流通革命』という新書が大ベストセラーとなり、「問屋不要論争」が盛んに

［＊1］２０１９年12月期の国分の売上高は約１・８兆円。

［＊2］東京・日本橋で創業した国分は醤油の販売によって食品業界に参入し、関東地区で強力な販売網を構築した。

［＊3］現在においても、中小メーカーなど、自社で物流システムを確立していない企業にとって、問屋は自社と小売業者や最終消費者をつなぐ重要な存在である。

なりました。トラックが普及し、陸上の「大量輸送」が容易になったことで物流コストが低下したためです。

物流コストが大幅に下がったことで、メーカーと小売業者は、直接、製品を売買することが可能になっていきました。そうなると、今までメーカーと小売業者の仲介の役割を果たし、その意味で日本の商業の中心的な存在であった「問屋」の存在意義が問われることになります。従来の「生産者→問屋→小売→最終消費者」という常識が、「生産者→小売→最終消費者」に切り替わりつつあることが示唆され、その結果、「問屋」が不要になることが予想されたのです。

このように「問屋不要論」が盛んに議論されるようになったものの、1960年代の日本経済においては、依然として問屋の力は絶大でした。[＊4] そして、そんな絶大な影響力の問屋からの「価格圧力」に泣かされていたのが、当時、東大阪で町工場を営んでいたアイリスオーヤマです。

【＊4】問屋の力が依然絶大だったからこそ、「問屋不要論」が盛んに議論されたともいえる。

どんな危機に直面したのか？

突然の不況に、それまでの商売が成り立たなくなる

アイリスオーヤマの歴史は、1958年、大山森佑氏が東大阪にプラスチック製品を製造するための町工場「大山ブロー工業所」を創業したこと

に始まります。創業者である大山森佑氏は病気で急逝してしまったため、町工場は当時19歳であった息子の健太郎氏に引き継がれました。

町工場を発展させるべく、大山健太郎氏は事業開発を積極的に行ないます。当時、プラスチックという素材は世の中に出回り始めたばかりだったため、大山健太郎氏は新しいプラスチックの用途はないかを常に模索。従来はガラス製だった「養殖用ブイ」をプラスチック製に置き換えるアイデアによって、ヒット商品を生み出しました。[*1]

さらに1970年には、田植え機向けの育苗箱を木製からプラスチック製に置き換える商品を考案するなど、大山健太郎氏はアイデア商品を連発することで町工場を盛り立てていきます。1973年にアイリスオーヤマは売上高15億円を達成し、町工場としては急速な発展を遂げました。当時、大山健太郎氏は27歳でした。

［＊1］1950年代はプラスチック産業の勃興期で、様々な中小企業がアイデアによって市場を開拓した。おもちゃメーカーのタカラ（現・タカラトミー）も、プラスチックおもちゃの開発で飛躍した企業の1つ。

オイルショックによって原油価格が高騰し、日本経済が一気に不景気に突入したのが、そんな折の1973年10月です。

原油価格が高騰すれば、プラスチックの原材料の価格も高騰します。加えて経済不況は需要を押し下げ、アイリスオーヤマの経営は一転して窮地に陥ることになりました。[*2] 当時の苦境に大山健太郎氏は会社を畳むことも考えましたが、従業員の将来を案じたこともあり、なんとかこの危機を乗り越えようと模索します。

［＊2］オイルショック直前に東北に工場を建設しており、この投資負担も経営に重くのしかかった。

追い討ちをかけるようにアイリスオーヤマを苦しめたのは、問屋の「価格圧力」でした。当時の主力製品である育苗箱の単価を、従来の２００〜３００円から80円に値下げするように、という要請が問屋からなされました。アイリスオーヤマがこの問屋からの要請を拒否したところ、なんと問屋は別のメーカーとの取引に切り替えてしまったのです。

アイリスオーヤマに限らず当時の町工場は、経済不況下の問屋の価格圧力に経営体力を削られていきました。アイリスオーヤマもまた経営危機に陥り、拠点を東大阪から東北の仙台に移転して再起を図ります。

メーカーと小売業者をつなげるのは、本当に「問屋」だけなのか?

アイリスオーヤマが危機を突破するために選んだ道は、「問屋との決別」でした。従来の「生産者→問屋→小売→最終消費者」という仲介する商流ではなく、「生産者→小売→最終消費者」という商流の構築にチャレンジしたのです。

アイリスオーヤマが目をつけたのが、１９７０年代当時、急成長を遂げつつあったホームセンターという形態のベンチャー小売業でした。１９７０年代のモータリゼーション[*1]によって、全国各地のロードサイドにホーム

［＊1］自動車社会の到来。ホームセンターはいずれも、自動車社会が発展しつつあった郊外で業容を拡大した。

センターという巨大な小売業者が登場したからです。

１９７０年には中部地区を中心に展開するカーマ、１９７７年には新潟を中心に展開するコメリ、１９８９年には関東を中心に展開するカインズが、それぞれホームセンターという市場に本格参入しました。

新興業態であったホームセンターには「製品を大量に仕入れることで値引き販売をしたい」という思惑があり、その思惑の実現は問屋との関係性以上に重視されていました。そこへアイリスオーヤマは、メーカーとして、ホームセンターとの直接取引を試みたのです。

時代の追い風を受け、アイリスオーヤマは大手ホームセンターのカーマとの取引に成功します。決め手はアイリスオーヤマの「かゆいところに手が届く商品開発力」でした。アイリスオーヤマが開発したプラスチック製のプランター（園芸用品）は、従来のプランターとは違って色のバリエーションが豊富で、水抜水栓などの使い勝手のいい機能を搭載していました。このプランターがヒット商品となったことでアイリスオーヤマの評判は高まり、全国各地のホームセンターとの直接の取引が広がっていきました。[*2]

アイリスオーヤマがホームセンターとの取引拡大の中で確立したポジションは、「メーカーベンダー」というものです。１９９０年代を通じて全国各地に配送機能を備えた工場を相次いで新設し、従来は問屋が担って

［＊２］園芸用品の他にも、透明なプラスチック製の衣装ケースを開発してヒットさせるなど、ホームセンターにとっての目玉商品を供給し続けた。

いた物流の機能を、メーカーであるアイリスオーヤマが担うことによって、問屋に依存しないビジネスを構築しました。より低価格で大量の商品を、迅速[*3]に小売業に納品することが可能になりました。

こうして、アイリスオーヤマは問屋と決別し、小売業との直接取引を実現したのです。

［＊3］2000年代には日本全国における「日帰り配送（当日中に出発地に戻ってこられるスタイルでの配送）」も可能となった。

どのような攻めに転じたのか？

開発力を培うことで価格圧力に打ち勝つ

アイリスオーヤマの場合、問屋と決別してすべて解決、というわけではありませんでした。ホームセンターからも強い価格圧力が寄せられました。問屋という仲介業者がいない分、その影響は直接、アイリスオーヤマに及ぶことになります。次なる問題は、「価格交渉力を、いかにして強化するか」という点でした。

そこで、アイリスオーヤマは、開発と販売を重視した体制を構築します。まず販売面では、アイリスオーヤマの社員がホームセンターに赴いて消費者の動向を詳しく調査することで、何が必要とされるのかをキャッチアップする仕組みをつくり上げました[*1]。そして開発面では、スピード重視で絶え間なく製品開発を行ないました。これらの取り組みによって、ヒット率

［＊1］ホームセンターのPOSと自社システムを連携させることで、商品の売れ行きを素早く把握している。

が向上したほか、特定商品の価格が下落してもすぐに次のヒット商品でカバーできるようになったといいます。

例えば、毎週月曜日に開かれている開発会議は、アイリスオーヤマのスピード重視の精神を象徴する仕組みの1つです。開発担当者は新製品に関するプレゼンテーションを行ないますが、この会議には社長も出席し、その場で製品化の有無を決定します。膨大な新製品の開発の可否を即座に決定することで、市場のニーズに柔軟に対応できる、という仕組みがあるのです。

問屋という仲介業者の排除、そして販売力と開発力の強化によって、現在のアイリスオーヤマは成り立っているのです。

〈その他の参考文献〉
・「アイリス物語（第一話―第三十話）」アイリスオーヤマ公式ウェブサイト
・「大山健太郎氏［アイリスオーヤマ社長］――『メーカー兼問屋』で価格革命引き起こす」（「日経ビジネス」1994年9月19日号）
・「アイリスオーヤマ社長　大山健太郎氏　後編――『製造卸』という新たなビジネスモデルを構築　オンリーワン商品でホームセンターを席巻する」（「日経トレンディ」2015年12月号）
・「アイリスオーヤマ（生活用品の企画・製造・販売）　何でも『自前』で安さ追求」（「日経ビジネス」2020年2月10日号）

まとめ

強さの秘訣は「当たり前を正しく問い直せること」にある

本チャプターを俯瞰してみると、危機突破のポイントが「当たり前とどう向き合うか」にあることがわかります。

まず、アイリスオーヤマの危機突破の背景には、「当たり前のことを愚直に追求した」ことがあるでしょう。アイリスオーヤマは顧客密着という「当たり前」を実践することで、開発力を培い、業容を拡大しました。そこに「秘密の飛び道具」はなく、あくまでも淡々と遂行したに過ぎません。

一方で、ビジネスの世界においては往々にして「当たり前」のことが実践されていないということも、このチャプターは示しています。高度経済成長期までの日本では、物流網が発展していたにもかかわらず、商売の中核として「問屋」が強い影響力を持っていました。大量生産・大量消費の商品は、消費者の「よりよいものをより早く、より安く」というニーズに応えるのが「当たり前」ですが、このように、「消費者にとっての当たり前」が「業界の当たり前」によってなおざりになっている、というケースは珍しくないのです。

従来のやり方で危機に直面してしまったときに重要になるのは、「業界の当たり前」をい

Summary ≫ Tile.19

かに崩すことができるか、ということです。かつての道路網やトラックの普及、そして現在の情報網やITの発展など、ビジネスをめぐる環境は大きく変動しています。しかし、業界内に浸かっている人々からすれば、このような変化に気づき、それを踏まえて「当たり前」を変更していくことは、容易ではないでしょう。

ですから、ビジネスパーソンは常に、「業界の当たり前は、本当に当たり前なのか？」を問い続けなければなりません。「業界の当たり前」と「消費者にとっての当たり前」がかみ合わない場合、今後、新たな「当たり前」を実現した企業によって「業界の当たり前」が破られ、従来のやり方が時代遅れになってしまう可能性がおおいにあります。

当たり前を正しく問い直し、愚直に追求した先に、未来の答えがあるのです。

チェックリスト

- □ 業界で「当たり前」と見なされていることは、消費者にとっても「当たり前」といえるだろうか？
- □ 業界では「当たり前」とされていることが崩れるとしたら、そのシナリオはどのようなものだろうか？
- □ 常に「当たり前」を疑うことができているだろうか？

File

20

15年越しの黒字化を実現して危機突破

P&G

The Procter & Gamble Company of Japan Limited

"How to overcome the crisis through V-shaped recovery?"

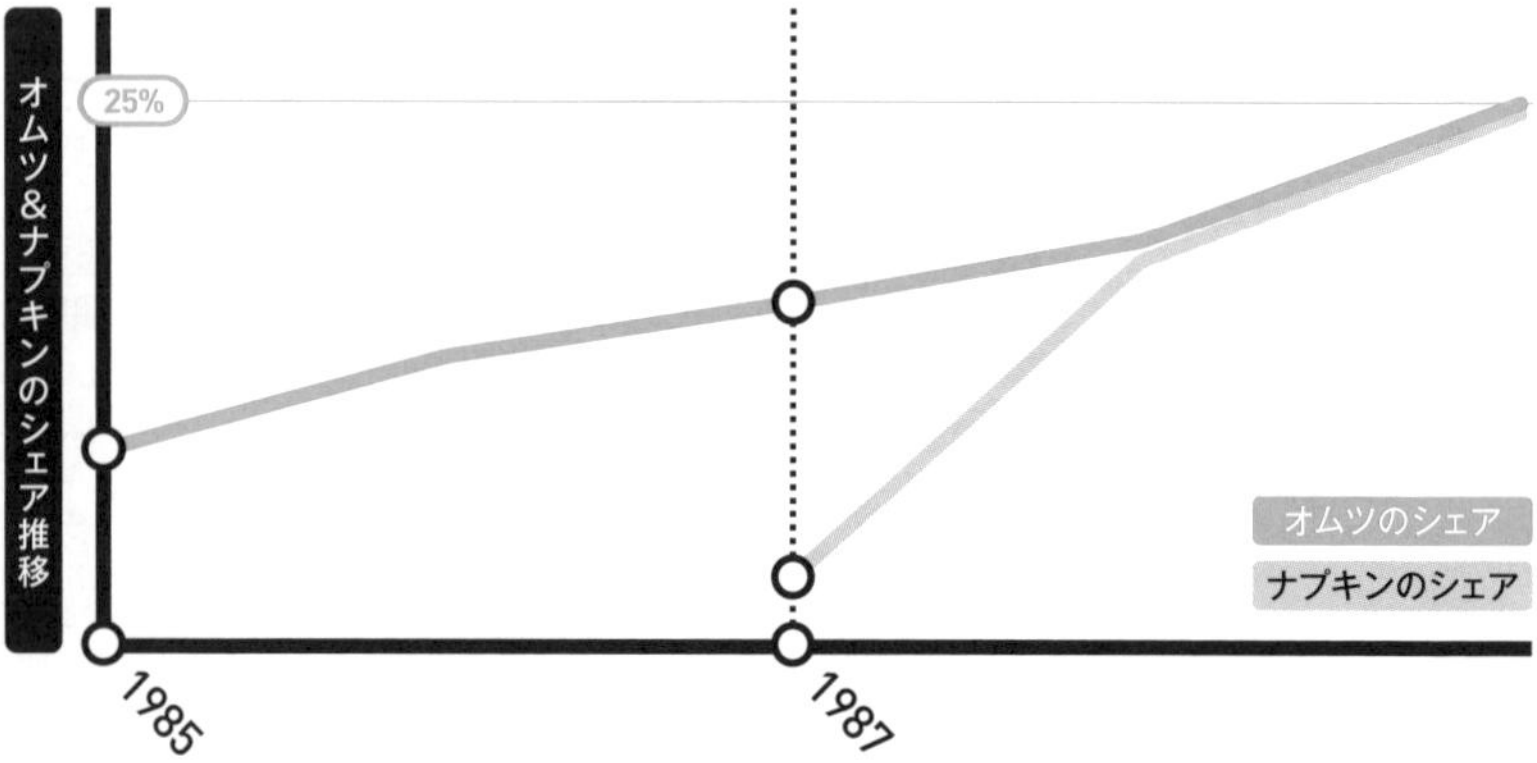

1972 P&Gが日本に上陸

1983 日本事業の継続を決定

1985 新型パンパース発売

1986 ウィスパー発売

1987 日本進出後、初の黒字を達成

JAPANESE OMUTSU
働く女性へ!
ウィスパー
必勝
日本の消費者を理解し製品開発するぞ!

P&Gはアメリカ発祥のグローバル企業で、日本国内でも紙オムツの「パンパース」などの日用品で知られています。P&Gの2019年の売上高は676億ドルであり、日用品業界における巨人といえます。

しかし、P&Gのグローバル展開は、スムーズに進んだわけではありません。その象徴が、日本進出の序盤戦における失敗でした。1970年代にP&Gは日本進出を果たしますが、国内メーカーの猛攻にあい、巨額赤字を計上していたのです。このため、1980年代にP&Gの社内では「日本からの撤退」が真剣に議論されていました。今でこそ世界に知られるグローバル企業も、日本を舞台に、ギリギリの決断を強いられた過去があったのです。

そこで、このチャプターではP&Gが「日本撤退」という危機をどのように突破したのかを検証します。

巨大グローバル企業、意気揚々と日本への上陸を決断する

P&Gは1837年にアメリカのシンシナティーで誕生した日用品メーカーです。南北戦争中に石鹸とロウソクという生活必需品を、鉄道網を通じて全米に供給する体制を構築することによって、まずはアメリカ国内で

業容を拡大しました。Ｐ＆Ｇは、第二次世界大戦前までにアメリカ国内では有力な日用品メーカーへと成長しますが、その時点ではまだ、グローバル企業ではなく、ローカル企業に過ぎませんでした。

Ｐ＆Ｇがグローバル企業に転身するきっかけとなったのが、１９４６年の「タイド」という合成洗剤の発売です。それまでの日用品市場の重要なプロダクト「石鹸」に代わり、より効率よく汚れを落とすことができる「合成洗剤」[*1]の市場が突如として開かれました。アメリカ国内で洗濯機が各家庭に普及したこともあり、合成洗剤は瞬く間に「新しい日用品」として受け入れられたのです。

Ｐ＆Ｇは合成洗剤という画期的な日用品を、アメリカ国内のみならず、世界各地に展開していきます。１９５０年代には西ドイツへの進出によってヨーロッパへの本格進出を果たし、「タイド」を武器に市場を席巻しました。[*2]

こうしてＰ＆Ｇは、合成洗剤という競争力のある新製品を武器にグローバル化を推し進め、１９６０年代には日本進出を検討します。

さて、Ｐ＆Ｇの日本上陸のウワサが流れ、焦ったのが日本の日用品メーカーでした。日本では花王やライオンといった有力企業が洗剤市場のシェアを握っていましたが、それらの企業はＰ＆Ｇの資金力に比べると微々た

［＊1］第二次世界大戦中に石油化学分野の技術が急速に進歩したことで、合成洗剤が生まれた。

［＊2］「P&Gに打ち勝て！」（「プレジデント」1967年7月号）

るものでしかありませんでした。
例えば、１９６６年度のＰ＆Ｇは、売上高約８０００億円、広告宣伝費約９００億円を投資し、アメリカ、イギリス、フランスの各国で洗剤のシェア約50%を確保していました。かたや、当時の花王の売上高はわずか約４００億円で、Ｐ＆Ｇの広告宣伝費の半分にさえ満たない水準だったのです。[*3]
そのため、Ｐ＆Ｇが日本に上陸すれば、日本の日用品業界を蹂躙するのは時間の問題だと考えられていました。国内の日用品メーカーの多くが、「市場から退出させられる」と戦々恐々としていたのです。

［＊３］「Ｐ＆Ｇに打ち勝て！」（「プレジデント」１９６７年７月号）

日本の日用品メーカー各社が焦りを抱く中、１９７２年にＰ＆Ｇは日本の現地メーカーである日本サンホームと、合弁会社「Ｐ＆Ｇサンホーム」を設立する形で日本上陸を果たします。
Ｐ＆Ｇはアメリカ流のマーケティング手法をそのまま日本に持ち込みました。主力商品はもちろん、「洗剤」です。Ｐ＆Ｇの日本への攻勢は凄まじく、１９７６年頃には液体洗剤を購入してアンケートに答えた人に「現金５０００円プレゼント」[*4]という企画を行なうなど話題を集めました。こうしてＰ＆Ｇは潤沢な資金力を武器に、日本の消費者理解を深めるとともに、日本メーカーの牙城を崩しにかかったのです。

［＊４］「嵐の前の静けさ？」（「日経ビジネス」１９７６年７月19日号）

これに対し、当時、花王の社長であった丸田芳郎氏は、「日本で安売りをして膨大な赤字を出し、それを本国の豊富な資金で穴埋めするのは倫理なき多国籍企業のやり方[*5]」という声明文を出して応戦します。こうして、日本を舞台にした「日米洗剤戦争」が勃発したのです。

［＊5］「洗剤〝物量作戦〟にみる深謀遠慮」（「週刊東洋経済」1977年10月29日号）

アメリカやヨーロッパで成功した戦略が日本では通じず、撤退の危機

このように、鳴り物入りで日本上陸を果たしたP&Gでしたが、その作戦は狙い通りには進みませんでした。それどころか、日本への進出からわずか数年後、危機的な状況に陥ります。潤沢な資金を投じて広告宣伝したにもかかわらず、一向に花王とライオンの牙城を崩せなかったばかりか、逆に花王とライオンが洗剤の値下げを敢行することで、P&Gは手痛いダメージを負ったのです。

1975年1～3月の時点でP&Gは首都圏で洗剤のシェアの39・9％を確保し、トップの座につきますが、その後はシェアをじわじわと下げ、1976年1～3月にはシェア3位まで後退[*1]。国内メーカーの値下げ攻勢

［＊1］「嵐の前の静けさ？」（「日経ビジネス」1976年7月19日号）

に苦しめられることとなったのです。

この結果、Ｐ＆Ｇは日本での黒字化を達成することはかなわず、赤字を垂れ流すという事態に陥りました。１９７６年には累積赤字約１４０億円を抱えたほか、１９７７年にはＰ＆Ｇの日本事業の業績は「米国を含む世界24カ国のＰ＆Ｇグループ中で最悪」[*2]になるなど、日本事業の先行きが絶望視されます。

ただし、この時点のＰ＆Ｇ日本事業には、一縷の望みがありました。それが「オムツ」です。

１９７７年、Ｐ＆Ｇは従来「布」であった素材を「紙」に切り替えた画期的なオムツ「パンパース」を日本国内で発売します。この「紙オムツ」はヒット商品となり、瞬く間に市場を席巻しました。Ｐ＆Ｇの日本事業は「洗剤」では価格競争に敗北したものの、「オムツ」という新しい市場では望みがあると考えられていたのです。

ところが、このオムツ市場も、Ｐ＆Ｇが描いたシナリオとは違う様相を呈することとなります。四国に拠点を置くベンチャー企業「ユニ・チャーム」が、オムツ分野でＰ＆Ｇのシェアを奪取してしまったからです。

ユニ・チャームはＰ＆Ｇのオムツを徹底的に研究したうえで、１９８１年に「ムーニー」を発売。[*3]ＳＡＰ（高吸水性樹脂）が採用され吸水機能が高く、体にフィットしやすい工夫が凝らされたムーニーが、すぐに消費者

［＊2］「P&G・Sが決算発表」（「日本経済新聞」1977年10月7日　8面）

［＊3］ユニ・チャームの成長スピードは凄まじく、オムツの発売初年度に60億円を売り上げた。（「ユニ・チャームの『3000億円企業』構想」（「日経ビジネス」1986年9月1日号））

［＊4］「日経ビジネス」1976年7月19日号

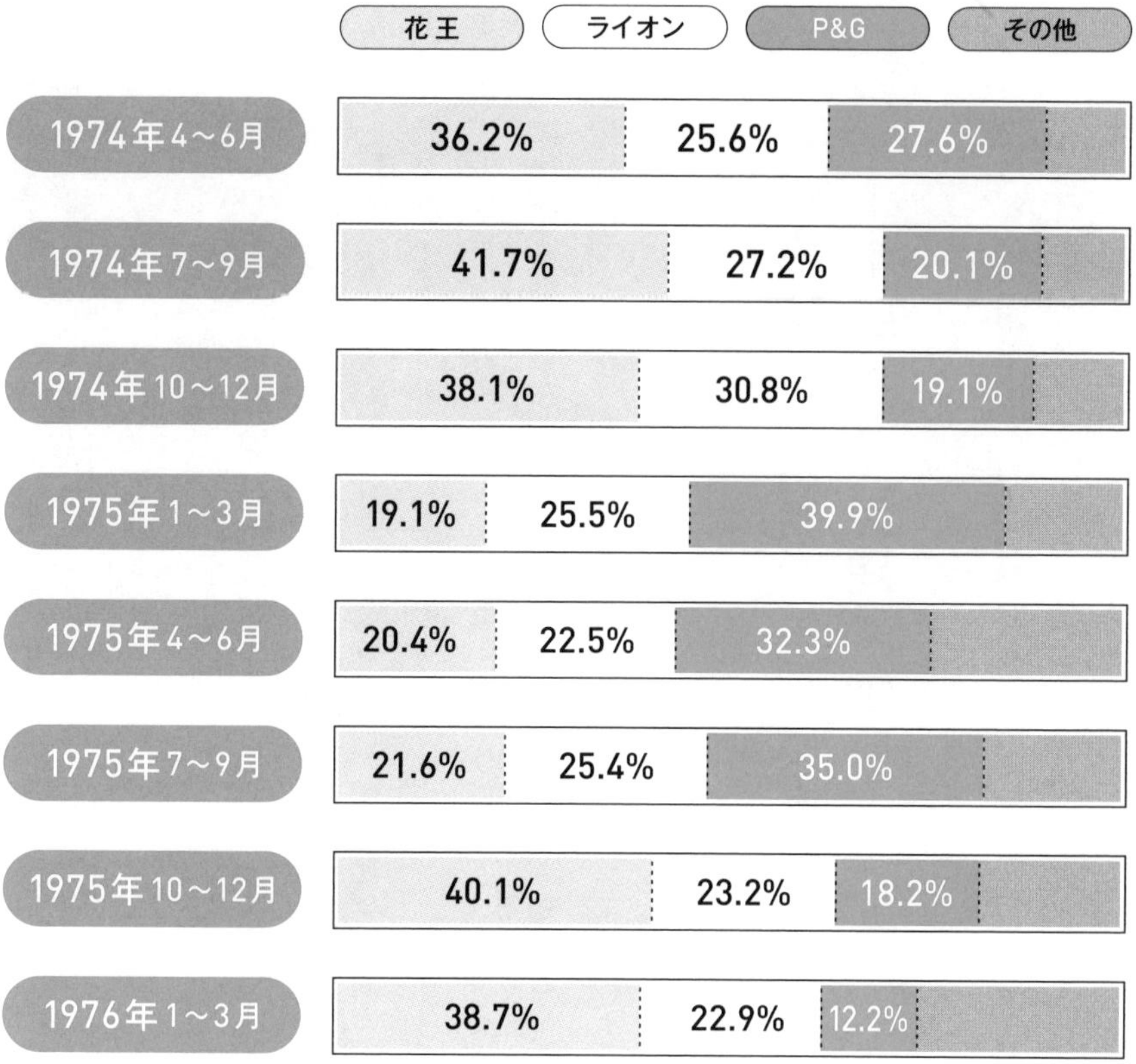

＊調査対象店は首都圏のダイエー、西友ストアー、イトーヨーカ堂の3社

▶ 花王、ライオン、P&Gの3社首都圏の洗剤シェアの推移[*4]

に支持されたのです。ユニ・チャームは発売初年度の1981年にオムツのシェア23%を確保し、対照的にP&Gが毎月1~2%ずつシェアを落としていくというありさまでした。

こうして、P&Gは「洗剤」では花王に、新しい「オムツ」という分野でも無名のベンチャー企業ユニ・チャームに敗北を喫しました。日本進出前には「巨人」として恐れられたP&Gは、わずか10年の間に、日本での事業存続が危ぶまれるようになったのです。

実際、1983年頃になると、P&Gの本社では、日本からの事業撤退が真剣に検討されていたといいます。日本事業に対するP&G社内の士気も最底辺に落ち、日本を担当する経営陣が分裂したというウワサも流れるほどでした。

「成功する以外に道はあり得ない」——執念の再建計画

日本という市場で、日本の競合と戦って勝たなければならない。いずれ(日本の競合と)米国で戦わなければならないのだ。日本でのビジネスをなんとしても確立しなければならない。成功する以外に道はあり得ない。[*1]

冒頭の引用は、当時の国際部門の責任者であったエド・アーツト氏が日本事業の継続を訴えた理由です。

P&Gは、いずれ母国アメリカをはじめ、世界を舞台に日本企業と戦う時代がくることを予想していました。となれば、日本市場からの撤退は、いずれ世界市場からの撤退へとつながりかねないため、あえて赤字でも日本での事業展開を継続する道を選んだのです。

そのうえで、ダーク・ヤーガー氏を日本事業の再建に抜擢し、また日本事業の責任者に、

「一致団結せよ。さもなくば撤退である」[*2]

というプレッシャーをかけました。

そうして、1983年にまとめられた日本事業の再建計画が、「フレッシュスタート」と呼ばれるものです。まず最初に、巨額の負債を解消しつつ、組織をスリム化します。当時、P&Gの日本事業は合弁会社「P&Gサンホーム」と、全額出資の「P&Gジャパン」の2社で運営されており、指揮系統が複雑という問題を抱えていました。そこで、「P&Gファー・イースト」を設立して2社を吸収することで、組織の簡素化を図ったのです。加えて吸収と同時に累積していた負債を解消し、財務を改善しました。

[＊1]『P&Gウェイ』(デーヴィス・ダイアーほか著)194―195ページ。( )内は編集注。

[＊2]『P&Gウェイ』(デーヴィス・ダイアーほか著)196ページ

新会社「P&Gファー・イースト」の設立によって応急的な「止血」を終えたP&Gは、日本市場で失敗した原因を振り返ります。その結果、以下の5つの問題点が、[*3] 克服すべき課題に据えられました。

・日本の消費者の理解
・日本市場に合わせた製品開発
・文化を考慮したマーケティング
・企業イメージの確立
・日本の流通システムへの浸透

［＊3］『P&Gウェイ』（デーヴィス・ダイアーほか著）196―197ページ

日本市場を攻略するための「3つのステップ」

5つの課題の克服と危機突破のために、P&Gファー・イーストは3つの手を打ちます。

1 日本市場に合わせた製品開発
2 日本の流通システムへの浸透
3 人事制度改革・人材確保

20 P&G
The Procter & Gamble Company of Japan Limited

1 日本市場に合わせた製品開発

最初にP&Gが注力したのが「日本市場に合わせた製品開発」でした。オムツ市場でユニ・チャームにシェアを奪われたという失敗を踏まえ、早急に日本市場に合ったオムツの開発に着手します。

1985年1月に発売された「新パンパース」は、日本の消費者に受け入れられて徐々にシェアが回復していくこととなりました。[*1]

さらに、既存商品の改良だけでなく、新商品の展開にも注力します。1986年7月には、生理用品「ウィスパー」を日本国内で発売しました。[*2] 開発にあたって日本人女性を研究し体型にフィットするようにつくられたこともあり、ウィスパーも発売当初から大きなシェアを獲得することとなります。

このとき画期的だったのは、テレビコマーシャルでウィスパーを宣伝したことです。それまでの日本では、生理用品は日陰商品で、大々的に宣伝されることはありませんでした。しかしP&Gは、「働く女性の社会進出」を象徴する製品として、あえて大々的に扱いました。

従来のタブーに挑戦することでウィスパーは、発売から約1年強でシェア20%を確保し、P&Gの日本事業のV字回復に貢献するブランドに育っていくのです。[*3]

[*1] 新しいパンパースでは日本人にフィットするよう、徹底的な改善改良がなされた。

[*2] 生理用品ではユニ・チャームがシェアを確保しており、P&Gが逆襲を試みる形となった。

[*3] ウィスパーが受け入れられた背景には、1985年に日本で男女雇用機会均等法が制定されたことが挙げられる。「女性の社会進出」は、この時期の日本のトレンドワードだった。

このように、Ｐ＆Ｇは「日本市場に合わせた製品開発」によって、危機への最初の突破口を開くのでした。

2 日本の流通システムへの浸透

続いてＰ＆Ｇが着手したのが「流通改革」です。Ｐ＆Ｇは、中核卸売業者の数を５００社から40社に厳選し、そして取引を継続する卸業者には、取引のチャネルごとに独占販売権を付与しました[*4]。

卸業者としては、すでに消費者から支持を得ている「ウィスパー」と「新パンパース」という人気商品を独占できるメリットがあったため、この改革を境にＰ＆Ｇへの協力を強化していきました。

こうして、５つの課題の１つ「日本の流通システムへの浸透」もまた、克服されることとなります。

3 人事制度改革・人材確保

最後にＰ＆Ｇは、日本事業を盛り立てる人材確保のための人事改革に着手します。人事本部長を任されたのは、日本人（新居氏）でした。

意外なことに、それまでのＰ＆Ｇの日本事業では、年功序列などの温情的な雇用慣行で運営されていました。日本企業との合弁企業という形でスタートした経緯から、日本的な雇用慣行が残っていたのです。しかしＰ＆Ｇは、このタイミングで日本的経営と決別します。

［＊４］このような流通改革の背景には、外部のコンサルティング会社「ブーズ・アレン・ハミルトン」のアドバイスがあった。

加えて、優秀でフレッシュな人材を確保するために、新卒採用に特に力を入れていきました。日本の上位８大学にマトを絞って、積極的な採用活動を展開します。このとき、新居氏は学生に対して、

「Ｐ＆Ｇでは若いうちから非常に大きな仕事を任され、業績に応じて昇進し、男女差別はまったくない」[*5]

と説明することで、伝統的な日本企業の雇用慣行に満足できない優秀な学生を引きつけたといいます。

このとき、学生に対しては「Ｐ＆Ｇが日本撤退という危機的な状況にある」という実態も包み隠さず伝えられました。[*6]

なお、学生の採用基準において、「英語力」は考慮されませんでした。それは、Ｐ＆Ｇが当時必要とした人材が、子どもの頃から日本に暮らしており、日本という市場を熟知する優秀な学生であったからです。そのため、英語が苦手な新入社員に対しては研修プログラムが設けられました。Ｐ＆Ｇが外資企業だからこそ、日本人の新卒学生に求めるのは「日本市場の理解度」や「日本でのマーケティング力」であり「英語力」ではありませんでした。

このようにＰ＆Ｇは、採用方針で独自性を打ち出すことによって、日本市場の攻略という大きな仕事を任せられる優秀な人材を確保したのです。

［＊５］『Ｐ＆Ｇウェイ』（デーヴィス・ダイアーほか著）199ページ

［＊６］Ｐ＆Ｇは、新卒入社した人材の中から、のちに日本の経済界で活躍する人物を数多く輩出している。本書の「ユニバーサル・スタジオ・ジャパン」のケースで取り上げた森岡毅氏も、「日本マクドナルド」でマーケティング責任者を務めた足立光氏も、Ｐ＆Ｇに新卒入社した人物である。

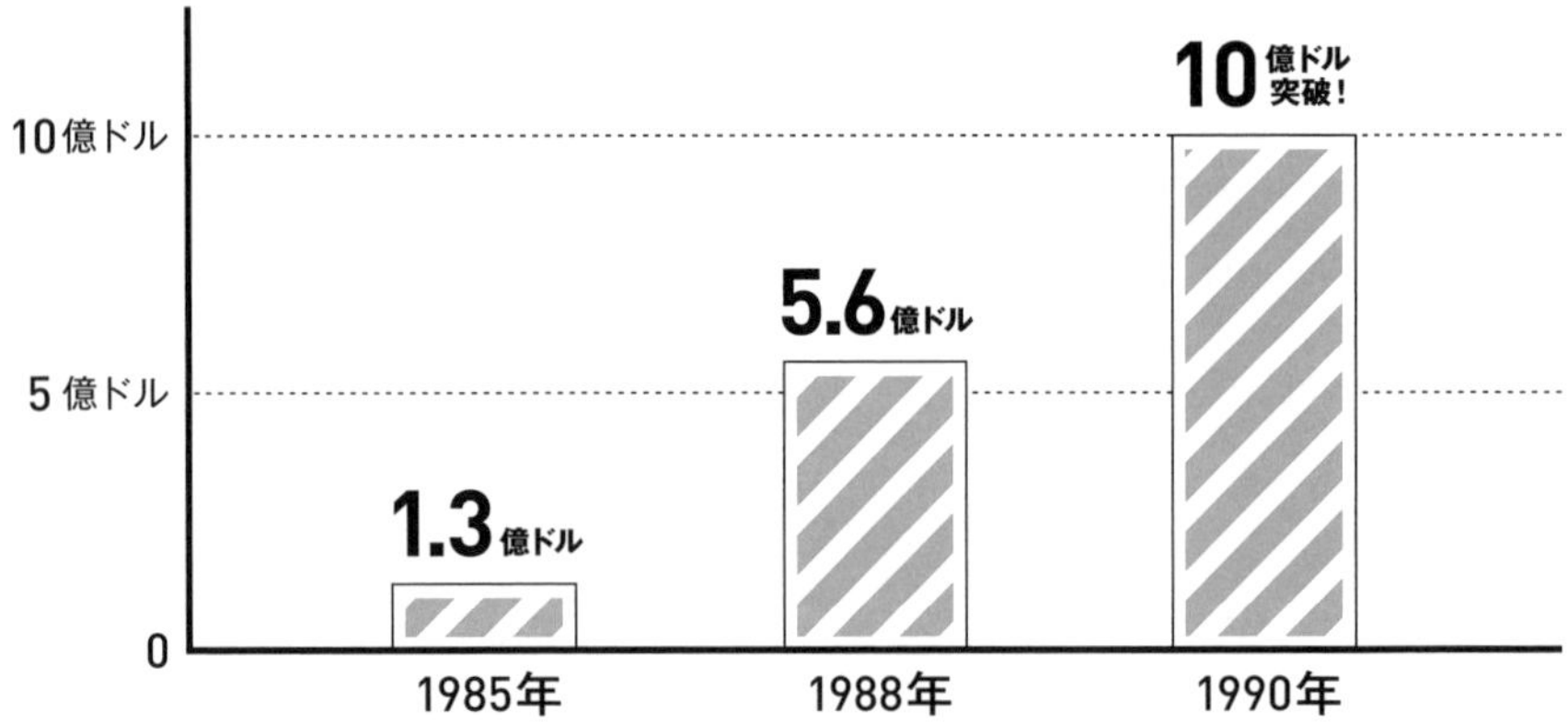

売上高[*8]

これらの「過去の失敗からの反省」によって、P&Gの日本事業は、徐々に劣勢を挽回していきました。

1985年の「P&Gファー・イースト」の売上高は1・3億ドルでしたが、1988年には5・6億ドル、1990年には10億ドルを突破し、文字通りの急成長を遂げました。

1987年には損益分岐点を突破し、P&Gの日本事業は黒字を達成します。1972年に日本に進出してから15年という長い歳月をかけて、ようやく危機を突破したのです。[*7]

P&Gのファー・イーストの社長として経営再建に奔走したヤーガー氏は、日本での経験について

［＊7］『P&Gウェイ』（デーヴィス・ダイアーほか著）200ページ

［＊8］『P&Gウェイ』を参考に作成

「失うものは何もなかった」として、以下のように回想しています。

　わが社は、家族的温情主義に支えられていた甘えの構造から脱却した。すべての社員に対してその業績を公平に評価し、そして報奨した。（中略）各事業部とプログラムごとに、三ヵ月、半年、一年単位の計画を確認した。毎回この計画の達成を参加者全員で誓い合い、最後は寿司と刺身、酒で乾杯が恒例だった。今でもよく思い出すのは、私たちは心の底からビジネスを楽しんでいた、ということだ。われわれは敗北寸前まで追い込まれていた。もう何も失うものはなかった。だから、これほど高い目標を掲げ、革新を起こし、短期間で回復を実現できたのだ。[*9]

［＊9］『P&Gウェイ』（デーヴィス・ダイアーほか著）201ページ

〈その他の参考文献〉
・『P&Gウェイ　世界最大の消費財メーカーP&Gのブランディングの軌跡』（デーヴィス・ダイアー、フレデリック・ダルゼル、ロウェナ・オレガリオ著、足立光、前平謙二訳、東洋経済新報社）
・「世界市場へ打って出る花王石鹸」（「日経ビジネス」1982年3月8日号）
・「外資攻勢転じて飛躍のバネに」（「日経ビジネス」1975年10月13日号）

まとめ

ビジネスの成否を分けるのは、「スキル」ではなく「執念」

「海外進出」「グローバル化」という言葉は、今ではもう、特別なことではなくなりました。しかし、聞こえのよさとは裏腹に、その現実は死屍累々です。

実際、日本進出当時のP&Gは、すでに欧米での展開を果たしており、巨人とも見られた企業でした。しかし日本市場では、なかなか成功することができませんでした。P&Gはその後15年をかけて、なんとか日本市場での収益を確保しましたが、この攻略の困難さが、海外進出やグローバル化の困難さの象徴といえるでしょう。

では、なぜP&Gは日本進出にあたり、困難にぶつかってしまったのでしょうか。その一因には、花王という老舗メーカーに加え、ユニ・チャームというベンチャー企業が、P&Gの製品を徹底分析し、対抗してきたことが挙げられます。これら現地企業にとっては、P&Gの進出は、自社の存続を揺るがしかねない一大事。その危機感をもとに打ち出された反撃は、巨大メーカーであったP&Gにとっても、想定外でした。

そういった想定外が連続して起こるのが、海外展開の現実なのです。

しかし、P&Gは危機に直面しながらも、日本市場から撤退することはありませんでした。

「日本での敗北を放置したら、いずれ、母国アメリカで戦いになったときにも負ける」。このときに抱いた危機感と執念によってＰ＆Ｇは日本市場と向き合うことになり、15年という年月をかけて、ようやくスタート地点に立ったのです。

日本企業、アメリカ企業に限らず、海外での事業展開は、多くの場合、数年で結果が出るような、生易しい話ではありません。グローバル化で試されるのは、「語学力」のようなスキルではなく、「執念」という、仕事に向き合うスタンスに他ならないのです。

チェックリスト

- □「ビジネスを絶対に成功させる」という執念はあるか？
- □成功のために「スキル」ばかりを磨いていないか？
- □海外進出する際は、現地企業を適切に分析できているか？

おわりに

今は、「変化の時代」と言われています。新型コロナウイルスのパンデミック以降、その変化の度合いはますます大きくなったと見られています。実際、2019年に考えていたことの多くは、2020年初頭から、まったくといっていいほど通用しなくなっています。その大きな変化を肌で感じている方も多いのではないでしょうか。

しかし、この「変化の時代」は果たして、今に始まったことなのでしょうか？

本書でも見てきたとおり、これまでも私たちは無数の「変化」に直面し、それを乗り越えてきました。変化は特別なものではなく、気づくか気づかないは別として、常に起きているものです。したがって今回も、そしてこれから先どんな「急激な変化」があろうとも、必ず乗り越えていくことができるのではないかと思うのです。

ですが、人間は忘れやすい生き物です。何かが起こるとすぐ、

「危機だ！　大変だ！」

と騒ぎ、たいていの場合、数年後には、

「そんなこともあったな……」

と忘れてしまいます。首都圏が廃墟と化した関東大震災、日本の製造業を絶望の淵に落としたオイルショック、つぶれるはずのない金融機関が倒産し不動産価格が暴落したバブル崩

おわりに

Epilogue

壊、アメリカから始まり全世界に影響が波及したリーマンショック……。いずれも、そのときはこれ以上ないほどの衝撃を受けましたが、「歴史の出来事」となった瞬間に「リアルな体験としての記憶」ではなくなってしまいました。

危機の渦中では、誰もが「これまで経験したことのない、大変な事態だ」と思っていながら、時間が経てばその実感を忘れてしまう。だからこそ、定期的かつ意識的に「過去の危機」を振り返ることが、重要な学びになります。過去に先人たちが乗り越えてきた数々の危機が、これからを生き抜く知恵となるのです。

人間の本質は、そう簡単には変わりません。ですから「過去の危機への学び」は、まさに温故知新という言葉が示すように、私たちの未来の糧となるでしょう。

本書が、皆さんにとって、将来必ず訪れる危機に対する備えとして、また、現在直面している危機を乗り越えるための知恵として、少しでもお役に立てればこれほど幸せなことはありません。

最後に、本書の編集担当である日経ＢＰの宮本さん、校閲の真辺さん、デザイナーのTOKYO LANDの中村さん、各企業のイメージイラストを描いてくださった栗生さんには大変お世話になりました。2カ月で20社のケースを執筆するという困難なチャレンジではありましたが、皆様の協力なくしては実現できませんでした。この場を借りて御礼申し上げます。

２０２０年７月

杉浦 泰

著者プロフィール

杉浦泰（すぎうら・ゆたか）

1990年生まれ。神戸大学大学院経営学研究科を修了後、みさき投資を経て、ウェブエンジニアとして勤務。そのかたわら、2011年から社史研究を開始、個人でウェブサイト「The社史」を運営している。

https://the-shashi.com/

20社のV字回復でわかる

「危機の乗り越え方」図鑑

2020年8月24日　第1版　第1刷発行

著者	杉浦泰
発行者	村上広樹
発行	日経BP
発売	日経BPマーケティング
	〒105-8308　東京都港区虎ノ門4-3-12
	https://www.nikkeibp.co.jp/books/
デザイン・制作	中村勝紀（TOKYO LAND）
イラスト	栗生ゑゐこ
校正・校閲	真辺真
編集	宮本沙織
印刷・製本	図書印刷株式会社

本書籍に関するお問い合わせ、ご連絡は下記にて承ります。
https://nkbp.jp/booksQA
ISBN978-4-8222-8897-6 Printed in Japan